ESCRITOS de
FÚLVIA ROSEMBERG

EDITORA AFILIADA

Coordenador do Conselho Editorial de Educação
Marcos Cezar de Freitas

Conselho Editorial de Educação
José Cerchi Fusari
Marcos Antonio Lorieri
Marli André
Pedro Goergen
Terezinha Azerêdo Rios
Valdemar Sguissardi
Vitor Henrique Paro

Dados Internacionais de Catalogação na Publicação (CIP)
(Câmara Brasileira do Livro, SP, Brasil)

Artes, Amélia
    Escritos de Fúlvia Rosemberg / Amélia Artes, Sandra Unbehaum.
— São Paulo : Cortez : Fundação Carlos Chagas, 2015.

    Apoio: Fundação Ford.
    Bibliografia
    ISBN 978-85-249-2373-9 (Cortez)

    1. Educação - Finalidades e objetivos 2. Educação - Pesquisa 3.
Escritos - Coletâneas 4. Ensaios - Coletâneas 5. Literatura brasileira
6. Rosemberg, Fulvia, 1942-2014 I. Unbehaum, Sandra. II. Título.

15-07133   CDD-869.98

Índices para catálogo sistemático:
1. Escritos : Coletâneas : Literatura brasileira   869.98

Amélia Artes
Sandra Unbehaum

ESCRITOS de
FÚLVIA ROSEMBERG

Coedição: Fundação Carlos Chagas
Apoio: Fundação Ford

ESCRITOS DE FÚLVIA ROSEMBERG
Amélia Artes e Sandra Unbehaum (Orgs.)

Capa: de Sign Arte Visual
Preparação de originais: Solange Martins
Revisão: Patrizia Zagni
Composição: Linea Editora Ltda.
Editora-assistente: Priscila F. Augusto
Coordenação editorial: Danilo A. Q. Morales

Nenhuma parte desta obra pode ser reproduzida ou duplicada sem autorização expressa do espólio e das organizadoras.

© 2015 by (autor)

Direitos para esta edição
CORTEZ EDITORA
Rua Monte Alegre, 1074 — Perdizes
05014-001 — São Paulo — SP
Tel.: (55 11) 3864-0111; 3611-9616
E-mail: cortez@cortezeditora.com.br
www.cortezeditora.com.br

FUNDAÇÃO CARLOS CHAGAS
Av. Prof. Francisco Morato, 1565
05513-900 – São Paulo – SP
Tel.: (55 11) 3721-4511   Fax (55 11) 3721-1059
Home-page: http: www.fcc.org.br
Apoio: Fundação Ford

Impresso no Brasil — agosto de 2015

Sumário

Apresentação
Amélia Artes e Sandra Unbehaum 9

Parte 1
FÚLVIA, POR ELA MESMA: UMA PESQUISADORA-DOCENTE

Memorial de Fúlvia Rosemberg: introdução 17

Parte 2
FÚLVIA, FORMANDO PESQUISADORES: NEGRI – NÚCLEO DE ESTUDOS DE GÊNERO, RAÇA E IDADE, DA PUC DE SÃO PAULO

Estudos sociais da infância: uma revisão
Maria Sílvia Ribeiro, Carla Pellicer dos Santos, Maria Eduarda Abrantes Torres e Alciene Alves Ferreira 29

Aqui ou além-mar: Fúlvia Rosemberg, "pelo direito das crianças e dos negros"
Marta Lúcia da Silva e Marcos Antonio Batista da Silva 60

Parte 3

FÚLVIA, ATIVISTA: IGUALDADE DE DIREITOS DE NEGROS E INDÍGENAS NO ENSINO SUPERIOR

O legado de uma intelectual pública
Valter Roberto Silvério 83

Algumas questões para o debate sobre o estatuto da igualdade racial e a ação afirmativa
Fúlvia Rosemberg 102

Ação afirmativa no ensino superior brasileiro: tensão entre raça/etnia e gênero
Fúlvia Rosemberg 107

Balanço e reflexões sobre desigualdades de raça e gênero no sistema educacional brasileiro
Fúlvia Rosemberg 124

Ação afirmativa: parcerias e desafios
Fúlvia Rosemberg 142

Parte 4

FÚLVIA, SUA LEALDADE CAPITAL: DIREITOS DAS CRIANÇAS DE 0 A 6 ANOS

Andarilha que era...
Maria Machado Malta Campos 153

Um roteiro histórico-sentimental pelas creches e pré-escolas da cidade de São Paulo
Fúlvia Rosemberg 158

A complexidade do multiculturalismo no Brasil: relações de
gênero, família e políticas de educação infantil
Fúlvia Rosemberg 189

A juventude e as etapas da vida
Fúlvia Rosemberg 201

São Paulo, uma cidade hostil aos bebês
Fúlvia Rosemberg 210

Políticas públicas e qualidade da educação infantil
Fúlvia Rosemberg 216

Parte 5
FÚLVIA, PESQUISADORA CRÍTICA: PRODUÇÃO CONSISTENTE DE INDICADORES

O conceito e o modo de calcular as idades: último legado
Rita de Cássia de Freitas Coelho 239

Análise das discrepâncias entre as conceituações de educação
infantil do Inep e do IBGE: sugestões e subsídios para uma
maior e mais eficiente divulgação dos dados
Fúlvia Rosemberg 241

Sobre as organizadoras 279
Fúlvia, em retratos 281

Apresentação

> Continuarei tecendo a colcha.
> Espero poder desfazer costuras,
> Escolher novos retalhos
> Aprender novos pontos,
> E quem sabe,
> Renovar e fortalecer os fios.
> (Fúlvia Rosemberg, 1993)

Com esta frase Fúlvia Rosemberg concluiu seu Memorial, escrito em 1993 para o concurso de professor associado junto à Faculdade de Psicologia da Pontifícia Universidade Católica de São Paulo. Com a ideia de "costura", ela nos apresentou sua trajetória de vida e seus planos futuros, suas inquietações. Do mesmo modo, este livro, em sua homenagem, apresenta tessituras de uma pesquisadora e docente insurgentes.

Fúlvia era uma destas pessoas intensas em muitos sentidos — nas relações pessoais, acadêmicas e políticas. Assim foi inclusive em sua partida. Essa intensidade não foi abalada nem mesmo em seus últimos meses. Viagens quase semanais para participar de eventos sobre direitos, acesso à educação e qualidade no atendimento das crianças, com uma especial atenção aos bebês. Ela era uma defensora incondicional da "cidadania dos bebês". Fúlvia era também ativista, pesquisadora e propositora de ações que pudessem modificar o acesso de negros e indígenas ao ensino superior e em especial à pós-graduação, considerado um espaço privilegiado de construção de saberes. Ao mesmo tempo olhava cuidadosa e criticamente para as ações afirmativas. Saía mundo afora advogando suas preocupações e, de certo modo, invocando a todos a tecer novos fios no enfrentamento das desigualdades sociais. Em seu último ano de vida, Fúlvia visitou 14 estados brasileiros, fez uma viagem ao México, percorrendo mais de 40 mil quilômetros, quase uma volta ao mundo.

O tamanho da colcha tecida por Fúlvia pode ser medido na intensidade de sua produção científico-acadêmica. Seu currículo Lattes[1] apresenta, em 55 páginas, 95 artigos publicados no período de 1973 a 2014; 102 livros ou capítulos de livros, entre 1976 e 2014; as orientações de mestrado e doutorado somam 58, de 1987 a 2014, e inacreditáveis 128 apresentações de trabalho no período de 2000 a 2014.

A capacidade de costurar temas que vão dos bebês aos pós-graduados pode ser confirmada pelo número de suas citações no Google Acadêmico.[2] O artigo "Educação formal, mulher e gênero no Brasil contemporâneo", publicado em 2001 na revista *Estudos Feministas*, tem 95 citações. Em seguida, com 67 citações, temos o artigo publicado em 1996 nos *Cadernos de Pesquisa* da Fundação Carlos Chagas: "Educação infantil, classe, raça e gênero". Com Maria Malta Campos publicou, em 1995, o que se tornaria um clássico: *Critérios para o atendimento em creche que respeite os direitos fundamentais das crianças*, produzido pelo MEC e reeditado em 2009. Conhecido como o livro "das carinhas", é ainda hoje um material de referência nas instituições de educação infantil no Brasil. Provavelmente esta lista poderia ser bem maior. Uma busca simples no Google Acadêmico retorna 1.230 referências a Fúlvia Rosemberg.

---

1. A Plataforma Lattes é um Sistema Nacional Integrado de Currículos e Grupos de Pesquisa, organizado e operacionalizado pelo Conselho Nacional de Desenvolvimento Científico e Tecnológico (CNPq).

2. O Google Acadêmico é uma ferramenta de pesquisa literário-acadêmica utilizada como medida de visibilidade e relevância de pesquisas.

Parte das suas produções não resultou em artigos acadêmicos; foram textos elaborados para apresentações em diferentes espaços acadêmicos e de militância. Suas arguições, fossem escritas ou orais, eram marcadas por posições bem fundamentadas e por vezes polêmicas: Fúlvia era direta, apresentava questionamentos desconcertantes e justificativas consolidadas para suas convicções. Esses textos foram localizados no momento em que Márcia Caxeta, leal assistente e amiga, organizava os arquivos de Fúlvia em sua sala e no computador na Fundação Carlos Chagas (FCC), após o seu falecimento, ocorrido em setembro de 2014. Surgiram 45 "escritos" elaborados para apresentações orais. Essa descoberta nos inspirou a criação deste livro em homenagem a ela. A colcha que vinha sendo tecida por Fúlvia não poderia ser interrompida, nem se perder; precisava ser compartilhada para inspirar novas costuras, por outros tecelões.

O primeiro passo foi verificar se alguns destes textos já haviam sido publicados integral ou parcialmente. A leitura mostrou sobreposição de ideias em alguns deles. Por fim, tínhamos em mãos nove textos, dos quais cinco dedicados à temática da educação infantil e quatro às relações raciais e ações afirmativas. De imediato pensamos em Maria Malta para apresentar o conjunto de textos de educação infantil e Valter Silvério para o de relações raciais. A separação dos nove textos em dois blocos é apenas didática, para dar ênfase a aspectos específicos dos interesses de Fúlvia. No entanto, ver-se-á que os textos, em diferentes graus, articulam três categorias centrais em seu pensamento: gênero, educação infantil e relações raciais.

É importante destacar que esses textos selecionados para o livro são em sua origem apresentações orais, não tendo por característica o estilo e a formatação de um artigo acadêmico. São o que se poderia chamar de intervenções político-acadêmicas. Alguns não informam referências bibliográficas completas. Fizemos um esforço para localizar a maioria destas. Nem sempre tivemos sucesso. Outra dificuldade foi em relação aos dados sobre o local de apresentação de alguns textos. Mesmo buscando nos arquivos da FCC e no currículo Lattes de Fúlvia, há casos em que não havia o registro do evento. Ainda assim, decidimos pela publicação deles, em razão da sua riqueza e da forma como apresentam suas ideias e críticas, além de deixar várias questões em aberto, que, ao serem publicizadas, poderão estimular novas pesquisas, novas reflexões e, assim, concretamente, dar continuidade à tessitura da colcha iniciada por Fúlvia.

Uma proposta inicial de publicação destes escritos inéditos foi apresentada à Cortez Editora, que prontamente aceitou a parceria com a FCC. O Sr. José Xavier Cortez sugeriu a inclusão de um encarte de fotos da trajetória de Fúlvia nestes *Escritos de Fúlvia Rosemberg*.

No processo de preparação do livro, a publicação foi sendo ampliada. A localização dos originais do Memorial, feita pela bibliotecária da FCC, Maria José Oliveira Souza, apresentou-se como uma matéria-prima. Numa narrativa autobiográfica, própria desse tipo de registro, Fúlvia teceu sua trajetória profissional. Ela ofereceu ao leitor, por meio da metáfora de uma costura, a construção da sua identidade profissional, de pesquisadora renomada já na época do concurso para transformar-se em docente-pesquisadora. Fúlvia via a universidade como um espaço de interação para pesquisadores, de ampliação de seus interlocutores, incluindo aí seus alunos e orientandos, aos quais disponibilizava generosamente seus saberes e inquietações na construção de novos campos de pesquisa. Escolhemos a introdução do Memorial para iniciar os *Escritos de Fúlvia Rosemberg*.

Para quem a conhecia mais de perto, dois eram os seus principais espaços de atuação e de interlocução: na FCC, onde permaneceu por 34 anos como pesquisadora, e na PUC-SP, como docente-pesquisadora. Na PUC coordenou o Núcleo de Estudos de Gênero, Raça e Idade (NEGRI), institucionalizado em 1992. Esse Núcleo foi responsável, nos seus 22 anos de existência, pela formação de dezenas de mestres(as) e doutores(as). O NEGRI deixou de existir com a partida de Fúlvia. Ainda assim, a colcha neste ponto não se interrompe. Convidamos alguns integrantes do NEGRI para registrar neste livro parte do legado de Fúlvia como orientadora ao mesmo tempo rígida e carinhosa. São dois textos publicados que retratam os processos de produção das teses e dissertações gestadas no NEGRI. O legado teórico e conceitual é apresentado no artigo "Estudos Sociais da Infância: uma revisão", escrito por Maria Sílvia Ribeiro, Carla Pellicer dos Santos, Maria Eduarda Abrantes Torres e Alciene Alves Ferreira, e destaca a trajetória da construção desse campo teórico no Brasil e sua interface com os estudos europeus e norte-americanos. Em "Aqui ou além-mar: Fúlvia Rosemberg, 'Pelo direito das crianças e dos negros'", Marta Lúcia da Silva e Marcos Antonio Batista da Silva descrevem os processos cotidianos vivenciados no estilo peculiar de orientar de Fúlvia: ao convidar seus alunos para sessões de orientação em casa, levava a fundo a interação público e privado. No espaço doméstico e familiar, Fúlvia trazia reflexões e descobertas do trabalho e, para o trabalho, vivências e emoções vividas no privado. Era nessa relação, ora coletiva, ora individual, que os alunos teciam com Fúlvia discussões teóricas e metodológicas que resultariam em dissertações e teses.

Os *Escritos de Fúlvia Rosemberg* terminam com um rico e inédito material, encaminhado por Rita Coelho, fruto de uma consultoria realizada para a Coordenação de Educação Infantil (Coedi) e para o Ministério da Educação (MEC) em 2013. Ao comparar dados do Censo Demográfico do IBGE e o Censo da Educação Básica do INEP, Fúlvia desvendou as discrepâncias entre as conceituações de educação infantil e o número de crianças matriculadas nas creches. Apesar de ser diferente em forma e estilo dos textos anteriores, decidimos incorporá-lo ao livro porque era a oportunidade de compartilhar suas últimas análises em que convergem dois importantes interesses de pesquisa e militância: a garantia da visibilidade dos bebês e a mensuração das desigualdades por meio das estatísticas oficiais.

Tal como Fúlvia concluiu em seu Memorial, nosso sentimento é também o de que a costura precisa continuar; são várias as inquietações deixadas pelos *Escritos de Fúlvia Rosemberg* que devem estimular e provocar outras pesquisas acadêmicas, sem deixar de lado as provocações políticas.

Parte 1

FÚLVIA, POR ELA MESMA:
UMA PESQUISADORA-DOCENTE

Memorial de Fúlvia Rosemberg: Introdução*

Durante um seminário metodológico aqui, na pós-graduação, dediquei algumas horas de trabalho com os(as) alunos(as) para discutir um determinante geralmente oculto na produção de conhecimentos: as contingências da vida profissional. Mostrei-lhes o anverso da atividade acadêmica, descrevendo o mundo concreto em que se move quem faz pesquisa, quem trabalha produzindo e divulgando conhecimento. Percebi ter sido, para alguns, uma experiência de perda da inocência.

Revisando minha vida profissional, neste momento, a contingência voltou a chamar minha atenção. Muitos dos caminhos que segui — alguns decisivos, concretamente documentados no *curriculum*, e que marcaram minha produção — foram orientados por determinações mais amplas do que minha vontade. No que fiz, e deixei de fazer, sofri injunções concretas de ser mulher de classe média e viver o momento que vivi.

Fui aluna de um curso de Psicologia em constituição, portanto, estimulante e aberto; o golpe militar e a desesperança com o sonho

---

* Este texto constitui a parte inicial do memorial apresentado por Fúlvia Rosemberg durante o concurso realizado pela Pontifícia Universidade Católica de São Paulo em 1993. (N. do E.)

da Universidade de Brasília (onde certamente trabalharia numa perspectiva skinneriana); a ida para o laboratório que fora dirigido por Wallon, possível por relações de amizade; viver maio de 1968 em Paris, o fim da bolsa de estudos com a tese pela metade, a volta necessária e o medo de um fracasso possível; o trabalho numa clínica psicológica para comprar passagem e acabar a tese (a certeza, posterior, de que a clínica não era meu caminho); a possibilidade de compreensão e de estímulo, por parte do Sérgio,[1] para que eu voltasse sozinha para a França e terminasse a tese; o desalento com o país durante o governo Médici e a nova partida; a necessidade de uma pesquisadora (que aceitasse baixo salário) no mesmo laboratório de Wallon para participar de uma pesquisa sobre teatro para crianças; o fantasma de uma separação conjugal que me leva a pensar, mais seriamente, na sobrevivência autônoma em Paris, e a Universidade precisando de uma jovem assistente; o encontro social com Ana Maria Poppovic, que me convida para trabalhar na Fundação Carlos Chagas (FCC); o desejo de um filho, a gravidez, e a volta com um bebê em 1974; o encontro com feministas lá, e o Ano Internacional da Mulher (1975), que abre possibilidade de ação aqui; a existência de um grupo de pesquisadoras inquietas na FCC; a necessidade de encontrar uma solução de guarda para o André (primeiro filho), numa conjuntura familiar complicada, que me leva a optar pela solução creche, e meu contato diário com essa instituição; a Fundação Ford, que abre linha de financiamento sobre relações de gênero; o início da distensão política e a possibilidade de trabalhar com temas malditos, de sair do terceiro andar do prédio da Fundação e participar, como pesquisadora, da mobilização de mulheres; a flexibilidade de uma instituição privada (a FCC), que acolhe novos temas e novas práticas do(a) pesquisador(a); a incumbência (quase imposição) de coordenar o jornal *Mulherio*; o encontro profissional com Maria Malta Campos, o interesse comum por creches; a reconciliação afetiva adulta com minha mãe, que possibilita uma experiência de criar ficção em literatura infantojuvenil; a Júlia (segunda filha), que já está suficientemente

---

1. Esposo de Fúlvia Rosemberg à época. (N. do E.)

ESCRITOS DE FÚLVIA ROSEMBERG

crescida e pode me liberar para mais um emprego: o de professora da Pós-Graduação em Psicologia Social na PUC-SP.

Recupero, em minha trajetória, também o que, por contingência, deixei de lado e poderia ter redundado em outro perfil profissional: um desejo inicial de trabalhar em Psicologia Animal (incompatível com a bolsa de estudos); abandonar o estágio no serviço de Irène Lezine por dificuldade de relacionamento humano (o que me teria permitido um contato profissional maior com a questão da creche em 1970); deixar de lado um aprofundamento da abordagem estruturalista (que me fascinava) por não ser privilegiada no laboratório de Wallon; abandonar o campo de estudos sobre literatura infantojuvenil por querelas de capela; desistência de um projeto de criação de textos não sexistas por falta de financiamento; impossibilidade de aprofundar o conhecimento sobre a vertente psicológica do trabalho da pajem na creche por não convir ao conjunto de projetos para os quais se solicitava financiamento; desistir de participar de um projeto sobre cortiços com Felícia Madeira, o que me permitiu, em seguida, aceitar a coordenação de uma pesquisa sobre educação dos negros; postergar um pós-doutoramento pela idade das crianças e pela dinâmica familiar; acariciar, apenas como sonho possível, para não sei quando, uma pesquisa sobre determinantes políticos da ação do Fundo das Nações Unidas para a Infância (Unicef) voltada para crianças subdesenvolvidas.

Com certeza: o contingencial se evidencia no repassar a vida profissional. Foram retalhos que fui reconhecendo. Mas percebo também uma colcha que foi sendo costurada, combinando textura e estamparia. Reconheço, sim, a figura de um tecido, minha identidade profissional. Sou pesquisadora.

Pode ser paradoxal que minha identidade profissional, neste concurso para professor associado desta Universidade, seja afirmada pela atividade de pesquisa. E mais: pela atividade de uma pesquisadora que se desenvolveu fora da Universidade. É assumindo esta identidade, produto de uma trajetória peculiar e que se reflete no perfil profissional talvez pouco habitual nas crias da Universidade, que pleiteio o título de professora associada. O peculiar (não individual, talvez mesmo generalizável para trajetórias semelhantes) é que há uma anterioridade essencial (e não apenas cronológica) da pesquisadora sobre a docente: foi para a pesquisa e através dela que adquiri, organizei e sistematizei o conhecimento que uso, então, na função de docente.

Quando assumo esta identidade, e com ela pleiteio o título universitário, não há qualquer olhar hierárquico. Não considero que minha trajetória seja a certa ou a melhor. Apenas considero que, neste momento, é rica, para a Universidade, a convivência de docentes que organizam e sistematizam conhecimentos através de processos diversificados. Acrescento também que, para a pesquisadora, a experiência docente é enriquecedora. Argumento apenas que a produção de conhecimento de pesquisador fora da Universidade e do docente-pesquisador seguem processos diversos.

Fiquei tentada em enveredar por uma análise sobre a diversidade da estrutura de poder dentro de ambas as instituições. Controlei esta tentação; necessito, porém, mencionar um aspecto: a promoção na hierarquia de poder/salário em instituições de pesquisa não é sancionada internamente, mas através de titulação universitária, portanto, externa. Nesse sentido, a produção interna à instituição de pesquisa não é concorrencial, ou pelo menos não percebo o mesmo nível de concorrência que pode existir na Universidade. Um pesquisador não dispõe, por exemplo, de qualquer mecanismo facilitador ou dificultador para que seu colega se candidate a concursos, obtenha títulos, desenvolva projetos. A competição não deixa de existir, mas não tem condições para bloquear trabalhos, pois não se concretiza na burocracia legitimadora de hierarquias. Assim, a trajetória é mais livre e, na instituição de pesquisa, tem-se maior possibilidade de trabalhar em equipe.

A possibilidade de constituição de equipes fornece a base para outra característica, a meu ver essencial, das instituições de pesquisa: a interdisciplinaridade. Este talvez seja o ponto central para discutir a particularidade da trajetória de um pesquisador fora da Universidade: sua liberdade frente ao recorte disciplinar único. Ocorrendo menor

ESCRITOS DE FÚLVIA ROSEMBERG

cerceamento ao trabalho em equipes, a interdisciplinaridade é possível e necessária. A relação principal não se estabelece, obrigatoriamente, com a disciplina (ou com teorias dela decorrentes), mas tende a se estabelecer com o tema, a questão, o problema. A linha de pesquisa não antecede obrigatoriamente a pesquisa: é a partir dela que vai se construindo.

É verdade. Na Universidade, também tem sido possível trabalhar dessa forma, através de núcleos e centros de pesquisas e estudos que vêm sendo criados, justamente, para responder a esta necessidade: reunir docentes que compartilham questões, problemas, temas que ultrapassam o recorte disciplinar. São, por exemplo, os núcleos de estudos sobre a mulher; os núcleos de estudos afro-brasileiros; sobre a família; entre outros.

Esta liberdade frente ao recorte disciplinar eu trago para a Universidade. Ela foi formalmente assumida por mim quando propus esta banca composta por professoras que vêm trabalhando em disciplinas diversas e que correspondem, na Universidade, aos marcos que ponteiam minha produção. Essa liberdade frente ao recorte disciplinar também é assumida pela própria Universidade: meus orientandos (formais e informais) provêm de diferentes programas de pós-graduação; tenho participado de bancas de diferentes disciplinas. Sou vista pela comunidade acadêmica como "especialista" em alguns temas (literatura infantil, criança/menor, mulher, creche, negros) e técnicas (análise de conteúdo, de dados demográficos, de pesquisa bibliográfica/documental).

Uma outra decorrência da liberdade disciplinar é de o pesquisador ser muitas vezes chamado ou se dispor a trabalhar sobre temas que ainda não se constituem em objeto de conhecimento acadêmico. Nesses casos, o que se tem diante de si são questões ou problemas que podem se transformar, pelo trabalho do pesquisador, em objeto de conhecimento. Questões e problemas atuais, diretamente saídos da vida concreta, sem abstrações generalizantes.

Essa proximidade com o concreto, com o atual permitiu que em minha vida profissional interagisse fortemente com esferas não acadêmicas: com minha vida diária, com o que estava vivendo na esfera privada; com interlocutores muito diversificados.

Na vida privada, a interação se deu nos dois sentidos: trazer para casa reflexões e descobertas do trabalho e levar para o trabalho, para a reflexão/produção de conhecimentos, observações, emoções e experiências que vivi no privado.

A contemporaneidade das questões com as quais trabalhei também abriu o campo dos interlocutores com os quais interagi no processo de realização da pesquisa ou de produção do conhecimento. Quando se trabalha com questões diretamente vinculadas à vida concreta, vários segmentos sociais se interessam pelo produto de seu conhecimento porque pode informar, alterar, aprofundar ou sistematizar sua prática. Daí a quantidade e diversidade de palestras, cursos, conferências, assessorias, seminários dos quais participei. Isso não significa, a meu ver, uma voracidade curricular. Essa diversidade pode refletir um componente da identidade da pesquisadora que se construía no momento de mobilização e organização dos movimentos sociais neste país: busca de interação com o público. Comparo-a à crise de identidade que Eder Sader desvela em sua tese sobre militantes de organizações de esquerda após a debacle da opção pela luta armada. A busca de uma identidade junto ao povo, às massas desconhecidas, em nome do qual se falava e agia. Não esqueço que pesquisadores, dentro e fora da Universidade, se propuseram, academicamente, a formalizar essa interação e esse convívio: daí a proliferação (não pejorativa) do emprego de metodologias participativas e o ímpeto, nesse período, da pesquisa participante.

Mas nem todos os problemas, nem todas as questões, nem todos os projetos de pesquisa aceitam essa metodologia. Outras formas de interação foram buscadas e uma delas se deu através de uma grande disponibilidade do pesquisador para a divulgação de seu trabalho. Houve tempo, mesmo, em que o compromisso com a divulgação pôde ser considerado mais intenso do que a produção de conhecimento: chegou-se a produzir "conhecimento" a serviço da divulgação para uso militante.

A interação com interlocutores variados incluiu também o diálogo (às vezes intempestivo, por vezes irritante, ou falação entre surdos) com o poder público, concretizado diretamente através de assessorias ou da busca de conhecimentos suscetíveis de serem absorvidos na elaboração e na implantação de políticas públicas.

Percebo que essas interações com a vida privada e com interlocutores diversificados interferiram no próprio curso de pesquisas em andamento e na produção do conhecimento em construção. Um exemplo que me vem fortemente provém da pesquisa "Modelos culturais na literatura infantojuvenil brasileira",[2] cujo objetivo essencial era captar o significado social da infância, enquanto relação de idade, usando como artefato metodológico livros produzidos para crianças. No desenvolver dessa pesquisa, dei várias entrevistas para a grande imprensa: uma delas, em 1979, a respeito da violência nos meios de comunicação de massa. Vivíamos sob o governo do general Figueiredo. Sociedade civil, organizações políticas, debatíamo-nos pelas liberdades democráticas. Pela mudança do regime. As declarações emitidas foram bem recebidas por profissionais da área de comunicação, que me convidaram para falar em um congresso programado para dali alguns meses. Vivia um tempo em que meu filho, André, era um telespectador assíduo. Assistíamos juntos a alguns programas, e observava seu prazer provocado pela publicidade de um brinquedo em voga, o Falcon. Passei a prestar atenção às propagandas para criança e comecei a compará-las com o que estava observando em literatura infantojuvenil. Solicitei a alguns profissionais da área se poderia dispor de filmes publicitários para crianças. Assisti a vários deles com uma colega: as ideias foram se precisando a respeito das diferentes funções que a criança pode desempenhar como intermediária no circuito produção-consumo de mercadorias e bens culturais, e o quanto isso determina as mensagens que lhe são destinadas. Esta

---

2. Os resultados dessa pesquisa foram apresentados em *Análise dos modelos culturais na literatura infanto-juvenil brasileira* (São Paulo: Departamento de Pesquisas Educacionais da Fundação Carlos Chagas; Brasília, DF: Ipea, 1980). A respeito também se pode consultar *Literatura infantil e ideologia* (São Paulo: Global, 1985). (N. do E.)

comunicação no Congresso de Publicitário[3] deu origem a um pequeno texto ("A ilha dos prazeres"), cujas ideias foram incorporadas à literatura infantojuvenil ("Eu consumo, tu me consomes"),[4] ideias que, a meu ver, constituem uma contribuição importante para a compreensão de discursos destinados a crianças, situando-os também no campo do consumo de bens culturais e de mercadorias. Participei, simultaneamente, de longos debates sobre ética e propaganda para crianças. Em decorrência, iniciei discussões sobre implicações éticas do uso de crianças como sujeito de pesquisa.

Esta tem sido minha forma de trabalho. O ingresso na universidade como docente permitiu a ampliação dos interlocutores, que incluem, agora, de modo sistemático, professores(as) e alunos(as). É assim que vivo a Universidade: um espaço de interação para a pesquisadora. Daí a minha busca, sempre que possível, de seminários monográficos que correspondam ao objeto da pesquisa em curso. É o momento de fruição profissional e humana, quando percebo troca, isto é, que os(as) estudantes não apenas recebem, mas instigam e participam de meu trabalho. Daí a disponibilidade, a exigência e, por vezes mesmo, a insurgência (esta última quanto aos cânones acadêmicos) na orientação de pesquisas que se transformarão em dissertações ou teses, pois o compromisso é com o(a) pesquisador(a) em formação. Daí também a fuga (absolutamente transparente em meu currículo) de atividades acadêmicas administrativas.

Esta é minha forma de trabalho, esta identidade profissional de pesquisadora forjada fora da universidade e no período em que vivi contém elementos para a compreensão da diversidade de minhas atividades profissionais, do processo de produção/divulgação de conhecimento que tem caracterizado meu trabalho e que se transformou para a Capes na abstração da linha de pesquisa "Socialização e relações de gênero, raça e idade".

---

3. Foi mantida a referência dada pela autora, sem indicação de lugar ou data de realização do congresso. (N. do E.)

4. Cf. "Eu consumo, tu me consomes", publicado na revista *Cadernos de Pesquisa* (São Paulo, n. 31, p. 41-8, 1979). (N. do E.)

Percebo meu trabalho como tendo sido, e sendo, um processo em construção, seguindo um caminho de tipo indutivo, onde as experiências novas procuram ser integradas às anteriores ou abrir novos espaços. A diversidade de experiências, de caminhos é vivificante, mas também geradora de inseguranças. Porque tenho a sensação constante de um conhecimento por vir, de uma sistematização ainda em processo.

Parte 2

FÚLVIA, FORMANDO PESQUISADORES:
NEGRI – NÚCLEO DE ESTUDOS DE GÊNERO, RAÇA E IDADE, DA PUC DE SÃO PAULO

Estudos sociais da infância: uma revisão

Maria Sílvia Ribeiro*
Carla Pellicer dos Santos**
Maria Eduarda Abrantes Torres***
Alciene Alves Ferreira****

Nossa orientadora, Fúlvia Rosemberg, costumava dizer que "o que a gente escreve é um *pedacito* desta vida". Ela escreveu uma grande história como pesquisadora, feminista, defensora dos direitos humanos, ativista dos direitos das crianças, especialmente de bebês à cidadania e outras grandezas. Queremos cumprir, de forma grandiosa, o *pedacito* de vida desta produção coletiva, que é também um pedaço da vida de Fúlvia.

---

* Doutoranda do Programa de Estudos Pós-Graduados em Psicologia Social da Pontifícia Universidade Católica de São Paulo. *E-mail*: mariesilvieribeiro@gmail.com.

** Mestre em Psicologia Social pela Pontifícia Universidade Católica de São Paulo. *E-mail*: carlapellicer@me.com.

*** Mestre em Psicologia Social pela Pontifícia Universidade Católica de São Paulo. *E-mail*: duduca@hotmail.com.

**** Mestre em Psicologia Social pela Pontifícia Universidade Católica de São Paulo. *E-mail*: alcieneferpsi@gmail.com.

Além das discussões realizadas nas disciplinas de mestrado e doutorado e em nossos encontros no Núcleo de Estudos de Gênero, Raça e Idade — NEGRI, Fúlvia sempre nos recebeu em sua casa para orientações e seminários nas férias. E foi lá, em 2011, na "cobertura" de Pinheiros, que este texto foi concebido. Ele resulta de um esforço conjunto, característico do NEGRI. Serviu de referência para nossas pesquisas coletivas e também de outros(as) colegas que vieram depois. Foi com muita emoção que retomamos as gravações dos apontamentos de Fúlvia para atualizar esta pesquisa. Ouvi-la novamente encheu nossos corações de alegria e muita saudade, mas também de inspiração.

"Então concentrem bem na cabeça os caminhos que vocês vão fazer para discutir os estudos da infância." Seguindo sua orientação, este trabalho apresenta as principais ideias que norteiam os estudos sociais da infância, os(as) teóricos(as) de referência no campo, um levantamento das produções brasileiras, bem como o posicionamento do NEGRI diante desses estudos.

Desenvolvimento do campo teórico

Nas duas últimas décadas do século XX, observamos a construção e o desenvolvimento de um campo teórico que, aliado à ação política, visa reconhecer a infância como construção social e a criança como ator social, sujeito de direitos.

Embora "Sociologia da Infância" seja a expressão mais usual nas produções estrangeiras e brasileiras, no NEGRI nos referimos aos Estudos Sociais da Infância para caracterizar esse campo de conhecimentos, a fim de destacar a contribuição e a visibilidade de outras áreas além das Ciências Sociais, particularmente a Psicologia Social, e também pela proximidade com os Estudos Feministas.

Os Estudos Sociais da Infância, diferentemente dos Estudos Feministas, não se desenvolveram por meio de um movimento político para a liberação das crianças, mas de modo semelhante propõem uma ruptura epistemológica com os paradigmas naturalizantes que enfatizavam a fonte biológica das identidades. Os novos estudos enfatizam a necessidade de elaborar a reconstrução dos conceitos de infância e criança marcados por uma visão ocidental e adultocêntrica e rompem com as abordagens tradicionais que tomavam a criança como objeto passivo em seu processo de socialização regido exclusivamente por instituições.

O surgimento do campo dos Estudos Sociais da Infância variou de país para país, bem como as iniciativas que deram visibilidade aos novos paradigmas da infância. Na literatura disponível em português, que inclui autores(as) de abordagens e disciplinas diversas, vários artigos têm tratado das origens do desenvolvimento dessa nova perspectiva dos estudos sobre crianças e a infância.

Os artigos "Emergência de uma Sociologia da Infância: evolução do objeto e do olhar", de Régine Sirota, e "Sociologia da Infância: balanço dos trabalhos em língua inglesa", de Cléopâtre Montandon, ambos traduzidos para o português e publicados em 2001 como tema de destaque nos *Cadernos de Pesquisa* (n. 112), constituem referenciais de análise para pesquisa, pois apresentam uma retrospectiva com base nas publicações sobre a infância na área da Sociologia, focalizando, sobretudo, as produções de línguas francesa e inglesa.

Na França, uma primeira tentativa de mudança de olhar sobre a infância encontra-se na *Revue de l'Institute de Sociologie de Bruxelles*, publicação de 1994, sob o título "Infâncias e Ciências Sociais" (Sirota, 2001, p. 10). No interior da Associação Internacional de Sociólogos de Língua Francesa (AISLF), os comitês dos sociólogos da família e dos sociólogos da educação apresentaram a criança como ator social. No campo da educação, em 1995, discutiram as questões da infância com o propósito de tornar a criança um parceiro e/ou ator social dentro da estrutura familiar. Por outro lado, os sociólogos da educação inquietaram-se em mostrar a criança não somente como um "aluno", mas também como ator social dentro do âmbito dos estudos etnográficos a partir de uma socioantropologia da infância (Sirota, 2001, p. 11).

Na produção francesa, Sirota (2001) assinala a importância de Ariès (1978)[1] como marco desse novo olhar sobre a infância e, posteriormente, uma multiplicidade de estudos sociológicos voltados para a escolarização e para a socialização das crianças. A autora destaca ser "por oposição à concepção da infância como objeto passivo de uma socialização regida por instituições, que vão surgir e se fixar os primeiros elementos de uma sociologia da infância" (Sirota, 2001, p. 9). A releitura crítica do conceito de socialização na perspectiva de teorias funcionalistas e de suas definições entre os(as) pesquisadores(as) franceses(as) contribuiu fundamentalmente para a concepção da criança como ator social.

Ao examinar os principais trabalhos em língua inglesa, Montandon (2001) apresenta um balanço sobre essas produções e também identifica similaridades à produção francesa no que se refere à crítica da visão clássica do conceito de socialização, entendido como inculcação ou aculturação de normas e padrões culturais, bem como de sua reformulação conceitual. A autora destaca as principais temáticas que apreende na produção inglesa: relações geracionais; relação entre pares; infância como um grupo social e aquelas que analisam os diferentes dispositivos institucionais dirigidos às crianças.

Segundo Montandon (2001), o interesse pelos estudos da criança aumentou nos anos 1920, principalmente nos Estados Unidos, em meio a um contexto de industrialização crescente, de urbanização e imigração, quando emergiu a preocupação com os problemas das crianças, sobretudo relacionados às questões do trabalho infantil, da deficiência mental e da delinquência juvenil.

É consenso para Montandon (2001) e Sirota (2001) que a Sociologia da Infância marca uma ruptura de paradigmas na concepção de infância e de socialização. Os novos paradigmas propostos buscam

---

1. A iconografia produzida pelo historiador francês Philippe Ariès, *História social da criança e da família* (1978), é uma importante fonte de conhecimento sobre a infância, sendo considerada um trabalho pioneiro na análise e concepção da infância. O autor traçou um perfil de características da infância a partir do século XII, no que diz respeito ao sentimento da infância, seu comportamento no meio social da época e suas relações com a família.

"desnaturalizar" a definição de infância e a concepção de criança — sem, contudo, negar a imaturidade biológica — e enfatizam a variabilidade dos modos de construção da infância. A criança passa a ser concebida como ator social e a infância como uma construção sócio-histórica, um componente da cultura, da estrutura social e uma das etapas da vida que necessita de investigação específica, bem como uma variável sociológica que deve ser articulada a outras variáveis, como gênero, raça, etnia, classe social.

A fim de compreender a evolução do objeto, Ulivieri (1986) analisa a bibliografia italiana e relata que o enfoque da história social da infância e da criança, além de ter chegado com atraso, também apresenta uma indiferença com o tema. Até a década de 1980 os historiadores não privilegiavam a criança em suas pesquisas. O rompimento com rígidas regras de investigação tradicional, institucional e política na abordagem de temas e problemas vinculados à história social no campo historiográfico só se deu nos últimos anos. Para a autora, a falta de uma história da infância e seu registro historiográfico tardio são um indício da incapacidade por parte do adulto de ver a criança em sua perspectiva histórica. Conclui Ulivieri (1986) que a criança não existia com todas as suas características infantis, tampouco existia sua história.

Na reconstituição histórica da construção do campo em cenário internacional, algumas autoras dão destaque a movimentações que ocorreram na Sociologia e às precursoras na Antropologia e na literatura feminista.

Assim, voltando nossa atenção para a Antropologia, Gaitán Muñoz (2006) destaca os trabalhos precursores de Ruth Benedict[2] e Margaret Mead,[3] que mostraram em suas pesquisas como as noções de infância e de criança variam de cultura para cultura; e da pensa-

---

2. Ruth Benedict. *Patterns of culture*. London: Routledge and Kegan Paul, 1935.

3. Margaret Mead (1928). *Coming of age in Samoa*. Harmondsworth: Penguin, 1969.

Margaret Mead; Martha Wolfstein (Ed.). *Childhood in contemporary culture*. Chicago: Chicago University Press, 1955.

Margaret Mead. *Growing up in New Guinea*. Harmondsworth: Penguin, 1963.

dora sueca Ellen Key, que escreveu, no ano de 1900, o texto que se converteu em um clássico, "O século da criança", apresentando ideias à frente de seu tempo. Ainda no campo da Antropologia, trazemos a importante contribuição de Alma Gottlieb (2009) com o artigo "Para onde foram os bebês? Em busca de uma Antropologia de bebês (e de seus cuidadores)", publicado no ano 2000 em inglês, mas traduzido para o português apenas no ano de 2009 e que, em sintonia com os trabalhos de Fúlvia Rosemberg e do NEGRI, destaca o papel marginalizado dos bebês na literatura antropológica e nos estudos interdisciplinares sobre a construção sociocultural da infância.

Sarmento (2005) assinala que, em Portugal, a constituição desse campo se efetivou por meio da compreensão de dois objetos sociológicos: a infância e a criança como ator social pleno. Embora o campo se encontre em constituição, há trabalhos realizados nessa perspectiva, dentre eles: teses, projetos de pesquisa, números temáticos de revistas, além de cursos de pós-graduação na área.

A legitimação do campo científico da Sociologia da Infância é recente, contando pouco mais de 20 anos. Em 1990, pela primeira vez, sociólogos da infância reuniram-se para discutir sobre o processo de socialização da criança, os diversos aspectos que o envolvem, bem como a influência de instituições e de agentes sociais com vistas à integração da criança na sociedade contemporânea. Tratava-se do Congresso Mundial de Sociologia, realizado em Madri, o qual impulsionou a produção estrangeira. A partir desse Congresso, a Sociologia da Infância passou a ser um grupo temático, em seguida um grupo de trabalho e, desde 1998, um dos mais recentes comitês de pesquisa da Associação Internacional de Sociologia (ISA).

Alguns pontos postulados por James e Prout (2003) parecem compartilhados pelos(as) principais autores(as) desse campo disciplinar em construção (Montandon, 2001; Sirota, 2001; Qvortrup, 2010; Corsaro, 2011):

- a infância é entendida como uma construção social;
- a infância é uma variável da análise social que não pode ser inteiramente isolada de outras tais como classe, gênero, etnia;

- as relações sociais das crianças e suas culturas devem ser objeto de estudo em si mesmas;

- crianças não são sujeitos passivos de estruturas e processos sociais, portanto são e devem ser vistas como ativas na construção e determinação de sua própria vida social, da vida dos que as rodeiam e das sociedades em que vivem, sendo a etnografia uma metodologia adequada para os estudos da infância.

Outro aporte muito importante vem de Gaitán Muñoz (2006), que, dentre aqueles aos quais tivemos acesso, é o texto que vai se centrar nas diferenças de enfoques teórico, conceitual e metodológico. Com seu artigo "La nueva sociología de la infancia. Aportaciones de una mirada distinta", a autora contribuiu sobremaneira na caracterização de convergências e divergências entre as diferentes abordagens e autores(as).

Gaitán Muñoz (2006) resume o que seriam os traços comuns: uma abordagem mais global do objeto, interessada nos aspectos que são comuns às crianças; a postura crítica em relação às conceituações tradicionais de socialização e desenvolvimento evolutivo; a adoção de uma perspectiva geracional focando os padrões de mudança ao longo do tempo, na forma de ser criança, nas relações entre gerações infantis e adultas e também nos processos de modernização que afetam ambas as gerações.

De acordo com a autora, esse conjunto de pressupostos teóricos nos quais a prática está embasada pode ser organizado em três enfoques predominantes no estudo da infância: o relacional, o construtivista e o estrutural.

O enfoque relacional defende que a infância só existe em relação à adultez; criança e adulto são categorias geracionais, constituindo-se, cada uma delas, um referente para a definição da outra. Essa abordagem situa-se em um plano microssocial, no qual são produzidas as relações interpessoais, tendo como única possibilidade de ligação ao plano macrossocial o fato de que tudo o que ocorre no âmbito local influencia o âmbito global. Defende que deve ser considerado o modo como as crianças experimentam suas vidas e relações sociais, esforçando-se em desenvolver um ponto de vista das crianças, com base em seus conhecimentos e experiências, ponto fundamental para o reconhecimento de seus direitos. Tem a geração como conceito-chave para entender as relações criança/adulto, seja no nível individual ou grupal. Além desse, outros conceitos bastante utilizados são gênero e relações das crianças. Os estudos retomam algumas ideias abordadas no enfoque estrutural, como as crianças na divisão do trabalho e as relações entre gerações. Destacam-se os trabalhos de Alanen (2001) e de Mayall (2002), que apresentam a experiência dos estudos feministas sobre a vida e a posição das mulheres na sociedade como elemento que pode contribuir para o avanço dos estudos sobre a infância e as crianças.

O enfoque construcionista defende que as noções sobre criança, crianças e infância são formações discursivas socialmente construídas, portanto faz-se necessária sua desconstrução a fim de desmontar seu poder discursivo na vida social. Nessa abordagem, crianças são concebidas como ativas e atuam na construção de sua vida social. Aqui o enfoque atenta para a pluralidade da infância e da criança, para designar a multiplicidade de possibilidades de crianças e infâncias no mundo. Os estudos estão voltados para as construções históricas, aproximando-se bastante de questões sociológicas como cultura e sociedade, bem como as representações simbólicas do mundo social. O termo mais utilizado é criança, referindo-se ao conjunto do objeto estudado. Para referir-se à atividade das crianças, utiliza-se o termo "agente", equivalente a "criação produtiva".

Quanto aos conceitos-chave, os mais utilizados são construção social; cultura das crianças ou cultura infantil, referindo-se às relações sociais; visões ou representações das crianças. Interessam nesse enfoque o contexto de produção e os significados que se atribuem implicitamente. Utiliza métodos etnográficos e busca incluir as crianças no mundo social, esforçando-se em descrever a cultura das crianças como distinta, com um sistema de crenças e práticas estranhas aos adultos, em que as crianças estabelecem suas próprias regras. Com o enfoque nas atividades práticas cotidianas, seu campo de observação geralmente são clubes juvenis e escolas.

Constituem referências nessa abordagem os estudos de James e Prout (2003), os quais defendem o conceito de infância como uma categorial plural — infâncias —, igualmente construída e reconstruída para as e pelas crianças. Também se situa nessa abordagem o trabalho de Corsaro (2011), que defende a participação ativa das crianças em seu processo de socialização, o qual denomina reprodução interpretativa.

Já o enfoque estrutural focaliza não as crianças, mas a infância, como uma forma particular e distinta da estrutura social; considerada um fenômeno social por tratar-se de categoria permanente, variável histórica e culturalmente. Além disso, a infância é concebida como parte integrante da sociedade e da divisão do trabalho; exposta às mesmas forças que os adultos, porém de modo diferente. O enfoque estrutural trata a infância como um grupo minoritário, sujeito a tendências de marginalização e paternalização. Considera crianças como coconstrutoras da infância e da sociedade e sua condição de dependência repercute em sua invisibilidade. No que se refere à sociedade, defende que a ideologia familiarista constitui uma barreira aos interesses e ao bem-estar das crianças.

Quanto ao uso de termos, o mais utilizado é infância, enquanto parte da estrutura social. Para se referir à atividade das crianças, prefere a expressão "ator social", compreendido como grupo e não indivíduo. Toma como conceitos-chave a estrutura e a justiça sociais. Orienta-se às macroanálises das relações sociais utilizando métodos quantitativos (uso de técnicas em grande escala como dados demográficos, sociologia estatística). Os estudos têm por objetivo ligar qualquer evento relevante observado no nível da vida das crianças ao contexto macrossocial, a fim de explicar a relação com as estruturas e mecanismos sociais que operam nesse macrocontexto e geram impactos no grupo infantil.

Destaca-se como representante dessa abordagem Jens Qvortrup (2010; 2011). O autor, que é referência na produção de pesquisadores(as) não só ingleses(as), mas também franceses(as), italianos(as), portugueses(as) e brasileiros(as), defende que nas sociedades contemporâneas a infância é uma forma estrutural permanente, mesmo que seus membros e concepções mudem. A partir da conceituação da infância como uma forma estrutural, torna-se possível avançar para além das perspectivas individualistas, centradas no adulto, temporalmente limitadas, para responder a um leque maior de questões sociológicas.

Líder do pioneiro projeto internacional "Infância como Fenômeno Social" (1987 e 1992), Qvortrup e colaboradores(as)[4] apresentaram relatórios nacionais, análises e estatísticas sobre a infância em diferentes países. O projeto redundou no livro intitulado *Childhood matters: social theory, practice and politcs* (1994), no qual discorrem sobre as condições de vida das crianças na sociedade industrial e uma série de novas teorias e interpretações acerca das características da infância na sociedade moderna: em relação à família, economia, política, tempo e espaço, as relações intergeracionais e evolução demográfica. Escola, creche e outras estruturas constituem arenas de vida das crianças, e os(as) autores(as) argumentam que o tempo das crianças e as atividades delas são de sua propriedade, apesar dos esforços por parte da sociedade adulta de — "colonizá-las" — para seus próprios fins e interesses (Qvortrup et al., 1994).

Qvortrup (2011) desenvolveu nove teses, parte dos relatórios da pesquisa pioneira, as quais, dessa perspectiva estrutural, orientam os Estudos Sociais da Infância e que, de certa forma, compartilhamos no NEGRI. As nove teses apresentam, para o novo campo, um alerta e, ao mesmo tempo, um incentivo à ampliação do debate, destacando importantes questões sobre a complexidade das concepções de infância e seus impactos políticos.

O autor enfoca o termo "geração" como categoria comparada à classe, ao gênero, à raça e à etnia. No entanto, considera que estas são categorias não úteis para a determinação geral das condições de vida

---

4. Dentre os(as) colaboradores(as) se encontram: Leena Alanen, David Oldman, An-Magritt Jensen, Máire Nic Ghiolla Phádraig, Jirí Kovarik, Judith Ennew, Ivar Frones, Elisabet Näsman, Angelo Saporiti, Helmut Wintersberger, Lea Sangar-Handelman, Dimitra Makrinioti, Angelika Engelbert, Marjatta Bardy, Giovanni B. Sgritta.

das crianças e da infância, conforme entrevista concedida a Breda e Gomes (2012). O autor argumenta que o problema é que com essas perspectivas (de gênero, classe, raça e etnia) fica impedida a generalização. Maximizando as diferenças entre meninos e meninas, entre ricos e pobres, entre negros e brancos, não se consegue realmente determinar o que é comum às crianças.

Da perspectiva do NEGRI, também estrutural, argumentamos que, com os mesmos dados estatísticos, e incluindo essas variáveis/categorias (de gênero, classe, racial e etnia), revelamos diferenças que podem ser analisadas. Por exemplo, em nossas pesquisas expomos desigualdades baseadas na diferença de escolaridade atingida por crianças (meninos/meninas), crianças brancas e negras e de classes sociais distintas, bem como desigualdades de acesso intragrupos de pessoas (bebês e crianças pequenas) nessa etapa da vida chamada infância e que são passíveis de análise crítica. Isso porque entendemos as etapas da vida como uma construção social e que as relações de idade participam da construção da estrutura social, ao lado e em interação com as relações de classe, gênero, raça-etnia, região e Estado-nação. No NEGRI, concebemos as relações de idade (e não a infância) como estruturantes de relações de dominação, de modo equivalente (mas não idêntico e nem sempre complementar) às relações de classe, raça e gênero (Rosemberg, 1976, 1981, 1984, 2006, 2010, 2014). Daí a própria denominação do NEGRI.

De acordo com Rosemberg (2014), a delimitação ou demarcação das idades se torna mais complexa quando focalizamos os cortes etários para as diferentes instituições, conforme se pode depreender das informações sistematizadas no Quadro 1, cuja configuração carrega marcas históricas, muito provavelmente, ideológicas e acertos decorrentes de negociações políticas. Sobre esse aspecto compartilhamos as ideias de Qvortrup (2010, p. 638), o qual assinala que, embora as categorias geracionais estejam sujeitas aos mesmos parâmetros (econômicos, tecnológicos, culturais, entre outros), "não sofrem ou lidam com o impacto desses parâmetros da mesma maneira". Isto porque elas ocupam posições diferentes na estrutura social, a partir da qual meios, recursos, influências e poder são distribuídos.

Quadro 1
Idade mínima em anos ou maioridade para ter direitos reconhecidos, por dimensão da vida social — Brasil, 2013

IDADE EM ANOS	DIMENSÃO DA VIDA
4	Início da escolaridade obrigatória
10	Sentar-se no banco da frente no veículo
11	Sentar-se na garupa da moto
10/18	Viajar desacompanhado/a com autorização
14	Trabalhar como aprendiz
	Casar na Igreja Católica (mulher)
	Relações sexuais consentidas
16	Votar
	Casar com autorização no âmbito civil
	Submeter-se a cirurgia bariátrica
	Casar na Igreja Católica (homem)
	Trabalhar com certas restrições
17	Alistamento militar
	Fim da escolaridade obrigatória
18	Maioridade civil
	Maioridade penal
	Trabalho noturno, insalubre
	Prostituição, pornografia
	Habilitação para dirigir veículo
	Comprar e ingerir bebida alcoólica
	Fumar
	Abrir conta em banco (titular)
	Adotar criança
	Viajar sem autorização
	Candidatar-se a vereador
21	Candidatar-se a deputado estadual, federal, prefeito, vice-prefeito, juiz de paz
30	Candidatar-se a governador, vice-governador
35	Candidatar-se a presidente, vice-presidente e senador
60	Atendimento prioritário em serviços
	Aposentadoria para mulher
65	Aposentadoria para homem
	Homem e mulher — direito ao benefício LOAS (Lei Orgânica da Assistência Social)
70	Homem e mulher — aposentadoria compulsória

Fonte: Rosemberg, 2014.

No campo das discussões acerca das influências de forças econômicas e políticas sobre as crianças, também dialogamos com Oldman (1994), estudioso que contribuiu para o projeto "Infância como Fenômeno Social". O autor argumenta que a infância constitui um grupo minoritário e que tanto os adultos como as crianças devem ser considerados como classes, uma vez que são categorias sociais distintas, fundamentadas na oposição econômica e na exploração, pelos adultos, das atividades das crianças.

A divisão social do trabalho é um aspecto relevante para evidenciar a exploração econômica dos adultos em relação às crianças. Oldman (1994) faz uma distinção entre *childwork* e *children's work*. O primeiro abrange um conjunto de atividades laborais exercidas por adultos na organização e no controle das atividades das crianças. É um trabalho de adultos, cujo objeto é a criança. O segundo refere-se ao trabalho desenvolvido pelas crianças.

As inúmeras teorias sobre pedagogia e desenvolvimento implicam a necessidade de uma normatização do *childwork*. Os profissionais devem adquirir formação continuada e isso, por sua vez, acarreta uma movimentação no plano econômico. De acordo com o autor, esse processo é um epifenômeno de um conflito de classes e de relações de exploração entre adultos e crianças.

Oldman (1994) apresenta essas relações como relações de reprodução que são, ao mesmo tempo, relações de produção, nas quais o trabalho de uma classe (das crianças) é explorado por outra, a classe adulta. Esse modo de produção é o que o autor chama de modo geracional: os adultos exploram o trabalho de crianças na produção de capital humano, constituinte do processo de desenvolvimento humano. O autor faz, ainda, uma distinção entre o modo de produção patriarcal (exploração de trabalho de mulheres por homens, principalmente na produção de bens e serviços restritos ao universo familiar) e o modo capitalista (exploração de trabalhadores).

Nesse sentido, no NEGRI pensamos as relações infância-adultez como relações de dominação em que as crianças estão sob o exercício do poder adulto. Entendemos a infância vinculada aos meios de produção e reprodução da vida, por meio das atividades de aquisição de capital humano, desenvolvimento cultural e biológico e a adultez vinculada aos meios de produção e administração da riqueza. Por meio do *childwork* (trabalho de adultos para crianças), os adultos buscam a satisfação de suas próprias necessidades sociais, econômicas e pessoais (no âmbito privado).

Nossas produções acadêmicas individuais e coletivas têm nos inspirado mutuamente e se associam ao coro que questiona "o tratamento dado à infância no arcabouço teórico funcionalista". Nossa concepção compartilhada de que as sociedades ocidentais modernas são adultocêntricas inspira-se no artigo "Educação para quem?", no qual, entre outros aspectos, Rosemberg (1976) enfatizou o lugar privilegiado ocupado pelos adultos. Nesse texto, sua crítica se voltou para o arcabouço teórico-metodológico da Psicologia do Desenvolvimento da época, inclusive a piagetiana.

> É assim que esta sociedade, pensada e construída em torno do, e para o adulto, necessita criar soluções parciais para a sua própria sobrevivência, como também a da criança. Ante a impossibilidade de adequar a sociedade-centrada-no-adulto à criança, o adulto passa a educá-la. (Rosemberg, 1976, p. 1466)

De acordo com a autora, essa postura adultocêntrica, fundamentada na concepção de uma dependência biológica inicial da criança e intensificada pela crescente urbanização e pelo desenvolvimento tecnológico das sociedades, reforça a visão da criança associal, a-histórica, isolando-a da sociedade corruptível e mantendo-a na ordem da natureza, reiterando a posição da infância como etapa da vida subordinada ao adulto.

Jenks (2002), James e Prout (2003) e Corsaro (2011) criticam os aspectos evolucionistas do conceito de desenvolvimento piagetiano, que se refere a uma racionalidade adulta ocidental como marca a ser atingida pela criança — um ser em devir — ao longo de estágios predeterminados de seu desenvolvimento cognitivo.

Jenks (2002, p. 193) chama a atenção para a utilização da noção de criança "como instrumento de apresentação de propostas de relacionamento e coesão social". O autor identifica, na diversidade de perspectivas da teoria social (paradigmas parsoniano e piagetiano), uma união analítica em torno do tema central de sua crítica, ou seja, da construção da criança com determinadas intenções.

Nessas perspectivas teóricas, o processo de socialização constitui um fator de reprodução das estruturas sociais, materiais e simbólicas, resultando num eficaz mecanismo de controle social. A criança, por sua vez, "é intencionalmente constituída de forma a apoiar e perpetuar as bases fundamentais e as noções de humanidade, ação, ordem, linguagem e racionalidade de teorias particulares" (Jenks, 2002, p. 214), apoiadas na dicotomia adulto/criança. De acordo com o autor, essa dicotomia assume sua forma mais explícita nas teorias relativas aos processos de aprendizagem.

James e Prout (2003) assinalam que a construção científica fundamentada na concepção de infância como natureza contribuiu para uma definição de criança como um devir social — nessa concepção, a socialização era vista como o processo por meio do qual a criança associal se converteria num adulto socializado.

Por sua vez, Corsaro (2011) elenca dois modelos diferentes da compreensão do processo de socialização: o modelo determinista e o construtivista. Na perspectiva determinista, cujo modelo funcionalista foi propagado nas décadas de 1950 e 1960, o interesse estava voltado para a integração da criança na sociedade visando à manutenção do equilíbrio social. Nesse modelo, a sociedade apropria-se da criança. A compreensão determinista de socialização subestimou e negligenciou a capacidade de ação e inovação das crianças, uma vez que a premissa básica consistia na moldagem e na internalização do sistema social, pelas crianças, por meio de um treinamento formal sobre as normas sociais. Já no modelo construtivista, a criança se apropria da sociedade, ou seja, ela é vista como mais ativa do que passiva, envolvida na apropriação de informações de seu ambiente para usar na organização e construção de sua interpretação do mundo.

O autor propõe a noção de "reprodução interpretativa" em substituição à noção de socialização, abrangendo os aspectos inovadores e criativos da participação das crianças na sociedade. Defende que, numa perspectiva sociológica, a socialização vai além da adaptação e da internalização: trata-se de um processo de apropriação, reinvenção e reprodução. Fundamental nessa visão é o reconhecimento da importância da atividade coletiva e conjunta.

O questionamento do NEGRI frente à produção acadêmica e social mais ampla não significa negar processos maturacionais específicos na construção das etapas da vida, mas a forma como as culturas interpretam ou significam tais processos. Nosso questionamento refere-se ao ato de desvalorizar a infância frente à adultez, considerando-a como incompleta e inferior, em vez de etapa a ser superada. Refere-se ainda à concepção de socialização como inculcação, eliminando a ação das crianças no processo de construção da cultura e participação na sociedade. Nesse sentido, aproximamo-nos do conceito de Corsaro (2011), de socialização como reprodução interpretativa e característica de todas as etapas da vida na trajetória que vai do nascimento à morte.

Ao confrontar nossas concepções teóricas e metodológicas às principais correntes da Sociologia da Infância, particularmente aos componentes dos "novos paradigmas" elaborados por James e Prout (2003), destacamos alguns questionamentos:

- "Qual a idade da criança da Sociologia da Infância?" (Rosemberg; Mariano, 2010, p. 695).

- Qual o estatuto epistemológico do conceito de infância: trata-se de categoria descritiva ou analítica? (Rosemberg; Mariano, 2010, p. 695).

- "Quando a Sociologia da Infância francófona e anglófona se refere a *enfant* ou *child* está se referindo a criança (do latim *puer*) ou a filho (do latim *filius*)? (Rosemberg; Mariano, 2010, p. 695).

- Seria a etnografia o método a ser privilegiado nos estudos sociais da infância?

Tais indagações têm suscitado algumas respostas:

- A idade privilegiada da Sociologia da Infância não é o bebê, conforme têm mostrado estudos recentes (Gottlieb, 2009; Tebet, 2013; Prado, 2014). Os estudos sociais da infância, bem como a Sociologia da Infância e as pesquisas brasileiras sobre criança, de modo geral, relegam o bebê a uma posição secundária. Complementarmente, a creche também ocupa posição subsidiária nas pesquisas sobre educação e educação infantil. Daí o interesse do NEGRI nas pesquisas mais recentes, que focalizam discursos sobre o bebê e a creche (Rosemberg, 2014).

- Para nós do NEGRI, a infância é um dos termos das relações de idade e se constitui em categoria analítica. Não normatizamos os significados para o termo infância, que são apreendidos via análise de discursos proferidos por adultos e/ou por crianças. Nesse momento da trajetória do NEGRI, privilegiamos a análise de discursos produzidos e veiculados por adultos. Assim, caminhamos para nossa última posição.

- Consideramos que, para se apreender a posição da infância na sociedade brasileira, é indispensável não perder de vista sentidos e significados produzidos e propagados por adultos, como representantes institucionais, sobre infância e criança(s). Daí nossas pesquisas, particularmente, sobre a educação e o cuidado de bebês.

Estudos sociais sobre a infância no Brasil

No Brasil, nas duas últimas décadas, os estudos sobre a infância como uma questão pública sofreram uma ampliação no campo de pesquisa e vêm adquirindo um estatuto teórico-metodológico.

Embora não tenhamos um balanço da produção brasileira, podemos localizar nos trabalhos de algumas autoras uma panorâmica da construção de um olhar sobre a infância e a criança no Brasil.

Dentre elas, podemos citar Clarice Cohn, Ethel Kosminsky, Fernanda Müller, Fúlvia Rosemberg, Jucirema Quinteiro, Lúcia Rabello de Castro, Rita de Cássia Marchi.

Rosemberg (1976, 1982, 1984) foi uma das primeiras pesquisadoras brasileiras a produzir reflexões acerca das crianças e da infância que coincidem com aquelas abordadas nos Estudos Sociais da Infância. Desde os anos 1970 questionava os modelos dominantes de socialização, pressupostos da Psicologia do Desenvolvimento e a sociedade-centrada-no-adulto ou adultocêntrica, questões fundamentais no debate contemporâneo.

Da mesma forma que em outros países, no Brasil a preocupação com a criança encontra-se presente desde o século XIX, expressa em textos de juristas, médicos, políticos, cronistas, retratada nas artes e na literatura.

De acordo com Kosminsky (2010), as crianças são referência primeiramente na Medicina social, ainda no século XIX, motivo de preocupação dos médicos higienistas com a alta mortalidade infantil das casas dos expostos, onde eram abrigadas as crianças abandonadas. As crianças se encontram presentes em *Os africanos no Brasil*, obra do médico legista Nina Rodrigues, na qual descreve os castigos corporais aplicados pelos africanos e seus descendentes a seus filhos em Salvador, Bahia. Também na obra do médico e educador, Manoel Bomfim, o acesso à escola era visto como uma das alternativas para vencer a defasagem do Brasil em relação à Inglaterra e aos Estados Unidos.

Na área da Sociologia, relata Kosminsky (2010), as primeiras obras nas quais as crianças são retratadas foram escritas por Gilberto Freyre, autor de *Casa-grande & senzala*, na década de 1930. As crianças são apresentadas pelo autor não só da perspectiva da família e de suas relações patriarcais, mas também da interação das crianças com suas amas de leite, escravas e ex-escravas, e com as crianças, filhas dessas.

Mas a grande contribuição da Sociologia, no sentido de reconhecer a criança como um agente de socialização tão importante quanto a família e a igreja, presente como sujeito/objeto de pesquisa, encontra-se na obra de Florestan Fernandes, embora ainda não houvesse na época a formulação teórica dessa descoberta.

O trabalho original data de 1944, publicado em 1947 sob a denominação "As trocinhas do Bom Retiro". O autor registra elementos constitutivos das culturas infantis, captadas a partir de observações de grupos de crianças residentes nos bairros operários da cidade de São Paulo, que se reuniam nas ruas para brincar após a estada na escola. Fernandes (1979) dedica atenção ao modo como se realiza o processo de socialização das crianças, à construção de seus espaços de sociabilidade, ou seja, como se constituem as culturas infantis.

Por sua vez, Quinteiro (2000) realiza um levantamento bibliográfico intitulado *A criança como objeto da pesquisa educacional: tendências, dilemas e perspectivas*, buscando compreender a evolução do objeto. Tal busca permitiu constatar o crescente interesse pelo estudo sobre a infância no campo das Ciências Sociais e Humanas.

A autora descreve uma produção caracterizada por uma diversidade de temas pautados por estudos empíricos acerca dos problemas relativos à história social da infância; às péssimas condições de vida e existência das crianças e de suas famílias; ao desrespeito por parte do Estado à criança como sujeito de direitos, bem como aos diversos aspectos e especificidades que envolvem a educação da criança de zero a seis anos de idade. Apresenta também a produção existente sobre a Sociologia Escolar e a ausência de pesquisas sobre a condição social da criança no interior da escola pública e acerca das possibilidades de esta vir a ser um lugar da infância em nossos tempos. Isso possibilita considerar que nas Ciências Humanas e Sociais, os estudos sobre a criança e a infância não mereceram, por parte dos(as) pesquisadores(as), ao longo de todo o século XX e início do XXI, uma atenção mais regular e sistemática.

Ainda no final do século XIX e início do XX, no contexto da expansão industrial na cidade de São Paulo, ocorreu uma maior exploração da mão de obra estrangeira, quando o fenômeno da pauperização infantil emergiu como um problema social e objeto de discussão política, embora tal discussão remonte a um contexto marcado pelo advento da República, pela Abolição da Escravatura, pelo acelerado crescimento das metrópoles, mas, sobretudo, marcado pela força de trabalho urbana, recém-constituída. Assim, a delinquência passou a ser vista como resultado da ociosidade das crianças, que, na ausência dos pais e em virtude da falta de escolas, iam para as ruas cometer pequenos delitos.

É na década de 1920 que as crianças, então consideradas um "problema social", passaram a ocupar um lugar na alçada jurídica. A elas é assegurada, de acordo com o Código Civil, a categoria denominada "menor", ou seja, a criança pobre.

Segundo Quinteiro (2000), um marco das Ciências Sociais rumo à elaboração de diagnósticos referentes à infância e à condição social da criança pode ser verificado nas pesquisas, como é o caso do primeiro relatório, elaborado por Sabóia Lima em 1939, intitulado "A infância desamparada". Depois, em 1972, é publicada uma pesquisa encomendada pelo Tribunal de Justiça da cidade de São Paulo e realizada pelo Centro Brasileiro de Análise e Planejamento (Cebrap), sob o título "A criança, o adolescente, a cidade", a qual tinha por objetivo subsidiar a definição de políticas e programas sociais, mediante diagnóstico da criança em situação de risco, marcando um período em que "a questão do menor" colocava-se como um problema social grave, surgindo a necessidade da contribuição de assistentes sociais, psicólogos, pedagogos, antropólogos e sociólogos para a ação dos juizados de menores. Na mesma linha, na cidade do Rio de Janeiro, em 1973 é realizada a pesquisa "Delinquência juvenil na Guanabara".

São também da década de 1970 as pesquisas sociológicas que enfocam a presença de crianças no mundo do trabalho, como é o caso do estudo pioneiro de Zahidê Machado Neto sobre os meninos e as meninas trabalhadoras, embasado nas categorias marxistas e da fenomenologia, porém sem a preocupação de fundamentar o campo específico da Sociologia da Infância (Kosminsky, 2010, p. 116).

Ainda que constituída em torno da categoria "crianças perigosas", a pesquisa intitulada "Meninos de rua: expectativas e valores de menores marginalizados em São Paulo", encomendada pela Comissão Justiça e Paz ao Centro de Estudos da Cultura Contemporânea (Cedec), em 1979, pode ser considerada um marco do diálogo entre pesquisadores(as), crianças e jovens. Sob a coordenação de Rosa Maria Fisher Ferreira, a pesquisa buscou conhecer a realidade dessas crianças a partir de suas próprias perspectivas, inaugurando uma fase em que as crianças falam, elas próprias, de sua situação.

De acordo com Kosminsky (2010), na década de 1980, sob a influência dos estudos feministas, surgem no Brasil pesquisas sobre crianças vítimas de violência na família. A autora cita os trabalhos de Azevedo e Guerra (1989); Madeira (1997), que partem dos estudos a respeito de mulheres vítimas de violências sexual e doméstica, as quais, muitas vezes, haviam sido vítimas quando crianças.

A criança como portadora crítica de sua realidade também pode ser localizada no trabalho de José de Souza Martins (1993), responsável pela organização da obra *O massacre dos inocentes: a criança sem infância no Brasil*. Autor do terceiro capítulo, intitulado "Regimar e seus amigos: a criança na luta pela terra e pela vida", Martins (1993) rompe com a perspectiva da sociologia convencional ao orientar que se dê voz às crianças nas pesquisas. Para isso, coleta duas centenas de depoimentos de crianças e adolescentes da Colônia de Canarana, núcleo de colonização particular situado em Mato Grosso, e dos povoados São Pedro da Água Branca e Floresta, no Maranhão.

Até aqui foi dado destaque aos pioneiros no Brasil. No entanto, é necessário conhecer não só como a Sociologia da Infância e os Estudos Sociais da Infância surgiram, mas também como vem se configurando o campo no cenário nacional contemporaneamente. As pesquisas e publicações científicas têm nos mostrado a expansão desse campo de estudos, como é possível observar nos principais trabalhos realizados atualmente, os quais propõem diversos recortes no estudo sobre as crianças, suas infâncias e suas culturas, dentre eles aqueles elaborados pelo Núcleo de Estudos e Pesquisas da Educação na Pequena Infância, de Santa Catarina; pelo grupo de pesquisa "Estudos sobre a criança, a infância e a educação infantil: políticas e práticas da diferença" da Universidade Federal de São Carlos; pela equipe da Fundação Carlos Chagas em São Paulo.

Para tanto realizamos um levantamento, definindo como fonte de busca e consulta a *Scientific Electronic Library Online* (Scielo),[5] por ser um banco de dados referência para artigos acadêmicos e a base de dados do Banco de Teses e Dissertações do Portal da Coordenação de Aperfeiçoamento de Pessoal de Nível Superior (Capes)[6] — por ser esta uma base de referência para pesquisas sobre o chamado "estado da arte" em diferentes campos.

Na base de dados Scielo Brasil, usando-se os descritores "Estudos Sociais da Infância", "Sociologia da Infância", "novos estudos sobre infância", "Antropologia da Infância", "Sociologia, infância" e "estudos da infância", localizamos 45 artigos publicados entre 1999 e 2015, com destaque para os anos 2005 e 2010 (Quadro 2).

Observamos que importantes periódicos brasileiros vêm publicando textos traduzidos de diversos(as) autores(as) que têm se destacado no campo. Entre eles, os *Cadernos de Pesquisa* dos anos de 2001 e 2010. Em 2001, as traduções de dois artigos de autoras europeias de origem francófona foram publicadas como "Tema de Destaque" do número 112 da referida revista.[7] Em 2010, no volume 40 (n. 141), foram publicados artigos de autores(as) de origem anglófona: Alan Prout; Jens Qvortrup; Leena Alanen. Em consonância com a temática da condição de vida das crianças, nesse mesmo número foram publicados os artigos "A Convenção Internacional sobre os Direitos da Criança: debates e tensões", de Fúlvia Rosemberg e Carmem Lúcia Sussel Mariano, e "Estudos sociais sobre a infância e direitos da criança", no qual Rosemberg (2010) aponta a ampliação da bibliografia brasileira sobre a temática.

Destacam-se ainda as publicações da revista *Educação & Sociedade*, que apresenta cinco artigos traduzidos, a saber: Plaisance (2004), Javeau (2005), Mollo-Bouvier (2005), Montandon (2005) e Qvortrup (2010).

---

5. Disponível em: <http://www.scielo.br/scielo.php?lng=pt>.

6. Disponível em: <http://www.capes.gov.br/servicos/banco-de-teses>.

7. "Emergência de uma Sociologia da Infância: evolução do objeto e do olhar", de Régine Sirota, e "Sociologia da Infância: balanço dos trabalhos em língua inglesa", de Cléopâtre Montandon.

Quadro 2
Quantidade de artigos publicados, por ano e periódico — Brasil, 1999 a 2015

ANO DE PUBLICAÇÃO	QUANTIDADE DE PUBLICAÇÕES/ANO	PERIÓDICO	QUANTIDADE DE PUBLICAÇÕES/ PERIÓDICO
1999	1	Cadernos CEDES	2
2000	1	Cadernos de Pesquisa	9
2001	2	Cadernos Pagu	1
2004	2	Ciência & Saúde Coletiva	1
2005	6	Educação & Pesquisa	3
2006	2	Educação & Realidade	1
2007	2	Educação & Sociedade	9
2008	2	Educação em Revista	5
2009	2	Estudos em Psicologia	1
2010	9	Psicologia em Estudo	2
2011	4	Psicologia & Sociedade	1
2012	1	Revista Brasileira de Educação	4
2013	4	Revista de Antropologia	1
2014	5	Revista Katálysis	1
2015	2	Revista Pro-Posições	4
Totais	**45**		**45**

Fonte: Scielo Brasil.

No Banco de Resumos de Teses da Capes, o levantamento também foi feito por meio de busca virtual na referida base, tendo como referência os dados ali disponíveis, cujas informações são fornecidas pelos programas de pós-graduação, os quais se responsabilizam pela veracidade dos dados. Vale observar que para organizar as informações coletadas foi fundamental fazer uma leitura cuidadosa não só dos títulos, mas principalmente dos resumos. No entanto, faz-se necessário considerar que os resumos nem sempre informam do que trata verdadeiramente a pesquisa. Embora, de maneira geral, informem o que o(a) pesquisador(a) pretendeu investigar, apontem o percurso metodológico realizado e descrevam os resultados obtidos com a pesquisa, nem sempre apresentam tais informações de maneira completa.

Salva tal consideração, entre os resumos de teses e dissertações disponibilizados na referida base, utilizando-se os descritores "sociologia" e "infância", foram localizadas, até o dia 13 de agosto de 2011, 198 produções disponibilizadas no período de 1993 a 2011. Posteriormente, em maio de 2015, atualizamos os dados e identificamos outras 61 produções indexadas, totalizando 259, concentradas, principalmente, na área da Educação, e que tomam como referência esse campo de estudos (Gráfico 1).

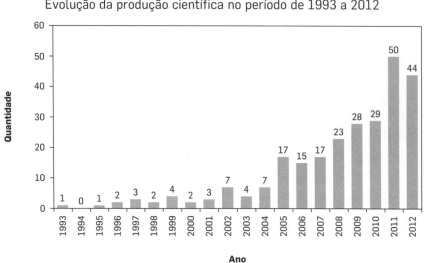

Gráfico 1
Evolução da produção científica no período de 1993 a 2012

Fonte: Capes – Banco de Resumo de Teses

Observamos uma evolução do número de títulos localizados, principalmente a partir de 2005, com significativa elevação em 2011, quando atinge seu ápice e notamos uma produção maior sobre o tema infância.

É possível identificar que o campo ou enfoque dos estudos sociais da infância, particularmente na Sociologia, ganha visibilidade no Brasil na primeira década deste milênio. A partir de 2005 observamos um diálogo mais amplo entre as diversas áreas do conhecimento, quando localizamos nessas produções outras expressões tais como Estudos Sociais da Infância, Geografia da Infância, Pedagogia da Infância, Antropologia da Infância. Sobre esta última, vale ressaltar as contribuições de Clarice Cohn, autora do livro *Antropologia da criança* (2005), que aborda as concepções de infância da Antropologia e apresenta a criança como ator social. A autora tem realizado pesquisas nas subáreas Antropologia urbana, da criança, da educação, da saúde e etnologia indígena.

Embora esse novo campo de estudos se apresente de forma diversificada em suas reflexões sobre infância e criança, a despeito de suas tensões e divergências, vem se consolidando como novo paradigma que apresenta consensos básicos entre os(as) pesquisadores(as). Trata-se de produção crescente que vem ganhando força nas diversas áreas do conhecimento. Podemos afirmar que os estudos sociais da infância no Brasil vêm se constituindo a partir da criança concreta e da infância frente às problemáticas brasileiras.

Essa movimentação no âmbito das instituições acadêmicas em torno do tema infância e/ou criança vem sendo acompanhada, e participa de movimentações mais amplas, no mesmo sentido de valorização da posição social da criança em outras esferas da vida em sociedade. A temática vem adquirindo ampla cobertura por meio de um maior número de cursos, de associações que congregam pesquisadores(as) que se dedicam à temática, tais como a Associação Nacional de Pós-Graduação e Pesquisa em Educação (ANPEd) e a Associação Nacional de Pós-Graduação em Pesquisa em Ciências Sociais (Anpocs) e de grupos de pesquisa dedicados ao tema. Por exemplo, uma busca no Diretório de Grupos de Pesquisa do Conselho Nacional de Desenvolvimento Científico e Tecnológico (CNPq) e utilizando o descritor "infância", localizamos 140 grupos cadastrados que vêm se dedicando aos estudos sobre o tema. Também identificamos 345 linhas de pesquisas, dentre elas as do NEGRI, "Aportes da Psicologia Social à compreensão de problemas sociais" e "Políticas públicas e construção social da infância". Esta última tem por objetivo a compreensão da construção social da infância no âmbito das políticas públicas, à luz das desigualdades de gênero, raça e idade.

Conforme assinala Rosemberg (2006), o Brasil é marcado por uma desigualdade histórica e cultural que atinge segmentos sociais com menor participação política e que têm menor acesso aos benefícios das políticas públicas. O segmento social branco, adulto/idoso, em certa medida composto por homens e residentes nas regiões Sul e Sudeste do país, é o que dispõe de melhor renda e maiores benefícios sociais. As maiores desigualdades atingem as crianças entre 0 e 6 anos, negras e indígenas e moradoras da região Nordeste.

Os piores indicadores sociais entre as crianças pequenas podem ser explicados, em parte, por uma hierarquização etária da sociedade brasileira. Essa se traduz por meio do acesso às políticas econômicas e sociais marcadas pela baixa prioridade dada às crianças pequenas no que se refere a suas condições de vida: moradia, saúde, nutrição e acesso à educação infantil. As crianças são as mais afetadas pelas condições inadequadas de saneamento básico, que atingia, em 1996 e 1997, apenas 1/3 da população brasileira;[8] a inadequação das condições de vida das crianças implica altas taxas de desnutrição, mortalidade na infância; as crianças mais pobres são as que têm menor acesso à educação infantil, assim como as crianças com menor idade, entre 0 e 3 anos, têm menos acesso à creche (Rosemberg, 2006).

Os dados do Censo Demográfico 2010 confirmam que, entre os mais pobres, quase metade se encontra com idade até 17 anos (47%). As crianças de até 14 anos representam cerca de quatro em cada dez

---

8. Entre as regiões ainda há desigualdades. Na região Norte, 22,4% dos domicílios tinham condições adequadas de saneamento em 2010, ao passo que no Sudeste a proporção era de 82,3%, segundo o Censo Demográfico (IBGE, 2010).

indivíduos em extrema pobreza no Brasil (39,9%). Segundo o Ministério do Desenvolvimento Social e Combate à Fome (MDS), dos cerca de 49 milhões de pessoas que formam as famílias beneficiadas pelo programa "Bolsa Família", a maior parte delas (56,17%) tem de 0 a 17 anos.

Tomando por base esses dados e aqueles constantes dos estudos do Instituto de Pesquisa Econômica Aplicada (Ipea, 2010), é possível observar a presença de ações voltadas para a infância. No entanto, é importante salientar que se trata da focalização de políticas sociais no combate direto à pobreza, a qual foi também favorecida por um contexto internacional propício, composto pelo conjunto da estratégia social que se impôs nos anos 1990, marcado pelo aumento da participação social organizada e também da sociedade civil na formulação, implementação, controle e avaliação das políticas sociais (Ribeiro, 2011).

Embora, de maneira geral, tenha havido progresso na última década e meia, os dados estatísticos apontam a necessidade de políticas públicas voltadas para a infância. Contudo, há que se considerar que a existência de uma política pública está envolvida em um processo amplo, que compreende diversas etapas, desde a inclusão de determinado problema ou necessidade social na agenda de prioridades do poder público, até sua implementação, acompanhamento e avaliação. As prioridades não são determinadas pela razão técnica; "o poder político dos diferentes setores da vida social e sua capacidade de articulação dentro do sistema político são os que realmente determinam as prioridades" (Saravia, 2006, p. 35).

Desse modo, podemos observar que o Estado só age na resolução de problemas que façam parte de sua agenda formal. Vale ainda ressaltar que uma questão só é incluída na agenda dos governantes quando é considerada um problema. Porém, o fato de constar dessa agenda não é garantia de que o problema será alvo de política pública. Ainda que sejam implementadas políticas públicas, estas estarão sempre condicionadas aos recursos do Orçamento da União (Fuks, 2000).

Tendo em vista a segmentação social e a hierarquização etária da sociedade brasileira, na agenda das políticas públicas os interesses do grupo dominante (adultos) são privilegiados em detrimento do melhor interesse e bem-estar das crianças.

Essa afirmativa abre para uma importante reflexão, que diz respeito às implicações da atual crise econômica global nas políticas públicas, particularmente aquelas voltadas para a infância, uma vez que são comuns reduções nos gastos públicos, principalmente com saúde e educação, em tempos de crise financeira. Isto nos deixa um alerta para uma importante questão: a incerteza com relação ao futuro das crianças e da infância, pois certamente a crise coloca ainda mais em risco a garantia de seus direitos de participação e acesso aos benefícios das políticas públicas, questão esta que Fúlvia Rosemberg deixou "para jovens pesquisadores(as)".

Referências

ALANEN, Leena. Estudos feministas/estudos da infância: paralelos, ligações e perspectivas. In: CASTRO, Lucia R. *Crianças e jovens na construção da cultura*. Rio de Janeiro: NAU-Faperj, 2001. p. 69-92.

ARIÈS, Philippe. *História social da criança e da família*. Rio de Janeiro: Guanabara, 1978.

BRASIL. Ministério do Desenvolvimento Social e Combate à Fome. *Bolsa Família*. Disponível em: <www.mds.gov.br/bolsafamilia>. Acesso em: 15 abr. 2012.

_____. *Objetivos de desenvolvimento do milênio*: relatório nacional de acompanhamento. Brasília: Ipea, mar. 2010. Disponível em: <http://agencia.ipea. gov.br/index.php?option=com_content&view=article&id=1061&Itemid=9>. Acesso em: 7 jun. 2012.

BREDA, Bruna; GOMES, Lisandra O. Entre a Sociologia, a infância e as crianças: uma conversa com o sociólogo Jens Qvortrup. *Currículo sem Fronteiras*, v. 12, n. 2, p. 499-513, maio/ago. 2012.

COHN, Clarice. *Antropologia da criança*. Rio de Janeiro: Jorge Zahar, 2005. v. 1.

CORSARO, William A. *Sociologia da infância*. Porto Alegre: Artmed, 2011.

FERNANDES, Florestan. As trocinhas do Bom Retiro. In: _____. *Folclore e mudança social na cidade de São Paulo*. Petrópolis: Vozes, 1979. p. 153-258.

FISCHER, Rosa Maria. *Meninos de rua*: expectativas e valores de menores marginalizados em São Paulo. São Paulo: Cedec/Comissão Justiça e Paz/ Vozes, 1979.

FUKS, Mário. Definição da agenda, debate público e problemas sociais: uma perspectiva argumentativa da dinâmica do conflito social. *Revista Brasileira de Informação Bibliográfica em Ciências Sociais* (BIB), São Paulo, n. 49, p. 79-94, 1° sem. 2000.

GAITÁN MUÑOZ, Lourdes. La nueva sociología de la infancia: aportaciones de una mirada distinta. *Política y Sociedad*, Madrid, v. 43, n. 1, p. 9-26, 2006.

GOTTLIEB, Alma. Para onde foram os bebês? Em busca de uma Antropologia de bebês (e de seus cuidadores). *Psicologia USP*, São Paulo, v. 20, n. 3, p. 313-36, jul./set. 2009.

INSTITUTO BRASILEIRO DE GEOGRAFIA E ESTATÍSTICA (IBGE). *Censo Demográfico 2010*. Brasília, dez. 2012.

JAVEAU, Claude. Criança, infância(s), crianças: que objetivo dar a uma ciência social da infância? *Educação & Sociedade*, Campinas, v. 26, n. 91, p. 379-403, ago. 2005.

JAMES, Allison; PROUT, Alan. *Constructing and reconstructing childhood*: contemporary issues in the sociological study of childhood. New York: Routledge Falmer, 2003.

JENKS, Chris. Constituindo a criança. *Educação, Sociedade e Culturas*, Portugal, n. 17, p. 185-216, 2002.

KOSMINSKY, Ethel V. Pesquisas com crianças e jovens: algumas reflexões teórico-metodológicas. In: MÜLLER, Fernanda (Org.). *Infância em perspectiva*: políticas, pesquisas e instituições. São Paulo: Cortez, 2010.

MARTINS, José de S. Regimar e seus amigos — A criança na luta pela terra e pela vida. In: _____. (Coord.). *O massacre dos inocentes*: a criança sem infância no Brasil. 2. ed. São Paulo: Humanismo, Ciência e Tecnologia, 1993.

MAYALL, Berry. *Towards a sociology for childhood*. Maidenhead: Open University Press, 2002.

MOLLO-BOUVIER, Suzanne. Transformação dos modos de socialização das crianças: uma abordagem sociológica. *Educação & Sociedade*, Campinas, v. 26, n. 91, p. 391-403, ago. 2005.

MONTANDON, Cléopâtre. As práticas educativas parentais e a experiência das crianças. *Educação & Sociedade*, Campinas, v. 26, n. 91, p. 485-507, ago. 2005.

_____. Sociologia da infância: balanço dos trabalhos em língua inglesa. *Cadernos de Pesquisa*, São Paulo, n. 112, p. 33-60, mar. 2001.

OLDMAN, David. Adult-child relations as class relations. In: QVORTRUP, JENS et al. (Eds.). *Childhood matters social theory, practice and politics*. Averbury: Aldershot, 1994. p. 43-58.

PLAISANCE, Eric. Para uma sociologia da pequena infância. *Educação & Sociedade*, Campinas, v. 25, n. 86, p. 221-41, abr. 2004.

PRADO, Renata L. C. *A participação de crianças em pesquisas brasileiras das ciências sociais e humanas*. Tese (Doutorado em Psicologia) — Universidade de São Paulo, São Paulo, 2014. 293f.

QUINTEIRO, Jucirema. *Infância e escola:* uma relação marcada por preconceitos. Tese (Doutorado em Educação) — Universidade Estadual de Campinas, Campinas, 2000.

QVORTRUP, Jens. Nove teses sobre a "infância como um fenômeno social". *Pro-posições*, Campinas, v. 22, n. 1 (64), p. 199-211, jan./abr. 2011.

_____. A tentação da diversidade: e seus riscos. *Educação & Sociedade*, Campinas, v. 31, n. 113, p. 1121-36, out./dez. 2010.

_____ et al. (Eds.). *Childhood matters social theory, practice and politics*. Averbury: Aldershot, 1994.

RIBEIRO; Maria Sílvia. *Diversidade cultural nas políticas públicas*: uma análise das Leis 10.639/03 e 11.645/08, 2011. (Mimeo.)

ROSEMBERG, Fúlvia. *Análise, observações, anotações*. [S/l.], 2014. (Mimeo.)

_____. *A juventude e as etapas da vida*. São Paulo, 2010. p. 5. (Mimeo.)

_____. Criança pequena e desigualdade social no Brasil. In: FREITAS, Marcos Cezar de (Org.). *Desigualdade social e diversidade cultural na infância e na juventude*. São Paulo: Cortez, 2006.

ESCRITOS DE FÚLVIA ROSEMBERG

_____. Literatura infantil e ideologia. São Paulo: Global, 1984.

_____. O adulto e a literatura infantil. *O Estado de S. Paulo* [Acervo], São Paulo, 17 out. 1982, p. 5-7, cad. Cultura.

_____. Da intimidade aos quiprocós: uma discussão em torno da análise de conteúdo. *Cadernos Ceru*, São Paulo, 1981.

_____. Educação para quem? *Ciência e Cultura*, Campinas, v. 12, n. 28, p. 1.466-71, dez. 1976.

_____; MARIANO, Carmem L. S. A convenção internacional sobre os direitos da criança: debates e tensões. *Cadernos de Pesquisa*, São Paulo, v. 40, n. 141, p. 693-728, dez. 2010.

SARAVIA, Enrique. Introdução à teoria da política pública. In: _____; FERRAREZI, Elisabete (Org.). *Políticas públicas*; coletânea. Brasília: Enap, 2006. p. 21-42. v. 2.

SARMENTO, Manuel Jacinto. Gerações e alteridade: interrogações a partir da sociologia da infância. *Educação & Sociedade*, Campinas, v. 26, n. 91, p. 361-78, maio/ago. 2005.

SIROTA, Régine. Emergência de uma sociologia da infância: evolução do objeto e do olhar. *Cadernos de Pesquisa*, São Paulo, n. 112, p. 7-31, mar. 2001.

TEBET, Gabriela G. de C. *Isto não é uma criança!* Teorias e métodos para o estudo de bebês nas distintas abordagens da Sociologia da Infância de língua inglesa. Tese (Doutorado em Educação) — Universidade Federal de São Carlos, São Carlos, 2013. 154 f.

ULIVIERI, Simonetta. Historiadores y sociólogos en busca de la infancia: apuntes para una bibliografía razonada. *Revista de Educación*, Madrid, n. 161, p. 47-86, 1986.

Aqui ou além-mar: Fúlvia Rosemberg, "pelo direito das crianças e dos negros"

Marta Lúcia da Silva*
Marcos Antonio Batista da Silva**

Introdução

Certamente, um dos importantes legados deixados por Fúlvia Rosemberg foi sua contribuição com o Núcleo de Estudos de Gênero, Raça e Idade, carinhosamente chamado de NEGRI, vinculado ao Programa de Estudos Pós-Graduados em Psicologia Social da Pontifícia Universidade Católica de São Paulo (PUC-SP), sob sua coordenação de 1992 a 2014. Nos trabalhos desenvolvidos no NEGRI, assim como nas pesquisas sob sua orientação, Fúlvia imprimiu sua marca: desta-

---

* Mestra em Psicologia Social pela Pontifícia Universidade Católica de São Paulo. Integrante do Núcleo de Estudos de Gênero, Raça e Idade (NEGRI), vinculado ao Programa de Estudos Pós-Graduados em Psicologia Social da Pontifícia Universidade Católica de São Paulo (PUC-SP).

** Doutorando no Programa de Estudos Pós-Graduados em Psicologia Social da Pontifícia Universidade Católica de São Paulo (PUC-SP) e participante do Programa de doutorado sanduíche no exterior (PDSE/Capes), na Universidade de Coimbra, Portugal.

cam-se os estudos sobre as relações de gênero, raça e idade (infância) referentes a temas de engajamento político, social e de relevância na sociedade brasileira, que marcaram sua trajetória, sobretudo as pesquisas que definem a construção social da infância no Brasil.

Em um texto de 1976, ela já chama a atenção da adoção na Psicologia de uma postura adultocêntrica no estudo do desenvolvimento humano, segundo a qual a criança é compreendida pelo padrão do adulto. Nesse trabalho, Fúlvia chama a atenção para um olhar interdisciplinar, incluindo a Antropologia para compreender a criança em um contexto amplo, considerando aspectos sociais, econômicos, políticos etc. Segundo Fúlvia, as relações adulto-criança, especialmente adulto-bebê, são marcadas pela subordinação da infância ao mundo adulto. Como explicam Galvão (2008) e Laviola (2010), a criança pequena é considerada como um ser frágil, imaturo e dependente, vinculado ao espaço privado. Nessa perspectiva, a criança passa a ser produto da visão do adulto e, para isso, necessita ser aculturada ao mundo social por meio do processo de socialização, entendido como condicionamento das normas sociais impostas de "cima' (universo adulto) para "baixo" ("universo infantil").

Fúlvia ingressou como pesquisadora no Programa de Estudos Pós-Graduados em Psicologia Social da PUC-SP em 1986, integrando a linha de pesquisa "Aportes da Psicologia Social à Compreensão de Problemas Sociais", que possibilitou o surgimento de um foco específico sobre a socialização da infância e a desigualdade social. Essa perspectiva, assumida desde o ingresso de Fúlvia na PUC-SP, esteve na base da criação do NEGRI e perdura até os dias atuais. O NEGRI vem trabalhando no intuito de compreender a subordinação de gênero, raça e idade nas políticas públicas brasileiras para a infância visando à diminuição e à superação de desigualdades. Assim, compartilham desse objetivo seminários, pesquisas coletivas e dissertações e teses que variaram quanto ao foco de gênero, raça ou idade (infância). As atividades implementadas por Fúlvia no NEGRI sempre estimularam a contribuição mútua, o compartilhamento de saberes, bem como a realização de pesquisas sobre as articulações entre as políticas sociais brasileiras para crianças e adolescentes e a construção social da infância no Brasil no âmbito das relações de gênero, raça e idade.[1]

Entre os marcos legais sobre a educação infantil no Brasil, podemos destacar a Constituição Federal de 1988 e a Lei de Diretrizes e Bases da Educação Nacional, Lei n. 9.394/1996, as quais conceituam a educação infantil como primeira etapa da educação básica, abrangendo duas subetapas: as creches, destinadas às crianças de 0 a 3 anos, e a pré-escola, às crianças de 4 e 5 anos. Contudo, as políticas públicas não solucionaram os impasses e as tensões que envolvem a educação e o cuidado de crianças de 0 a 3 anos, pois essa faixa etária ainda está ligada preferencialmente ao ambiente doméstico. Diante da relevância do tema, desde a década de 1980, Fúlvia vinha promovendo um estudo inovador, político, reivindicando a visibilidade de bebês, crianças pequenas, bem como a importância da educação infantil de qualidade no sistema educacional brasileiro. Seus discursos e suas bases teóricas mostravam a visão discriminatória sobre o bebê e a criança pequena na sociedade brasileira. Segundo Fúlvia, as crianças pequenas encontram-se em desvantagens referentes aos direitos educacionais e de cuidado na agenda de políticas públicas.

Como afirmava Fúlvia, as crianças pequeninas são "populações cativas", portanto, "se não dispuserem de espaços alternativos à casa, viverão seus anos de pequena infância nas condições restritas do domicílio" (Rosemberg, 2011, p. 22). Daí a necessidade de investimentos em creches públicas e de boa qualidade. Por essa razão, os principais enfoques de uma das linhas de pesquisa do NEGRI contemplam duas dimensões: a primeira, problematizar a posição ocupada pelo bebê e pela creche na agenda brasileira de políticas educacionais; a segunda, dar visibilidade ao bebê e chamar a atenção pública para o

---

1. Dentre os estudos que englobam a pesquisa coletiva sobre construção social da infância desenvolvidos no NEGRI, podemos mencionar os que analisam os discursos sobre a infância proferidos por diversos atores sociais (academia, famílias e profissionais ligados à infância), os discursos presentes na mídia e na literatura, como os de Galvão (2008), Laviola (2010), Nazareth (2011), Secanechia (2011), Urra (2011), Santos (2012), Ribeiro (2013), Torres (2013), Ishida (2014), Reis (2015), Silva (2014) e Santos (2015), entre outros.

direito à educação para crianças de 0 a 3 anos como um dever do Estado, constitucionalmente estabelecido. Trata-se, portanto, de refletir sobre a invisibilidade dos bebês.

A discriminação da faixa etária de 0 a 3 anos de idade no Brasil pode ser demonstrada, por exemplo, com base nos poucos investimentos aplicados na educação infantil, especificamente na creche, o que dificulta o reconhecimento pela sociedade dos direitos dos bebês e das crianças pequenas como atores sociais ativos, sujeitos de direitos e produtores de cultura. Por essa razão, Laviola (2010) considera de extrema importância a luta pela efetivação da creche como um direito, o que proporcionaria, dentre outros aspectos, maior liberação às mulheres para o mundo do trabalho, autonomia econômica e, por sua vez, maior igualdade entre homens e mulheres.

Outra temática discutida nos trabalhos do NEGRI diz respeito às relações raciais e às desigualdades oriundas dessas relações, que culminam no racismo. Em nossos estudos, adotamos o conceito de raça como construção social (Guimarães, 1999) e operamos com o conceito de racismo como "uma ideologia, uma estrutura e um processo pelo qual grupos específicos, com base em características biológicas e culturais verdadeiras ou atribuídas, são percebidos como uma raça ou grupo étnico inerentemente diferente e inferior" (Essed, 1991, apud Rosemberg, Bazilli e Silva, 2003, p. 128).

Para nós do NEGRI e para Rosemberg (2011, p. 31), o conceito de raça e a concepção de racismo operam em dupla dimensão: a simbólica e a material. No plano simbólico, a sociedade brasileira vive, produz e se "sustenta em uma ideologia da superioridade natural de brancos sobre os demais, inclusive negros". Segundo Fúlvia, no plano simbólico, o racismo opera de maneira aberta, latente e velada, "de preconceito racial considerando o grupo social negro como inferior ao branco. Esse plano do racismo é devastador, mas insuficiente para explicar toda a desigualdade racial brasileira". No plano material, negros e indígenas não possuem as mesmas oportunidades, ou seja, "não têm acesso aos mesmos recursos públicos que os brancos, recursos sustentados por políticas públicas" (Rosemberg, 2011,

p. 31). Essa maneira de operar o racismo é herdeira de nossa história de colonização e escravidão, bem como das condições atuais de repartição dos serviços e bens públicos.

Contudo, não vamos aqui aprofundar o teor dessas pesquisas, o tipo de abordagem ou sua fundamentação teórica. Em homenagem à memória de Fúlvia Rosemberg e a seu papel não só como pesquisadora, mas também como docente, escolhemos destacar alguns aspectos marcantes de sua relação conosco no processo de orientação de nossas pesquisas de mestrado e de doutorado. Para relatar o impacto desse modelo em nossa vivência acadêmica, o texto que segue está dividido em duas partes autorais, cada qual escrita a partir de uma perspectiva individual da relação com nossa orientadora e de nossas pesquisas.

Articulando questões raciais e infância: o que aprendi com Fúlvia

Marta Lúcia da Silva

Meu ingresso no mestrado consiste em um sonho pessoal fomentado pela amiga Maria Sílvia Ribeiro, atualmente doutoranda em Psicologia Social da PUCP-SP, também integrante do NEGRI. Em maio de 2011, resolvi prestar o processo seletivo para o mestrado em Psicologia Social na PUC-SP. Durante o processo, fui direcionada para uma entrevista com Fúlvia. Nesse encontro, ao ser questionada por ela sobre o motivo de minha opção em ingressar no mestrado, prontamente respondi: "esse é um sonho antigo; se você estiver disposta a me ensinar, eu estou disposta a aprender. Eu acredito na educação brasileira!". Esse foi meu passaporte para ser orientada por Fúlvia.

No primeiro dia de aula, fui surpreendida por Fúlvia, que entrou na sala com a mesma disposição e energia de sempre: "Olá, boa tarde. Isso é para você, Marta!" Eu disse: "para mim?" "Sim, é presente!" Fiquei sem palavras, apenas agradeci, mas para mim foi uma grata e alegre surpresa rumo à conquista do sonho. Tratava-se de um livro: *Relações raciais no Brasil: pesquisas contemporâneas* (Silvério, Pinto e Rosemberg, 2011), obra que garantiu meu primeiro contato com o tema. Essa disponibilidade de munir seus orientandos de material de leitura era constante. A cada encontro no NEGRI, Fúlvia carregava, literalmente, malas de livros para nos auxiliar nas construções de nossas dissertações e teses. Sabia da importância de compartilhar seu conhecimento, principalmente com seu núcleo de estudos.

Ao longo do mestrado, a relação entre orientadora e orientanda sempre foi amistosa, respeitosa e, com o avançar do tempo, foi se tornando diária: compartilhávamos informações por e-mail, algumas vezes por telefone, discutíamos assuntos relacionados à pesquisa. Com um jeito intenso e peculiar de ser, Fúlvia na maioria das vezes atendeu às minhas solicitações. Apesar de minhas inseguranças de aprendiz, me conduziu num caminho de aprendizagem de busca pela excelência da pesquisa, sempre permeado por exigências éticas e acadêmicas. Muitas vezes com acolhimento, generosidade; outras vezes, com dureza, mas sempre com a afirmação "estou te ensinando para a vida".

Era uma prática comum de Fúlvia alternar suas orientações acadêmicas entre a PUC-SP e sua própria residência. Fúlvia abria seu espaço domiciliar para nos atender e trilhar caminhos para a construção de nossas pesquisas. Sua casa era praticamente uma extensão do NEGRI. Para mim, a cada orientação, era um novo aprendizado: organização do texto, muitas coisas para corrigir, novas solicitações, apontamentos e "broncas". Em algumas das orientações, eu simplesmente não conseguia avançar no texto, pensei em desistir. Mas conversamos, ela me encorajou e eu decidi continuar. Essa era a intensidade do "mergulho" de Fúlvia Rosemberg nas relações e na pesquisa científica. Saudades!

As contribuições de Fúlvia foram essenciais para que eu desse continuidade à pesquisa, sendo que essa prática se estendeu até os últimos dias de sua vida. No início das aulas, em agosto de 2014, Fúlvia informou-nos sobre sua doença e logo foi hospitalizada. Ainda internada no hospital, concedeu-nos as últimas de suas orientações acadêmicas para nossas defesas do mestrado, a mim e a Renata Ishida. O hospital parecia seu escritório, textos e fotografias de familiares davam seu toque pessoal. Em uma visita, ela nos disse: "viram que estou bem? Estou até de batom!" Falou de seu tratamento, da família, dos impasses sobre essa nova experiência.

Nosso último encontro foi em sua residência no dia 1º de setembro de 2014, quando apresentei uma síntese da pesquisa aos colegas do NEGRI. Mesmo não se encontrando bem de saúde, Fúlvia manteve a reunião e demos continuidade à apresentação. Ela fez alguns poucos apontamentos no texto, nos despedimos e eu lhe desejei melhoras. Fúlvia não voltou. Após seu falecimento, as dissertações do NEGRI foram defendidas na PUC-SP com sucesso, embora tenha sido um período difícil, a ser superado. Nas arguições, diversos professores(as) de instituições da PUC-SP e de fora teceram muitos elogios aos trabalhos propostos por Fúlvia; ao NEGRI, considerado por eles um núcleo de estudos diferenciado; à importância de nossas pesquisas para a comunidade acadêmica. O apelo ao grupo foi: "o NEGRI não pode parar".

De fato, as temáticas defendidas pelo NEGRI continuam latentes e merecem novos estudos. A articulação entre infância (sobretudo, a pequena infância) e relações raciais, por exemplo, ainda recebe pouca atenção. Nesse sentido, foi Fúlvia quem me despertou o interesse pela importância dos estudos sobre idade-raça e a necessidade de dar visibilidade aos bebês. A escolha do tema de minha dissertação — a infância, a educação e o cuidado de crianças de até três anos de idade e as relações raciais — surgiu dos intensos debates com Fúlvia, seus textos, teorias de infância, relações raciais, ao ouvi-la falar com brilho nos olhos sobre a cidadania dos bebês.

Uma de suas frases mais impactantes no NEGRI era justamente sobre nossa posição diante de políticas públicas de educação e cuidado de crianças pequenas: "Qual é a sua lealdade?". Com essa pergunta, repetida com frequência, Fúlvia se referia, por exemplo, a algumas perspectivas de políticas públicas que se dirigem a essa etapa de vida, mas que não são leais às necessidades do bebê como ator social e sujeito de direito, já que não o resgatam do ambiente doméstico, não lhe permitem uma socialização para além do âmbito familiar. Fúlvia defendia também que as relações raciais no campo da infância necessitam ser amplamente debatidas e o racismo, enfrentado em todos os segmentos da sociedade brasileira (Rosemberg, 1991, 1996, 1997, 1999, 2001, 2006, 2007, 2011).

Da escuta de suas posições e de seu fomento ao debate das relações raciais na educação infantil resultaram o recorte específico de minha pesquisa e o interesse por trabalhar com os discursos de mães negras de camadas médias sobre educação e cuidado de crianças de até três anos de idade. Para isso, em consonância com a perspectiva adotada no NEGRI, utilizei as proposições dos estudos sociais da infância na atualidade que concebem a infância como construção social e a criança como sujeito ativo e de direitos. Tais proposições rompem com os paradigmas biológico e universalista, marcados por uma visão ocidental e adultocêntrica que consideram apenas o adulto como protagonista e a criança como objeto passivo de socialização e de educação inculcadora.

Os resultados de minha pesquisa chamam a atenção para um, talvez, "novo momento da história", em que a creche pública passa a ser vista e valorizada por atores sociais de camadas médias, como complemento à família, vista também como um direito do bebê e não apenas da mãe que trabalha. Todas as mães evidenciaram conhecimentos sobre os direitos das crianças e as dificuldades e percursos estratégicos para encontrarem vagas em creches públicas, bem como a falta de uma assessoria pública especializada para o tema, ou seja, um órgão específico de orientação às mães com informações precisas sobre o assunto, a fim de prover efetivamente o direito ao acesso à creche de qualidade para os bebês e crianças pequenas.

As motivações que emergiram para a realização desta pesquisa se fundiram às do NEGRI no sentido de contribuir para o avanço de políticas públicas para a infância, mas também à clareza de meu papel como negra, cidadã brasileira, pedagoga, psicopedagoga, agora mestre em Psicologia Social, na luta pelo reconhecimento, visibilidade e cidadania dos bebês e de crianças pequenas e negras. Essa vivência no

NEGRI e a orientação da Fúlvia não se restringiram à escrita da dissertação, mas extrapolaram os muros da universidade e me levaram da formação acadêmica a um posicionamento político, a um engajamento com a causa da visibilidade dos bebês. Esse desejo de intervenção e de contribuição tem sido fortemente inspirado pela posição de Fúlvia como intelectual pública, de uma pessoa que vai à arena pública discutir temas que são, ao mesmo tempo, objeto de estudo na academia.

Sou grata pela trajetória e pela conclusão da pesquisa, pelo apoio incondicional de familiares e amigos. A generosidade, a intensidade, as vivências, os conhecimentos, ensinamentos e compartilhamentos dos saberes de Fúlvia Rosemberg no NEGRI e suas contribuições acadêmicas pelo Brasil e mundo foram fundamentais para a concretização de meu sonho.

Fúlvia se foi, mas continuará presente em nossas memórias, vivências, estudos e pesquisas. Meu aprendizado com Fúlvia não se limita ao texto, pois seu legado de luta pela cidadania do bebê e de crianças pequenas, pelo acesso à educação infantil de qualidade, em especial à creche, continuarão presentes em minha militância por onde eu caminhar. Agradecimento eterno a você, Fúlvia Rosemberg, pelo que fomentou em minha vida e principalmente por suas contribuições à construção da infância, à educação infantil, especialmente à creche e aos estudos das relações raciais no Brasil.

O acesso de negros à educação superior

Marcos Antonio Batista da Silva

É um enorme prazer apresentar ao público um pouco de minha vivência com a pesquisadora e professora Fúlvia Rosemberg. Uma investigadora qualificada e engajada, notadamente na luta contra as desigualdades de gênero, raça e idade no Brasil. Doutora em Psicologia, Psicóloga, Fúlvia Rosemberg sempre será lembrada como uma das maiores autoridades do país nos estudos sobre ações afirmativas e educação infantil. Fúlvia foi durante muitos anos pesquisadora da Fundação Carlos Chagas (FCC), professora titular em Psicologia Social da PUC-SP e também coordenadora do Programa Internacional de Bolsas de Pós-Graduação da Fundação Ford no Brasil.

Inicio este texto agradecendo a Fúlvia Rosemberg, que foi minha orientadora do doutorado entre janeiro de 2012 e setembro de 2014, mês de seu falecimento, no Programa de Estudos Pós-graduados em Psicologia Social da PUC-SP, junto ao NEGRI.

Conheci Fúlvia Rosemberg por ocasião da seleção do doutorado. Confesso que, na entrevista, não sabia nada sobre a futura orientadora, apresentei-me, conversamos, discutimos o projeto de pesquisa, e Fúlvia me disse prontamente que não trabalhava com o tema da juventude, minha proposta de projeto de pesquisa na época. Fúlvia propôs trabalharmos com o tema das relações raciais na educação superior. A proposta me interessou, e esta escolha me fez refletir sobre meu pertencimento racial e minhas escolhas no processo de discussão sobre relações raciais na sociedade brasileira.

Ao longo de minha trajetória educacional, sempre almejei estudar em uma grande universidade, mas a falta de condições materiais me distanciava dos perfis privilegiados pelas políticas universalistas e programas de pós-graduação no Brasil. Entendo que, com raras exceções, muitos outros negros (pretos e pardos) no país seguem essa mesma trilha, ou seja, passam por privações.

As razões que me levaram a optar por este tema de pesquisa relacionam-se, portanto, a minha trajetória acadêmica de pesquisador e à reduzida atenção dada ao tema, a despeito de sua importância na academia. Eu me autodeclaro negro e tive desde a infância um convívio com narrativas sobre questões relacionadas ao preconceito e às desigualdades. Contudo, esta preocupação se tornou mais evidente à medida que avancei em minha formação universitária.

Ao ingressar no Programa de Estudos Pós-Graduados em Psicologia Social da PUC-SP, junto ao NEGRI em 2012, e concretizando parcialmente meu objetivo, passei a representar algo raro nas famílias negras brasileiras: o filho doutorando. Apesar de todos os possíveis obstáculos e dificuldades — e do peso da negritude determinando, de alguma forma, suas escolhas —, a ascensão social do negro acontece. Entendo que a educação superior/pós-graduação é o divisor de águas numa sociedade racialmente dividida. A dimensão da ascensão social por meio da educação formal tem sido contemplada em diversos estudos, como pude observar nos trabalhos de Fúlvia Rosemberg, mas são poucas as referências diretas às relações raciais no espaço da pós-graduação, lugar onde os negros são menos visíveis.

Ao refletir sobre minha trajetória de vida/educacional, observo que esta não envolveu o desaparecimento do racismo. Entendo, portanto, que a sociedade atual insiste em negar o racismo e que, quanto mais tarde essa sociedade encarar as mazelas históricas da desigualdade entre negros e brancos, mais jovens negros terão sua cidadania sepultada. Até quando o constrangimento de carregar na pele dados qualificadores de fracasso escolar resultará em um número inferior de negros na educação superior, especialmente na pós-graduação?

Para Fúlvia, o acesso de negros à educação superior era e ainda é, de fato, muito reduzido. Para minha orientadora e para nós, a pirâmide educacional é uma para brancos e outra para negros, não só em termos de estatísticas gerais, mas também de estatísticas por cursos e por universidades. Antes do sistema de cotas, por exemplo, as melhores universidades brasileiras tinham um acesso muito reduzido de negros e de outros grupos como os indígenas e pessoas egressas do ensino médio na rede pública.

Nesse contexto, o estudo de Artes (2013), *Estudantes de pós-graduação no Brasil: distribuição por sexo e cor/raça a partir dos censos demográficos 2000 e 2010*, apresenta e discute a caracterização étnico-racial e de gênero de estudantes de pós-graduação no Brasil com base em informações levantadas nos Censos Demográficos de 2000 e 2010, disponibilizados pelo Instituto Brasileiro de Geografia e Estatística (IBGE). A comparação dos resultados com os dados gerais relativos à população brasileira nos permite avaliar se as alterações nos grupos devem-se a fatores demográficos ou são o resultado de mudanças no perfil dos alunos. Ao passo que a população brasileira cresceu 12,3%, o número de alunos na pós-graduação apresentou um aumento de 57,1%. As mulheres, já maioria em cursos de pós-graduação (2000), ampliaram um pouco a vantagem: o crescimento da participação de alunos do sexo masculino no período foi da ordem de 52,3%; para os do sexo feminino, o índice chegou a 61,5% (Artes, 2013).

No quesito cor/raça, a diminuição dos que se autodeclararam brancos na população é compensada pela ampliação dos que se declararam negros, com um índice pouco maior para pretos (variação de 36%) do que para pardos (variação de 26,8%). Na população de 2000, os negros representavam 44,7% e, em 2010, 50,1% do universo estudado.

Observei também que, em 2013, o Conselho Nacional de Desenvolvimento Científico e Tecnológico (CNPq) incluiu o item cor/raça, segundo classificação do IBGE, na Plataforma *Lattes*, em virtude da demanda crescente por esses dados. Nesse sentido, todos os currículos *Lattes*, ao serem atualizados, solicitam a informação sobre a raça/ cor de estudantes, bolsistas e pesquisadores de todo o país. Segundo o CNPq, o preenchimento do campo com as opções "branca", "preta", "parda", "indígena" ou "amarela" visa subsidiar a adoção de ações de promoção da igualdade racial, previstas na Lei n. 12.288, de 20 de junho de 2010. É possível ainda selecionar a opção "não desejo declarar". Para enviar as alterações no currículo para publicação na plataforma, é preciso selecionar uma dessas opções.

Assim, a partir da coleta de dados sobre cor/raça de pesquisadores, será possível realizar estudos[2] que permitam mapear a participação dos grupos étnico-raciais na ciência e tecnologia brasileira, bem como acompanhar políticas de inclusão racial no país, além de estruturar outros programas e políticas para segmentos específicos quando necessário.

Vale ressaltar a reflexão de Fúlvia no que se refere ao acesso de negros à educação superior. As alterações nesse acesso eram neces-

---

2. Ver: "Análise sobre a participação de negras e negros no sistema científico" (Tavares et al., 2015).

sárias e elas vieram de várias formas: a política de cotas; o programa de bolsas do governo federal para estudantes de universidades privadas, Programa Universidade para Todos (Prouni), uma estratégia que pode ser considerada de ação afirmativa, apesar de alguns acreditarem que consiste apenas em um ajuste de imposto — incentivo fiscal —, mas que abriu possibilidade para certos segmentos entrarem na universidade particular.

Para entender tal processo de desigualdade educacional no Brasil, aponto dois argumentos relacionados ao racismo: herança do passado escravista; expressões do racismo simbólico que ocorrem dentro da escola (plano simbólico). Assim, é preciso incluir no cotidiano das pessoas uma perspectiva que desmascare assimetrias sociais e posicionamentos que foram construídos ao longo da história brasileira. Sabe-se que há marcos históricos fundamentais que auxiliam a compreender a produção de desigualdades raciais no Brasil, assim como as formas institucionais de enfrentamento dessas desigualdades.

As pesquisas da história das mobilizações da população negra no país têm contribuído para que a sociedade brasileira, principalmente no período democrático recente — refiro-me, portanto, ao século XXI —, seja reconhecida como uma sociedade na qual o racismo e as desigualdades raciais estão presentes. No entanto, se, por um lado, encontram-se, na literatura sobre relações raciais no Brasil, negros que alcançaram um elevado nível de educação formal; por outro, há que se constatar o caráter crônico das desigualdades raciais na educação brasileira. Isso significa que as políticas de caráter universalistas, cujos efeitos foram sendo percebidos ao longo dos anos, ainda não são suficientes para desconstruir as desigualdades raciais na sociedade brasileira, constatadas e atestadas pelos indicadores sociais.

Para a formação de um pesquisador, fazem-se necessários anos de estudos, e o tempo que passei com Fúlvia, seja pela ética ou pelo rigor acadêmico nas orientações, foi fundamental para que minha trajetória educacional rapidamente fosse reconhecida no Brasil e na realização do estágio doutoral no Centro de Estudos Sociais (CES) da Universidade de Coimbra, Portugal, com o apoio da Coordenação de Aperfeiçoamento de Pessoal de Nível Superior (Capes).

Minha experiência no estágio doutoral e o acompanhamento de políticas educacionais no Brasil me ensinaram que o debate sobre modelos de formação pós-graduada tem sido um dos temas centrais em discussões que envolvem esse nível de ensino, talvez até como corolário de sua expansão e consolidação. Uma particularidade da sociedade brasileira é que a formação e a prática em pesquisa ocorrem, quase que exclusivamente, no âmbito da pós-graduação. Como observou Fúlvia, tais mudanças devem ser avalizadas no contexto das políticas de ação afirmativa, que de forma mais intensa, a partir do ano de 2005, foram adotadas por governos no gerenciamento de suas políticas para a educação superior.

O Censo de 2010 foi o primeiro em que a população negra superou a população branca. Este é um fato importante de ascensão da população negra à pós-graduação e sugere uma mobilidade educacional atualmente provocada em parte pelas políticas de ação afirmativa com recorte racial na graduação. É como se houvesse uma demanda reprimida de acesso dos negros à educação superior. No passado, o foco das pesquisas eram os entraves para o negro chegar à graduação. Hoje já discutimos a mobilidade educacional do negro.

Uma constatação é a disponibilidade, atualmente, de inúmeros grupos de pesquisa registrados no CNPq, bem como de Núcleos de Estudos Afro-brasileiros (Neabs), além da realização periódica do Congresso de Pesquisadores Negros (Copene). Entende-se que a educação da população negra no Brasil é reivindicada em duas perspectivas: "acesso do negro ao sistema educacional como estratégia de mobilidade social; práticas educacionais que valorizem a imagem do negro e a história da África, alimento para a identidade cultural e caminho de combate ao racismo" (Rosemberg, 2010).

Neste contexto, as orientações de Fúlvia evidenciaram para mim um conhecimento sobre o debate da ação política brasileira contemporânea sobre a questão racial, já bastante debatido no NEGRI. No núcleo, seguindo a perspectiva de Fúlvia Rosemberg e de colaboradores, adotamos uma concepção de raça como uma construção social e um conceito analítico fundamental para a compreensão de desigualdades socioestruturais e simbólicas observadas na sociedade brasileira. Portanto, o sentido atribuído ao termo raça não é aquele da biologia, sentido que, entretanto, permanece vivo no senso comum para classificar hierarquicamente segmentos sociais.

O debate conceitual sobre os conceitos de raça e etnia é intenso, tanto no Brasil quanto no exterior. Certas discriminações são subjetivamente justificadas ou inteligíveis somente pela ideia de raça, que é usada para classificar e hierarquizar pessoas e segmentos sociais. O uso do conceito de raça como uma construção social ajuda a atribuir realidade social à discriminação e, consequentemente, a lutar contra ela.

No que se refere ao racismo, adoto uma concepção que integra as dimensões estrutural e simbólica na compreensão da produção e reprodução das desigualdades raciais, fundamentada em Essed (1991), Guimarães (1999), Rosemberg (2003). Isso porque, no plano simbólico, o racismo manifesta-se na aceitação da crença da superioridade, entendida como natural, de um grupo racial sobre outro. No plano estrutural, os diferentes segmentos raciais têm, sistematicamente, acesso desigual a bens materiais e não materiais.

Para eles, e para nós, tais desigualdades não são explicadas apenas pelo preconceito, pelos estereótipos ou por outras atitudes ou crenças individuais, mas também por uma estrutura de relações de poder sistematicamente assimétrica entre os segmentos étnico-raciais. Assim, os estudos sobre relações raciais realizados no NEGRI (Bento, 1992; Oliveira, 1992; Moro, 1993; Oliveira, 1994; Piza, 1995; Pazilli, 1999; Rocha, 2005; Silva, 2005; Ferreira, 2010; Pereira, 2014; Silva, 2014) buscam compreender os eixos de desigualdade de gênero, raça e idade, bem como apreender as maneiras como as formas simbólicas se entrecruzam com relações de poder, tal como aponta Thompson (2011).

Isto posto, aponto minha tese em desenvolvimento, *Trajetória educacional de mestres(as) negro(as) paulistas: acesso, barreiras e permanência*, que propõe analisar discursos étnico-raciais proferidos por quatro negros, titulados mestres — duas mulheres e dois homens — (preto/

as e/ou pardo/as), residentes na cidade de São Paulo e associados à Associação Brasileira de Pesquisadores(as) Negros(as) (ABPN) sobre suas trajetórias educacionais até o mestrado.

Em tema pouco discutido na academia, considero oportuno sugerir para a literatura de relações raciais questões próximas àquelas que vêm sendo postas para outras produções discursivas sobre trajetórias de desigualdades educacionais no acesso e permanência de negros na pós-graduação. Como os negros que passaram pelo sistema educacional relatam essas trajetórias? Minha pesquisa aponta que o acesso e a permanência dos negros na pós-graduação são pautados por barreiras de desigualdades em suas trajetórias educacionais. Para sustentar essa proposição, realizarei uma análise de discursos fundamentada na teoria sobre relações raciais e desigualdades educacionais da população negra no Brasil.

Os estudos sobre relações raciais no Brasil contemporâneo têm se desenvolvido, nas últimas décadas, em virtude do impulso de uma série de iniciativas nacionais e internacionais. A exemplo, no âmbito internacional, a "I Conferência Mundial contra o Racismo, a discriminação racial, xenofobia e as formas conexas de intolerância". No cenário nacional, merecem destaque a criação da Secretaria de Políticas de Promoção da Igualdade Racial (Seppir), em 2003, e o Estatuto da Igualdade Racial, aprovado pela Presidência da República em 2013. Observa-se, ainda, o desenvolvimento de programas de valorização da cultura e da história negra.

A extensa e periódica divulgação de indicadores socioeconômicos, sob responsabilidade de instituições de estatística e de pesquisa como o IBGE, o Instituto de Pesquisa Econômica Aplicada Anísio Teixeira (Ipea), o Departamento Intersindical de Estatística e Estudos Socioeconômicos (Diese) ou o Fundo de Desenvolvimento das Nações Unidas para a Mulher (Unifem), mostra que grandes diferenciais raciais marcam praticamente todos os campos da vida social brasileira no que diz respeito à saúde, à renda, ao acesso a empregos, à violência, à expectativa de vida e à educação, esta última, meu foco de atenção.

Finalizo comungando com a reflexão brilhante do professor Manuel Sarmento, do Instituto de Educação da Universidade do Minho:

Fúlvia era, indiscutivelmente, uma professora e investigadora com quem a troca e luta de ideias sempre constituía um fator de enriquecimento, formação e amadurecimento para o seu interlocutor, dada a sua inteligência, acuidade de pensamento e sentido de exigência (Sarmento, 2014, p. 204).

Referências

ARTES, Amélia Cristina Abreu. Estudantes de pós-graduação no Brasil: distribuição por sexo e cor/raça a partir dos Censos Demográficos 2000 e 2010. In: REUNIÃO ANUAL DA ANPED, 36., 2013, Goiânia. Sistema Nacional de Educação e Participação Popular: desafios para as políticas educacionais, 2013.

BAZILLI, Chirley. *Discriminação contra personagens negros na literatura infanto-juvenil brasileira contemporânea.* Dissertação (Mestrado em Psicologia Social) — Pontifícia Universidade Católica de São Paulo, São Paulo, 1999.

BENTO, Maria Aparecida Silva. *Resgatando a minha bisavó:* discriminação racial no trabalho e resistência na voz dos trabalhadores negros. Dissertação (Mestrado em Psicologia Social) — Pontifícia Universidade Católica de São Paulo, São Paulo, 1992.

BRASIL. *Constituição da República Federativa do Brasil de 1988.* Brasília, 5 out. 1988. Disponível em: <http://www.planalto.gov.br>.

_____. Lei n. 9394, de 20 de dezembro de 1996. Estabelece as diretrizes e bases da educação nacional. Brasília, 20 de dezembro de 1996. Disponível em: <http://portal.mec.gov.br>.

ESSED, Philomena. *Understanding everyday racism*: interdisciplinary theory. Londres: Sage, 1991.

FERREIRA, Antônio Honório. *Discursos étnico-raciais proferidos por candidatos/as a programa de ação afirmativa.* Tese (Doutorado em Psicologia Social) — Pontifícia Universidade Católica de São Paulo, São Paulo, 2010.

GALVÃO, Bárbara Radovanski. *A criança pequena, seu cuidado e educação em discursos de homens-pais*. Dissertação (Mestrado) — Programa de Estudos Pós-Graduados em Psicologia Social, Pontifícia Universidade Católica de São Paulo, São Paulo, 2008. 179f.

GUIMARÃES, Antônio S. A. *Racismo e antirracismo no Brasil*. São Paulo: Editora 34, 1999.

ISHIDA, Renata Monteiro Machado. *Discursos de agentes comunitárias de saúde do município de São Paulo sobre creche*. Dissertação (Mestrado) — Programa de Estudos Pós-Graduados em Psicologia Social, Pontifícia Universidade Católica de São Paulo, São Paulo, 2014. 197f.

LAVIOLA, Elaine Cardia. *O bebê, sua educação e cuidado em discursos de mães de camadas médias*. Tese (Doutorado) — Programa de Estudos Pós-Graduados em Psicologia Social, Pontifícia Universidade Católica de São Paulo, São Paulo, 2010. 431f.

MORO, Neiva de Oliveira. *Um estudo sobre o universitário do anual de 1990 da Universidade Estadual de Ponta Grossa*: carreiras educacionais e raça. Dissertação (Mestrado em Psicologia Social) — Pontifícia Universidade Católica de São Paulo, São Paulo, 1993.

NAZARETH, Leila. *Discursos sobre a creche na revista Pais e Filhos*: análise da ideologia. Tese (Doutorado) — Programa de Estudos Pós-Graduados em Psicologia Social, Pontifícia Universidade Católica de São Paulo, São Paulo, 2011. 191f.

OLIVEIRA, Eliana. *Relações raciais nas creches do município de São Paulo*. Dissertação (Mestrado em Educação) — Pontifícia Universidade Católica de São Paulo, São Paulo, 1994.

OLIVEIRA, Rachel de. *Relações raciais na escola:* uma experiência de intervenção. Dissertação (Mestrado em Educação) — Pontifícia Universidade Católica de São Paulo, São Paulo, 1992.

PEREIRA, Elcimar Dias. *Programa de ação afirmativa do Instituto Rio Branco*: discursos de diplomatas e candidatos/as à diplomacia. Tese (Doutorado em Psicologia Social) — Pontifícia Universidade Católica de São Paulo, São Paulo, 2014.

PIZA, Edith Pompeu. *O caminho das águas*: estereótipo de personagens femininas negras nas obras femininas de escritoras brancas. Tese (Doutorado em

Psicologia Social) — Pontifícia Universidade Católica de São Paulo, São Paulo, 1995.

REIS, Maurício Muniz. *Discursos de mães sobre educação e cuidados do bebê de área rural*. Dissertação (Mestrado em Psicologia Social). Pontifícia Universidade Católica de São Paulo, São Paulo, 2015.

RIBEIRO, Maria Sílvia. *Relações de gênero e de idade em discursos sobre sexualidade veiculados em livros didáticos brasileiros de Ciências Naturais*. Dissertação (Mestrado em Psicologia Social) — Pontifícia Universidade Católica de São Paulo, São Paulo, 2013.

ROCHA, Edmar José da. *Autodeclaração de cor e/ou raça entre alunos(as) paulistanos(as) do Ensino Fundamental e Médio*: um estudo exploratório. Dissertação (Mestrado em Psicologia Social) — Pontifícia Universidade Católica de São Paulo, São Paulo, 2005.

ROSEMBERG, Fúlvia. Ação afirmativa no ensino superior brasileiro: pontos para reflexão. In: MANDARINO; Ana Cristina de Souza; GOMBERG, Estélio (Org.). *Racismos:* olhares plurais. Salvador: Edufra, 2010. p. 93-127.

_____. Educação: para quem? Educação como uma forma de colonialismo. In: REUNIÃO DA SBPC, 28., *Revista Ciência e Cultura* (separata). Brasília, v. 28, n. 12, p. 1466-71, dez. 1976.

_____. Raça e educação inicial. *Cadernos de Pesquisa*, n. 77, p. 25-34, maio 1991.

_____. Educação Infantil, classe, raça, e gênero. *Cadernos de Pesquisa*, São Paulo, n. 96, p. 58-65, fev. 1996.

_____. Expansão da educação infantil e processo de exclusão. *Cadernos de Pesquisa*, n. 107, p. 7-41, jul. 1999.

_____. Avaliação de programas, indicadores e projetos em educação infantil. *Revista Brasileira de Educação*, n. 16, jan./abr. 2001.

_____. Criança pequena e desigualdade social no Brasil. In: FREITAS, Marcos Cezar de. (Org.). *Desigualdade social e diversidade cultural na infância e na juventude*. São Paulo: Cortez, 2006.

_____. Para uma outra educação infantil pós-Fundeb. In: ENCONTRO EDUCAÇÃO PARA UMA OUTRA SÃO PAULO, 1., São Paulo, 2007.

ROSEMBERG, Fúlvia. A criança pequena e o direito à creche no contexto dos debates sobre infância e relações raciais. In: BENTO, Maria Aparecida Silva. *Educação infantil, igualdade racial e diversidade*: aspectos políticos, jurídicos, conceituais. São Paulo: Ceert, 2011. p. 11-46.

_____; BAZILLI, Chirley; SILVA, Paulo Vinicius Baptista da. Racismo em livros didáticos brasileiros e seu combate: uma revisão da literatura. *Educação e Pesquisa*, São Paulo, v. 29, n. 1, p. 125-46, jan./jun. 2003.

_____; PINTO PAHIM, Regina. *Criança pequena e raça na PNAD 87*. São Paulo: FCC/DPE, 1997. p. 1-93.

SANTOS, Angela da Cruz. *Discursos sobre o bebê e creche na propaganda eleitoral de 2012 do município de São Paulo*. Dissertação (Mestrado) — Programa de Estudos Pós-Graduados em Psicologia Social, Pontifícia Universidade Católica de São Paulo, São Paulo, 2015.

SANTOS, Carla Pellicer dos. *Discursos sobre creche no jornal Folha de S.Paulo on-line* (1994-2009). Dissertação (Mestrado) — Programa de Estudos Pós-Graduados em Psicologia Social, Pontifícia Universidade Católica de São Paulo, São Paulo, 2012. 186f.

SARMENTO, Manuel. Fúlvia Rosemberg um depoimento, em jeito de homenagem, do lado de cá do Atlântico. *Revista Interações*, n. 32, p. 203-5, 2014. Disponível em: <www.eses.pt/interaccoes>.

SECANECHIA, Lourdes Pereira de Queiroz. *Uma interpretação à luz da ideologia de discursos sobre o bebê e a creche captados em cursos de pedagogia da cidade de São Paulo*. Dissertação (Mestrado) — Programa de Estudos Pós-Graduados em Psicologia Social, Pontifícia Universidade Católica de São Paulo, São Paulo, 2011. 227f.

SILVA, Paulo Vinícius Baptista. *Relações raciais em livros didáticos de Língua Portuguesa*. Tese (Doutorado em Psicologia Social) — Pontifícia Universidade Católica de São Paulo, São Paulo, 2005.

SILVA, Marcos Antonio Batista. *Trajetória educacional de mestres(as) negros(as) paulistas*: acesso, barreiras e permanência. Projeto de Tese (Doutorado em Psicologia Social) — Pontifícia Universidade Católica de São Paulo, São Paulo, 2012.

_____. *Percepção do jovem sobre o trabalho*. Dissertação (Mestrado em Psicologia Educacional) — Centro Universitário FIEO, São Paulo, 2011.

SILVA, Marta Lucia. *Discursos de mães negras sobre educação e cuidado de crianças de até três anos de idade*. Dissertação (Mestrado em Psicologia Social) — Pontifícia Universidade Católica de São Paulo, São Paulo, 2014.

SILVÉRIO, Valter Roberto; PINTO, R. P.; ROSEMBERG, Fúlvia (Org.). *Relações raciais no Brasil*: pesquisas contemporâneas. São Paulo: Contexto, 2011.

THOMPSON, John Brookshire. *Ideologia e cultura moderna*: teoria social crítica na era dos meios de comunicação de massa. Petrópolis: Vozes, 2011.

TORRES, Maria Eduarda. *Discursos de avós sobre bebê, sua educação e cuidado*. Dissertação (Mestrado em Psicologia Social) — Pontifícia Universidade Católica de São Paulo, São Paulo, 2013.

TAVARES, Isabel; BRAGA, Maria Lúcia de Santana; LIMA, Betina Stefanello. *Análise sobre a participação de negras e negros no sistema científico*. Disponível em: <http://cnpq.ip6.si/web/guest/noticias>. Acesso em: 10 maio 2015.

URRA, Flávio. *Concepção de creche em revistas brasileiras de Pediatria*: uma interpretação a partir da ideologia. Dissertação (Mestrado) — Programa de Estudos Pós-Graduados em Psicologia Social, Pontifícia Universidade Católica de São Paulo, São Paulo, 2011. 201f.

Parte 3

FÚLVIA, ATIVISTA:
IGUALDADE DE DIREITOS DE NEGROS E INDÍGENAS NO ENSINO SUPERIOR

O legado de uma intelectual pública

*Valter Roberto Silvério**

Percebo meu trabalho como tendo sido, e sendo, um processo em construção, seguindo um *caminho de tipo indutivo*, onde as experiências novas procuram ser integradas às anteriores ou abrir novos espaços. A diversidade de experiências, de caminhos é vivificante, mas também geradora de inseguranças. Porque tenho a sensação constante de um conhecimento por vir, de uma sistematização ainda em processo. (Rosemberg, 1993, p. 6)[1]

Atendi prontamente ao convite das organizadoras deste livro para apresentar algumas falas na forma de textos inéditos escritos por Fúlvia, como eu a chamava, no calor do debate sobre ação afirmativa. As falas foram apresentadas em instituições — Organização das Nações

---

* Professor do Departamento e do Programa de Pós-Graduação em Sociologia da Universidade Federal de São Carlos (UfSCar). Pesquisador do Conselho Nacional de Desenvolvimento Científico e Tecnológico (CNPq) e vice-presidente do Comitê Científico do Volume IX da História Geral da África (AGH).

1. Esta, como outras citações a seguir, de trabalhos anteriores da autora, foram retiradas do Memorial de Fúlvia Rosemberg para o concurso na Pontifícia Universidade Católica de São Paulo, cuja primeira parte foi apresentada neste livro.

Unidas para a Educação, a Ciência e a Cultura (Unesco), Educação para Afrodescendentes e Carentes (Educafro) e Associação Nacional de Pós-Graduação e Pesquisa em Ciências Sociais (Anpocs) — e uma na forma de *work-paper* na *Latin American Studies Association* (LASA, 2007). Optei por não apresentá-las individualmente por entender que a autora tem uma coerência argumentativa que atravessa sua reflexão estratégica sobre a sociedade brasileira contemporânea.

Dado esse meu pressuposto da coerência interna de sua reflexão, me foi necessário um resgate mínimo de seu trajeto intelectual, tanto a partir de sua caracterização da sociedade brasileira, entre o início de sua reflexão teórica e os textos a que me referi acima, quanto em relação à construção de uma perspectiva analítica multiteórica e contingente. Para tanto, recorri a alguns de seus textos e a seu memorial de concurso para professora associada da Faculdade de Psicologia da Pontifícia Universidade Católica de São Paulo (PUC-SP) em 1993. Sem ter qualquer pretensão de esgotar o impacto de sua reflexão e intervenção no campo educacional.

Em relação à caracterização da sociedade brasileira, Fúlvia se desloca de uma leitura simplificadora, a qual subsume todas as desigualdades à dimensão econômica, e vai assumindo uma leitura da complexidade a partir das "escolhas" temáticas que constituíram a base de sua reflexão. Sua reflexão se estrutura em torno da *socialização* e das *relações de gênero, raça e idade*.

Assim, a socialização do adulto pela criança (idade), a educação de mulheres e homens jovens negros (a sexualidade no processo de ensino), as mulheres profissionais na educação, o feminismo (na perspectiva de gênero) e os negros (raça) vão se instituindo ao longo de seu trajeto como sujeitos que, por sua condição subalterna socialmente, devem ser estudados.

Quanto à perspectiva de análise, ela é multiteórica e interdisciplinar, caracterizando-se pelo trabalho com autores que possibilitam seu processo de elaboração teórica. Adentrando a complexidade dos problemas tratados com o objetivo de superá-los e não se contentando apenas com o plano analítico, Fúlvia acreditava na importância da utilização do conhecimento produzido para orientar soluções práticas. De modo que em seus textos é constante a referência a autores nacionais e estrangeiros de diferentes orientações teóricas e disciplinares.

> A relação principal não se estabelece, obrigatoriamente, com a disciplina (ou com teorias dela decorrentes), mas tende a se estabelecer com o tema, a questão, o problema. A linha de pesquisa não antecede obrigatoriamente a pesquisa: é a partir dela que vai se construindo. [...] [É o que possibilita] reunir docentes que compartilham questões, problemas, temas que ultrapassam o recorte disciplinar. São, por exemplo, os núcleos de estudos sobre a mulher; os núcleos de estudos afro-brasileiros; sobre a família; entre outros. (Rosemberg, 1993, p. 3)

Assim, me arriscarei a sintetizar de forma breve meu entendimento dos termos gerais da reflexão de Fúlvia para, posteriormente, com base no material inédito, demonstrar sua coerência. Chamo a atenção para o fato de que os vários convites por ela recebidos nos últimos anos de sua vida, para debater em diferentes contextos, não impediram a continuidade de uma crítica sistemática e construtiva da política pública educacional em favor dos grupos mais vulneráveis. Para tanto, Fúlvia recorre à perspectiva dos teóricos da resistência,[2] com a preocupação de:

> [...] entender os modos pelos quais as formas dominantes de linguagem e conhecimento podem ser criticadas, problematizadas e superadas. Marco, de início, como eles, o rompimento com o determinismo estruturalista, "centrando (então) a atenção nos processos culturais pelos quais os sujeitos do processo educacional percebem, mudam e transformam os significados e os fins da instituição (e) enquadrando aqueles nos determinantes surgidos das subculturas de classe, gênero e raça nas quais estão inseridos seus protagonistas" (Enguita, 1989, p. 155-6, apud Rosemberg, p. 8).

---

2. Entre eles cito particularmente Henri Giroux, Kathleen Weiler, Madeleine Arnot e Michael Apple.

A construção social do conhecimento é a trama que venho tecendo em minha vida profissional. Isto tem significado um envolvimento com a produção e sistematização do conhecimento e com sua difusão numa perspectiva de transformação social. Compreender as subordinações de gênero, raça e idade no Brasil, na dinâmica das interações entre sujeitos e instituições sociais — incluindo aí a esfera da produção do conhecimento, visando sua superação, é o que tem orientado o padrão da estamparia que tenho costurado usando alguns fios das teorias de resistência. (Rosemberg, 1993, p. 8)

É no contexto daquilo que Sader denominou em sua tese de crise de identidade dos militantes de organizações de esquerda após a debacle da opção pela luta armada que se dará a busca de uma identidade junto ao povo, às massas desconhecidas, em nome do qual se falava e agia. Um dos resultados mais significativos daquele momento foi a busca por parte dos pesquisadores, dentro e fora da universidade, para formalizar um novo tipo de produção do conhecimento sobre o social baseado na interação e no convívio com os segmentos dos quais se falava, mas pouco se conhecia: daí a proliferação (não pejorativa), segundo Fúlvia, do emprego de metodologias participativas e o ímpeto, neste período, da pesquisa participante.

A necessidade de recorrer a distintas perspectivas teóricas e conceitos abria espaço para novas formas de produção de conhecimento que deslocassem a relação entre sujeito cognoscente (pesquisador) e objeto a ser conhecido (as massas populares), transformando-a em uma relação entre sujeitos que precisam se conhecer mutuamente para produzirem um conhecimento que os situe de forma diversa em sua relação com as estruturas de poder e forneça instrumentos para sua emancipação.

O uso do conceito de não sincronia (Hicks, 1981) foi estratégico, uma vez que a autora o descrevia como a evidência de que indivíduos ou grupos, em sua relação com o sistema político e social, não compartilham a mesma consciência a respeito do sistema ou necessidades similares no mesmo ponto (Hicks, 1981, p. 221). A utilização desse conceito está na base do rompimento de Fúlvia com os paradigmas estruturalistas e reprodutivistas ao final da pesquisa "Modelos culturais na literatura infantojuvenil brasileira" (1980), em especial na comunicação "A socialização do adulto através da literatura infantojuvenil"[3] apresentada durante o II Seminário Latino-americano de Literatura Infantojuvenil. Fúlvia discute a literatura infantojuvenil como uma forma específica de relação adulto-criança.

> Esta perspectiva de situar historicamente a criança e seu desenvolvimento tem me levado a discutir a não sincronia do processo de socialização: a perspectiva de formar crianças se relacionando com adultos aqui e agora apoiaria a manutenção das subordinações de idade. O que levaria a outra comunidade de experiências para infâncias atuais; e crianças sendo forjadas para as posições hierárquicas a serem ocupadas na vida adulta (homem-mulher; branco-negro; patrão-empregado) (Rosemberg, 1976, p. 38; p. 62, p. 64; e 1992, p. 177). Esta perspectiva também leva a se refletir sobre as influências da criança e/ou da infância sobre gerações mais velhas nas dinâmicas psíquicas e sociais. (Rosemberg, 1993, p. 18)

O modelo adultocêntrico

O afastamento do modelo adultocêntrico permitiu a Fúlvia a construção de uma análise que levasse em consideração o processo de socialização de forma inovadora e crítica, com base na literatura infantojuvenil, argumentando que:

> A linha de raciocínio e de argumentação que vem sendo habitualmente desenvolvida consistiria em afirmar que esta diversidade de forma refletiria as diversidades de relacionamento adulto-criança realmente existentes na sociedade. Refletir, que significado recebe neste contexto? Transmitir uma imagem. Concordo que, na perspectiva do analista, do

---

3. Publicada, posteriormente, pelo jornal *O Estado de S. Paulo* (17 out. 1982, p. 5-7).

estudioso, poder-se-ia falar em reflexo, em imagem veiculada pela literatura infantojuvenil. Mas do ponto de vista da criação e da produção, o criar e o produzir livros infantojuvenis não constituem reflexo, mas sim uma ação. Quando crio ou produzo livros infantojuvenis, estou relacionando-me, no concreto, enquanto adulto, com crianças concretas. Estou agindo da mesma forma que agem outros adultos: o médico, o terapeuta, o professor, o padre, os pais, etc. Não estou refletindo imagens de relacionamento. Estou relacionando-me através de um objeto interposto: o livro. (Rosemberg, 1993, p. 9)

Como podemos observar a partir da análise da literatura infantojuvenil, Fúlvia desenvolveria uma crítica de fundo ao conceito tradicional (sociológico) de socialização, deslocando-se para pensar a partir do interacionismo simbólico a interposição realizada pelo livro infantil na relação adulto-criança, como segue:

Quando, por exemplo, a literatura infantojuvenil manipula certo conceito de criança, ou de adulto, ela não está apenas pregando um modelo, ela está agindo de acordo com uma imagem, de acordo com um modelo, de acordo com um conceito. Criar um texto, criar uma imagem não é refletir. É agir. É atuar no concreto. É executar uma ação. O escritor, através desta sua ação, que se utiliza de símbolos, está concretizando, atualizando uma forma, dentre as muitas possíveis, de se relacionar com as crianças. É assim que o criador de literatura infantojuvenil propõe, através de seu ofício, uma forma de relacionamento com a criança. (Rosemberg, 1993, p. 9)

A forma de relacionamento do(a) escritor(a) se dá com base no conteúdo de sua criação textual, a qual pode escapar da simbologia que reproduz um padrão conservador, mas também pode propor novos símbolos que ampliem o universo simbólico infantojuvenil, a partir da circulação de imagens próximas ao contexto social de vivência da criança, sintonizando-a com a diversidade e a pluralidade de formas de existência de uma dada sociedade, no caso das sociedades latino-americanas, expressas por diferentes grupos étnico-raciais. A preocupação de Fúlvia residia na superação de perspectivas teleoló-

ESCRITOS DE FÚLVIA ROSEMBERG

gicas que impediam a observação atenta dos modos de interação e de sociabilidade entre crianças pequenas, observados em outros contextos sociais para além da família:

> [...] a saída do campo familiar no caso [do estudo] da formação da identidade sexual traz uma complexidade (e consequentemente riqueza) maior: é fora dele que se podem observar, nas sociedades contemporâneas, outras combinações entre poder, gênero e idade. (Rosemberg, 1992, p. 11, apud Rosemberg, 1993, p. 19)

Assim pretendia explorar os seguintes aspectos:

> [...] Captar a própria dinâmica de subordinações de gênero, raça e idade no contexto do entrejogo de resistências e acomodações. [...]
> [...] A constituição do estereótipo de mulher negra na literatura juvenil brasileira contemporânea produzida por escritoras brancas. [...]
> [...] Observar a introdução de componentes de sexualidade na literatura juvenil contemporânea brasileira (ausentes no período anterior) através da personagem mulher negra. Se a introdução da sexualidade sugere uma alteração dos estereótipos relativos à infância (ser assexual na tradição anterior), esta ruptura se dá em detrimento da mulher negra, que tem seu acesso à literatura juvenil possibilitado por componentes racistas e sexistas, aproximando-a da animalidade. [...]
> [...] A pesquisa vai além da denúncia procurando entender como mulheres concretas, sujeitos históricos — as escritoras brancas de literatura juvenil — procuram romper com a trama de subordinações de gênero (a literatura infantojuvenil como campo protegido de trabalho e de fantasias), apoiando-se em subordinações de idade e raça. Isto é, nos dizeres de Anyon (1983), estamos diante de respostas ativas às contradições sociais e que evidenciam, em nossa perspectiva, a não sincronia tanto dos sistemas sociais (no caso, os sistemas de idade, gênero e raça), quanto das necessidades individuais (no caso, as escritoras de literatura infantojuvenil). (Rosemberg, 1993, p. 19)

De acordo com Fúlvia, sua militância no movimento de mulheres nos anos 1970 havia possibilitado a experiência concreta e a reflexão sobre a autonomia relativa, tanto no plano da ação política quanto na reflexão sobre a produção de conhecimentos.

> Acho [...] ser possível abrir aqui outra frente de reflexão, não mais restrita ao caráter democratizante dos objetos de pesquisa, mas de seu fazer. Proponho, então, deslocar o foco da reflexão do produto para o processo do trabalho de pesquisa, tentando captar quando e como o fazer pesquisa tem contribuído para a democratização do conhecimento. [...] O fascínio e a busca do poder têm reproduzido, no nível do conhecimento acadêmico e da pesquisa, formas de dominação e subordinação semelhantes às observadas na sociedade abrangente, criando e se utilizando de hierarquias funcionais e econômicas, legitimadas por barreiras ritualísticas de linguagens, de postura, de relacionamento, ficando o acesso e a posse do conhecimento circunscritos a uns poucos iniciados. (Rosemberg, 1993, p. 10)

Novamente, a autora aciona o conceito de resistência para, em seus termos, iluminar a complexidade da relação entre a consciência individual e as determinações estruturais, a partir das quais:

> A noção de autonomia relativa é desenvolvida através de várias análises que apontam "os momentos" não reprodutivos que constituem e apoiam a noção crítica de ação humana. Além disso, há um reconhecimento de que diferentes esferas ou espaços culturais, por exemplo, escolas, famílias, sindicatos, meios de comunicação de massa, etc., são governados por propriedades ideológicas complexas que frequentemente geram contradições tanto dentro como entre elas. Ao mesmo tempo, a noção de dominação ideológica como abrangente e unitária em sua forma e conteúdo é respeitada. Como tal, argui-se corretamente que as próprias ideologias dominantes são frequentemente contraditórias assim como o são diferentes facções da classe governante, as instituições que as servem, e os grupos subordinados sob seu controle. (Giroux, 1986, p. 139, apud Rosemberg, 1993, p. 10)

Ao final desse período, porém sem cronologia precisa, na percepção de Fúlvia foram possíveis produções/intervenções em que ela

ESCRITOS DE FÚLVIA ROSEMBERG

se aproxima daquela perspectiva de trabalho em que as interconexões raça, gênero e idade foram analisadas de modo mais adequado. Ela retoma as reflexões iniciadas na década de 1970 em torno do modelo adultocêntrico do desenvolvimento humano adotado pela Psicologia Genética, agora usado (e essencial) na obra de teóricas do feminismo que se propõem a compreender a construção dos gêneros (Gayle Rubin, Carol Gilligan, Nancy Chodorow, por exemplo). Escrevia:

> Integrar estas tradições (a do ensaio e reflexão sobre infância) implica inscrever-lhe a mesma marca: a de ser superado. Não a superação da infância, mas a superação de uma reflexão teórica sobre hierarquias sociais de classe, gênero e raça que insiste em ignorar as subordinações de idade. (Rosemberg, 1992, p. 1). Assinalo a perspectiva adultocêntrica no modelo de desenvolvimento que, a partir do paradigma adulto (de homens ou de mulheres, no caso pouco importa), retraça, relê ou compreende o padrão de desenvolvimento de meninos e meninas que, inexoravelmente, conduz então ao ponto de partida: a própria maturidade (ou imaturidade) adulta. (Rosemberg, 1993, p. 18)

A reflexão sobre gênero surge dentro do espectro de superação das hierarquias, rompendo com os enquadramentos, por um lado, dos modelos de papéis dicotômicos e, por outro, propondo uma articulação analítica que integrasse e desse o mesmo estatuto às diferentes dimensões que compõem a subordinação de indivíduos e grupos (idade, gênero e raça). A crítica ao modelo adultocêntrico introduz o gênero como construção histórica em uma sociedade patriarcal, bem como a raça para pensar os condicionantes que distinguiam mulheres brancas e negras, em termos de ação social, e crianças, meninos e meninas negros e brancos para contrastar as diferenças de desempenho com base na qualidade do ensino oferecido nas escolas.

Ao afirmar a insuficiência das perspectivas que centram suas análises no preconceito racial, alocando seus efeitos no plano individual, Fúlvia deslocava seu foco para os sujeitos coletivos atravessados por discriminações construídas no tempo longo da história por meio de processos como o patriarcalismo e o colonialismo.

Assim, ela passa a trabalhar no que poderíamos chamar de perspectiva da interseccionalidade não sincrônica de gênero, raça/etnia e idade. Seu interesse era pesquisar como essas clivagens se articulavam na política pública educacional, analisando, por um lado, os efeitos do racismo e, por outro lado, a qualidade dos serviços públicos. Assim, se a má qualidade dos serviços públicos atinge a todos quando se analisa o impacto do racismo, para além de sua interpelação individual, nos planos simbólico e material, é o grupo não branco (negro e indígena) que é atingido em sua potencialidade de mobilidade educacional.

A comprovação virá a partir de uma interpretação para compreender a estratificação sexual de carreiras escolares na perspectiva das mulheres, incorporando o processo de socialização orientado por modelos de papéis sexuais dicotomizados. O mercado de trabalho sexualmente segregado e os benefícios imediatos que este traz à população feminina que deles necessita. De acordo com Fúlvia, a preocupação com a profissionalização de mulheres no magistério resultou em dois desdobramentos principais: o primeiro, introduzir a discussão sobre o público e o privado na prática do magistério, e o segundo, trazer de forma mais firme a discussão sobre a *articulação* entre classe, gênero e raça.

> Tendo em mente elementos da domesticidade em que mulheres dos estratos médios inferiores — de onde provêm as professoras primárias — são em geral socializadas, podemos supor que a estreita assimilação casa escola, para elas, dilui a separação entre o privado e o público, o que pode estar repercutindo de inúmeras maneiras entre todos os agentes do cotidiano escolar. (Rosemberg e Amado, 1992, p. 72). E concluímos:
>
> Num momento como o atual, de debate candente sobre a chamada privatização de serviços públicos, e onde a reflexão sobre o sistema educacional busca definir atribuições e poderes das diversas esferas político-administrativas, as pistas que sugerem a vigência, na escola, de determinações de gênero atuando no sentido de indefinir as esferas do público e do privado permitem apontar que essas seriam categorias

analíticas decisivas a serem exploradas por um novo olhar sobre a escola. (Rosemberg e Amado, 1992, p. 72, apud Rosemberg, 1993, p. 16)

Essa compreensão do magistério primário e do profissional de educação infantil à luz das relações de gênero, no cenário brasileiro — país subdesenvolvido, com intensas desigualdades entre classes sociais e raças —, abriu perspectivas para evidenciar impactos perversos das interações entre as subordinações de classe, gênero e raça. Fúlvia também atribuía à convivência com mulheres negras a complementação de seu processo de socialização cidadã, ao reconhecer que no Brasil, país multiétnico e multirracial, em decorrência do racismo e dos espaços segregados em que vivemos brancos e negros, nosso processo de socialização tem sido incompleto. O envolvimento em pesquisas realizadas por jovens pesquisadoras negras, em sua percepção, ajudou-a a sistematizar conhecimentos e a formular novas perguntas sobre a dinâmica das relações raciais brasileiras.

Em relação à grande parte do alunado negro, proveniente de famílias mais pobres, a tentativa de compreensão dos mecanismos de produção do insucesso escolar pode terminar aqui. Resta, porém, tentar entender por que a um mesmo nível socioeconômico, crianças negras tenderiam a frequentar escolas de pior qualidade, tanto no turno noturno quanto no turno diurno, seja na rede pública seja na rede particular. [...] devo enfatizar as possíveis repercussões cumulativas de trajetórias escolares diversas entre o alunado branco e o negro. Esse acúmulo de experiências educacionais diversas não apenas redunda em maior probabilidade de sucesso ou fracasso escolar, mas também em vivências (não apenas cognitivas) diversas. Se a creche de pobres e negros oferece sucata como material pedagógico; se na pré-escola por eles frequentada a atividade pedagógica se desenvolve não em sala de aula, mas nos chamados "espaços ociosos da comunidade", portanto, improvisados; se nas 1as séries do 1º grau suas escolas não dispõem de biblioteca e conhecem uma alta rotatividade de professoras; se no 2º grau esses mesmos alunos frequentam o supletivo e no curso superior, faculdades em que tenham maiores chances de aprovação, provavelmente na pós-graduação esse alunado carrega o peso do esforço que despendeu para prosseguir os estudos e o acúmulo de semiexperiências de um ensino de segunda mão. (Rosemberg, 1990,[4] p. 103-4, apud Rosemberg, 1993, p. 22-3)

A trajetória descrita acima articulava uma reflexão teórica refinada com a intervenção social e, quando solicitado, o aconselhamento de ações políticas[5] sobre temas nem sempre considerados de prestígio nos meios acadêmicos. O convite para participar na condição de coordenadora do Internacional Fellowship Program (IFP) da Ford Foundation em parceria com a FCC, mais conhecido como "Programa Bolsa", coroava uma intelectual orgânica, no sentido gramsciniano, que estava preparada para encarar o desafio de romper a racialização presente no topo do sistema educacional brasileiro. Para tanto, ela se dedicou por mais de dez anos à preparação para o sucesso do programa que possibilitou a entrada, a permanência e a conclusão de

---

4. Alguns textos não constam das Referências pela impossibilidade de identificação correta. (N. do E.)

5. "A partir de 1985, por meio de uma comunicação por ocasião do Congresso Menor e Constituinte, foi possível participar na construção da nova proposta de educação infantil, em especial para as creches, a ser incluída na Constituição de 1988, atuação que vem me ocupando (e à equipe) desde então. Minha participação se deu, e tem se dado, principalmente através da atuação dos movimentos de mulheres, vinculados, a maior parte do tempo, aos Conselhos estadual e federal da Condição Feminina. E, nesse contexto, rico em possibilidade de atuação, nossa participação na elaboração da proposta do movimento de mulheres sobre a educação infantil para a Constituição de 1983, e em seus desdobramentos (como leis ordinárias), foi e tem sido intensa. Elaboramos a pré-proposta para o Conselho Nacional dos Direitos da Mulher (CNDM), publicada no folheto "Criança Compromisso Social", participamos de seu debate no Encontro Nacional sobre Políticas de Atendimento à Criança de 0 a 6 anos; defendemos essa proposta junto ao CECF do Estado de São Paulo; discutimos com estudantes, médicos, profissionais; foi defendida junto à Subcomissão da família, do Menor e do Idoso no Congresso Nacional Constituinte e junto à Assembleia Legislativa do Estado de São Paulo para a revisão da Constituição Estadual. A formulação constitucional foi objeto de análises e desdobramentos, em textos (Campos; Rosemberg; Ferreira, 1990, p. 146; Campos; Haddad; Rosemberg, 1993, p. 168), palestras, seminários e conferências. Foi redivulgada nas reuniões preparatórias das mulheres ao Conselho Revisor em 1993. Finalmente, assessoramos o Ministério da Educação através da Coordenadoria de Educação Infantil para sua tradução na *Política de Educação Infantil*: proposta (MEC, Secretaria de Ensino Básico, Coordenadoria de Educação Infantil, 1993) e para sua implementação através da Comissão Nacional de Educação Infantil. (Rosemberg, 1993, p. 30-1)

negros, indígenas, nordestinos e mulheres, do mestrado e do doutorado nos principais programas de pós-graduação do país.

Nos textos que seguem, ainda inéditos, vamos encontrar uma intelectual vibrante, não paternalista, na busca da emancipação de seu povo. Sem abrir mão do rigor teórico, ela colocou sua sabedoria, cultivada na articulação da experiência e da convivência com a diferença, a serviço dessas causas. O resultado são análises que devem ser lidas no calor da disputa ideológica e política em torno do acesso dos subalternos ao mais alto grau de ensino do país. Ela com certeza nos ajudou a vencer a primeira etapa dessa luta, no entanto ela sabia que a luta continuaria.

Os textos inéditos

Em seus textos recentes, Fúlvia trabalhou como uma intelectual pública compartilhando a visão de que as desigualdades observadas entre brancos e negros no acesso a bens materiais e simbólicos se deve ao racismo constitutivo da sociedade brasileira, como se pode depreender do texto "Algumas questões para o debate sobre o estatuto da igualdade racial e a ação afirmativa" — apresentado na ONG Educafro — no qual Fúlvia observa o racismo operando dialeticamente em dois planos, a saber: o simbólico e o material.

> No plano simbólico, vivemos em uma sociedade que adota a ideologia da superioridade natural dos brancos sobre os demais, inclusive dos negros. No plano simbólico, o racismo opera via expressão aberta, latente ou velada, de preconceito racial considerando os negros inferiores aos brancos. Este plano do racismo é devastador, mas é insuficiente para explicar toda a desigualdade racial brasileira. No plano material, negros (e indígenas) não têm acesso aos mesmos recursos públicos orientados para as políticas públicas que os brancos. Isso se deve à história da colonização e escravidão e às condições atuais de repartição dos bens públicos. (p. 102 desta obra)

Educafro: os jovens negros e o acesso à universidade

A pedido do frei David,[6] Fúlvia participou, em 31 de julho de 2006, de um debate sobre o Estatuto da Igualdade Racial, as ações afirmativas na modalidade de cotas, para o qual ela preparou um breve texto acerca dos seguintes temas: 1) desigualdades entre brancos e negros (desigualdades raciais); 2) racismo; 3) qualidade dos serviços públicos; 4) desigualdade racial na educação; 5) ação afirmativa.

De sua participação é possível reter uma análise do funcionamento do que ela denominava "segregação racial informal". Nesse texto, ela a definia da seguinte forma:

> [...] para enfrentar o racismo simbólico, famílias negras tendem (em média) a residir em regiões/zonas de nível econômico inferior a sua renda familiar. Os serviços públicos destinados a essas regiões/zonas (transporte, saneamento básico, equipamentos urbanos, escolas, hospitais, etc.) são deficitários (em média), de pior qualidade. Daí, em média, a escola que a criança negra frequenta ser de pior qualidade que a escola que a criança branca frequenta. Por isso, deve-se ficar atento à distribuição dos bens públicos pelos espaços e instituições sociais. (p. 104 desta obra)

A discussão era marcada pelo debate sobre as ações afirmativas nos cursos de graduação da universidade pública, pela luta no Congresso Nacional pela aprovação do Estatuto da Igualdade Racial e pela implementação da alteração da Lei de Diretrizes e Bases (LDB) da educação brasileira provocada pela Lei n. 10.639/2003. Desse modo, o texto deve ser lido levando-se em conta o contexto; no entanto,

---

6. Frei David Raimundo dos Santos, da Educafro. O objetivo geral dessa ONG é reunir pessoas voluntárias, solidárias e beneficiárias desta causa, que lutam pela inclusão de negros, em especial, e pobres em geral, nas universidades públicas, prioritariamente, ou em uma universidade particular com bolsa de estudos, com a finalidade de possibilitar empoderamento e mobilidade social para população pobre e afro-brasileira. Disponível em: <www.educafro.org.br/site/conheca-educafro>. Acesso em: 25 maio 2015.

observo que algumas de suas preocupações com relação à necessidade de ampliar o debate em torno de aspectos polêmicos do Estatuto da Igualdade Racial continuam válidas nos dias atuais mesmo quando consideramos sua aprovação já efetivada.

O paradoxo do gênero no ensino superior brasileiro

O texto "Ação afirmativa no ensino superior brasileiro: tensão entre raça/etnia e gênero", apresentado em 2007, no XXVII Congresso da Latin American Studies Association (Lasa), em Montreal, retoma e atualiza suas reflexões anteriores, mas acrescenta um dado de sua experiência nos processos seletivos do "Programa Bolsa" que implicava uma aparente ruptura com alguns princípios feministas, a saber: a autora argumenta em torno do paradoxo proposto por Joan Scott, que havia assinalado os equívocos presentes na suposição de paridade entre classe, raça e gênero nas teorias feministas, quando na realidade essas categorias não se equivalem. Embora a categoria classe elaborada na teoria de Marx (e seus desenvolvimentos posteriores) incida sobre a determinação econômica e a mudança histórica, quando vista na ótica de gênero e raça, essa categoria não remete a nenhuma associação desse tipo de acordo com Scott.

Assim, Fúlvia volta ao conceito de não sincronia (anteriormente discutido) para pensar as relações entre classe, gênero e raça no caso brasileiro, uma vez que a presença de mulheres (brancas e negras) na educação formal tem sido maior desde meados do século XX e, na experiência do "Programa Bolsa", tal tendência se confirmava. Seu objetivo principal era mostrar que a ausência do recorte de gênero na seleção do IFP, a partir da segunda seleção, era fruto de uma análise da complexidade e da não sincronia no desenvolvimento das clivagens de gênero, classe e raça. Observavam-se uma maior presença feminina no ensino superior, um melhor desempenho das mulheres, uma tendência mais acentuada nas matrículas de mulheres nos estabelecimentos localizados nas regiões Norte, Nordeste e Centro-Oeste (foco do "Programa Bolsa") e uma tendência acentuada entre pretos, pardos e indígenas.

Seminário Unesco: a infância

Ao refletirmos sobre os pressupostos constitutivos do pensamento e da ação de Fúlvia, não podemos acreditar que suas posições nas intervenções textuais apresentadas a seguir contradizem com sua trajetória e a defesa da construção democrática de um país mais justo. Assim, sua intervenção a convite da Unesco no seminário sobre a introdução do quesito cor/raça no censo escolar da educação básica tem relação com a forma e os procedimentos da ação e deve ser lida no conjunto de sua elaboração teórica. Em minha leitura, sua posição contrária, naquele contexto, tinha como pano de fundo o fato de que já existiam várias bases de dados a partir das quais se poderia obter o dado desejado (cor/raça) e também em virtude do dispêndio de recursos públicos, os quais, por exemplo, poderiam ser utilizados na formação e preparação de pesquisadores negros para a interpretação dos dados já coletados.

A crítica que ela realizou permite, por um lado, a retomada de sua análise sobre a qualidade da educação e a consequente reprodução das desigualdades e, por outro, os usos abusivos do princípio da ação afirmativa. No primeiro caso, sua reflexão anterior já havia diagnosticado que as crianças negras são as principais vítimas dos equipamentos escolares inadequados e também são atendidas por professores com qualificações insuficientes que atuam nas regiões periféricas dos grandes centros urbanos. O resultado é o que ela denominou de "segregação racial informal". Para sua superação, seria necessário que o gestor tivesse uma visão global das carências, atuando na reconfiguração da política pública. No segundo caso, a simples menção do uso de ação afirmativa na educação básica refletia o desconhecimento do gestor do uso localizado, no ensino superior e/ou no mercado de trabalho, e temporal no sentido da correção das oportunidades de acesso.

Dito de outra forma, sua discordância prenunciava a necessidade de, ao rever a situação da educação básica, incluindo a educação infantil, focar a qualidade — pensada tanto em relação aos equipamentos (a estrutura física das escolas) quanto em relação à qualificação dos professores (as condições e os condicionantes de sua formação) — em um contexto de mudanças e ampliação do conteúdo das políticas públicas, as quais em tese deveriam considerar a "raça", a etnia, o gênero, a idade e a sexualidade. O racismo institucional guarda relação direta com a má distribuição dos recursos públicos.

O desafio da ação afirmativa na pós-graduação: parcerias e desafios

Finalmente, na discussão realizada no texto apresentado no 35º Encontro Anual da Anpocs em 2011, sintonizada com o desafio de democratizar o acesso à pós-graduação brasileira, Fúlvia destaca a importância de iniciativas que multipliquem a institucionalização de componentes da experiência do "Programa Bolsa" via novas parcerias. Para ela era (e para nós continua sendo) um dos principais desafios a enfrentarmos daqui em diante: as novas parcerias e a expansão de experiências de ação afirmativa.

O Programa IFP realizou, no Brasil, entre 2002 e 2009, oito seleções para candidatos a bolsas de mestrado e doutorado. A essas oito seleções se candidataram 8.722 pessoas. O Programa concedeu 343 bolsas, preferencialmente para pessoas que se identificaram como negras e indígenas, nascidas nas regiões Norte, Nordeste e Centro-Oeste e que provêm de famílias que tiveram poucas oportunidades econômicas e educacionais. Tais segmentos sociais são os que apresentam os piores indicadores de acesso à pós-graduação.

Porém, contrariamente ao que a mídia alardeia, a seleção dos candidatos a um programa de ação afirmativa não elimina a avaliação de mérito individual, mas a faz suceder a uma equalização do grupo quanto aos atributos socioeconômicos, sexuais e étnico-raciais. Assim, para obter a bolsa IFP, não bastava ao candidato ser negro ou indígena, mas era necessário evidenciar também potencial acadêmico e de liderança, bem como compromisso social.

[...]

O acompanhamento de bolsistas implicou sua preparação para os processos seletivos nos programas de pós-graduação e, posteriormente ao ingresso, além da outorga de recursos financeiros, um monitoramento cotidiano de seu percurso acadêmico. Tal acompanhamento, associado aos apoios do Programa, mas, principalmente, ao empenho dos bolsistas, permitiu que obtivéssemos indicadores de sucesso em nossa empreitada: dos 343 bolsistas contemplados, 95% ingressaram com sucesso na pós-graduação; daqueles que já terminaram a bolsa, 90% já defenderam teses e dissertações; o tempo médio para titulação tem sido excelente: um pouco menos de 27 meses no mestrado e 45 meses no doutorado. (p. 145 desta obra)

O sucesso do "Programa Bolsa" é inegável e seus resultados foram discutidos por Fúlvia em diferentes fóruns com o intuito de demonstrar um exemplo que poderia ser seguido por instituições públicas e privadas de fomento em direção à equidade no sistema de pós-graduação brasileiro. Esse tipo de iniciativa assegura o mérito e, ao mesmo tempo, contempla o acesso de segmentos sociais discriminados no processo histórico, ressaltando o compromisso social dos concluintes com temas indesejáveis de pesquisa que têm o potencial de mudar positivamente a vida de populações inteiras.

No entanto, a experiência de sucesso do "Programa Bolsa" tem se deparado com resistências que só podem ser superadas com a leitura atenta dos textos de Fúlvia, nos quais encontramos um dos melhores diagnósticos dos problemas que atingem o sistema educacional brasileiro da educação infantil à pós-graduação. Para desvendá-las (as resistências), não podemos abrir mão de suas análises não sincrônicas da articulação entre idade, sexualidade, gênero e raça e, ao mesmo tempo, de uma análise da forma como atua o racismo em nossa experiência social, normalmente expresso numa concepção *color blind* que atribui a condição permanente de privação relativa a um amplo segmento da população brasileira, a qual recobre o pressuposto implícito da superioridade do grupo branco. Com base em minha leitura de seus textos, a perenidade e a fixação desse imaginário só podem ser interpretadas e compreendidas na chave do racismo institucional, mesmo que inconsciente.

Referências

ANYON, Jean. Intersection of gender and class: accomodation and resistence by working class and affluent female to contradictory sex-role ideologies. *Journal of Education*, Boston, v. 166, n. 1, p. 25-47, March 1984.

ENGUITA, Mariano F. *A face oculta da escola*. Porto Alegre: Artes Médicas, 1989.

GIROUX, Henry. *Pedagogia radical*: subsídios. São Paulo: Cortez, 1983.

HICKS, Emily. Cultural marxism: nonsynchrony and feminist practice. In: SARGENT, L. (Org.). *Women and revolution*. Boston: South End Press, 1981. p. 219-37.

ROSEMBERG, Fúlvia. A educação pré-escolar brasileira durante os governos militares. *Cadernos de Pesquisa* (Fundação Carlos Chagas), São Paulo, n. 82, p. 21, 1992.

_____. *Memorial para o concurso de professora associada da Faculdade de Psicologia da Pontifícia Universidade Católica de São Paulo*. São Paulo, 1993. (Mimeo.)

_____; AMADO, T. Mulheres na escola. *Cadernos de Pesquisa* (Fundação Carlos Chagas), São Paulo, n. 80, p. 62-74, 1992.

Algumas questões para o debate sobre o estatuto da igualdade racial e a ação afirmativa*

Em primeiro lugar, quero reafirmar que compartilho da visão de que as desigualdades observadas entre brancos e negros no acesso a bens materiais e simbólicos se deve ao racismo constitutivo da sociedade brasileira.

O racismo brasileiro opera simultaneamente nos planos material e simbólico. No plano simbólico, vivemos em uma sociedade que adota a ideologia da superioridade natural dos brancos sobre os demais, inclusive dos negros. No plano simbólico, o racismo opera via expressão aberta, latente ou velada, de preconceito racial considerando os negros inferiores aos brancos. Esse plano do racismo é devastador, mas é insuficiente para explicar toda a desigualdade racial brasileira. No plano material, negros (e indígenas) não têm acesso aos mesmos recursos orientados para as políticas públicas que os brancos. Isso se deve à história da colonização e escravidão e às condições atuais de repartição dos bens públicos.

Considero que, para se chegar ao cerne da manutenção das desigualdades raciais no plano material, não se pode afastar a ideia de

---

* Conforme informado pela autora, este texto foi escrito a pedido do frei David Raimundo dos Santos, da ONG Educação para Afrodescendentes e Carentes (Educafro), para apresentação em um debate, realizado em 31 de julho de 2006, sobre o Estatuto da Igualdade Racial e as ações afirmativas na modalidade de cotas. (N. do E.)

que um grande percentual de negros no Brasil é pobre, e um grande percentual de pobres no Brasil é negro. Pensar, simultaneamente, em condição socioeconômica e pertença racial para entender o racismo estrutural/material é necessário no caso brasileiro, pois não temos, após a abolição da escravidão, um sistema de classificação racial legal/oficial como também não temos um sistema de segregação racial formal. Os recursos públicos brasileiros não são igualmente distribuídos para pobres e não pobres. Veja-se na educação: o custo-ano de um aluno no curso superior gira em torno de US$ 10 mil e na educação infantil ou ensino fundamental não chega a US$ 1.000,00, dez vezes menos. O ensino público nos anos básicos da educação é frequentado preferencialmente por pobres e negros. O ensino público no ensino superior é frequentado preferencialmente por brancos e não pobres.

Penso que há um equívoco ao se considerar que o racismo brasileiro é provocado exclusivamente pelo preconceito racial interpessoal. Posso provocar ações racistas que redundam em discriminação contra os negros sem que eu mesma tenha ou expresse preconceito contra negros. Quando reduzo a verba para a escola pública de educação básica, mesmo que não seja uma ação específica contra negros, essa redução terá um impacto na manutenção das desigualdades materiais/estruturais contra os negros. Penso que boa parte do debate atual e das ações de combate ao racismo pecam por este lado: concebem o racismo como produto exclusivo de ações interpessoais e decorrente exclusivo do preconceito racial. O racismo material se sustenta também via políticas públicas "para todos" que tratam de modo desigual pobres e não pobres.

Se concebo o racismo como sendo produzido e sustentado nos dois planos, penso ações de combate ao racismo nos dois planos também. O que tenho observado é que a maior ênfase nas discussões atuais está sendo dada ao combate ao racismo no plano simbólico, bem como via políticas diferencialistas e focalizadas. Tem-se deixado para segundo plano, ou não se tem discutido como merece, como as políticas universalistas passadas e atuais estão atuando na sustentação do racismo estrutural brasileiro.

Por essa razão, se as políticas de ação afirmativa em determinados setores são imprescindíveis, elas não são suficientes para combater o racismo estrutural da sociedade brasileira. É necessário ficar atento para a sustentação das desigualdades raciais que são reproduzidas e geradas por políticas que, aparentemente, não têm recorte racial. No Brasil, em decorrência da associação entre pobreza e ser negro, as políticas que mantêm ou acentuam as desigualdades sociais e econômicas são também políticas racistas, pois vão manter e gerar desigualdades no acesso a bens públicos que afetam principalmente os negros. Trata-se do lobo travestido em cordeiro.

Para entender a desigualdade racial na educação, tenho colocado como hipótese a ocorrência, no Brasil, de "segregação racial informal". Explico-me: para enfrentar o racismo simbólico, famílias negras tendem (em média) a residir em regiões/zonas de nível econômico inferior a sua renda familiar. Os serviços públicos destinados a essas regiões/zonas (transporte, saneamento básico, equipamentos urbanos, escolas, hospitais, etc.) são deficitários (em média), de pior qualidade. Daí, em média, a escola que a criança negra frequenta ser de pior qualidade que a escola que a criança branca frequenta. Por isso, deve-se ficar atento à distribuição dos bens públicos pelos espaços e instituições sociais.

As políticas de ação afirmativa são políticas focalizadas, visando, principalmente, corrigir discriminações históricas. Elas não estão atentas (pois não são feitas para isso) a desigualdades/discriminações raciais que são produzidas no presente por políticas gerais. Daí a necessidade de se pensar/refletir, simultaneamente, sobre ambas as dimensões (ação afirmativa + políticas para "todos").

Assinei o manifesto pró-Estatuto da Igualdade Racial. Porém, vejo vários problemas no Estatuto. Talvez o mais sério é não dar atenção às desigualdades produzidas pelas políticas gerais. Seu foco é o de políticas e práticas diferencialistas, específicas ou focalizadas. O maior impacto na educação de negros vem da qualidade baixa do sistema público de ensino, a começar da creche (por sinal, o Estatuto praticamente ignora as creches). Além disso, a forma como o Estatuto coloca a aferição da autoclassificação ou pertença étnico-racial é inadequada.

Considero ainda que, mesmo para o acesso ao ensino superior, a ação afirmativa não é obrigatoriamente sinônimo de cota. Penso que o sistema da Universidade de São Paulo e da Universidade Estadual de Campinas (pontuação a mais para pessoas da escola pública, negros e indígenas, e que pode/deve ser melhorado) pode apresentar mais vantagens que a cota. Por vezes, percebo que no debate atual, polarizado como está, a cota deixa de ser estratégia e passa a ser o fim, o objetivo final. Cota é apenas uma estratégia. Mas valeria a pena refletir sobre as múltiplas estratégias para se alavancar o ingresso, a permanência e o sucesso de negros no ensino superior. Cota é apenas uma das estratégias, inclusive para o ingresso em instituições sociais fechadas.

Há mais uma questão séria no Estatuto: a perspectiva de gênero. Um maior número (absoluto e relativo) de mulheres que de homens, especialmente entre os pretos e pardos, está estudando ou terminou o ensino superior. O impacto de sexo e da cor-raça nem sempre é cumulativo. Como lidar com a questão? Da ótica do Estatuto, se o percentual de homens e mulheres a frequentar o curso superior deve ser equivalente ao da população, neste momento, então, o percentual de homens negros a ingressar no ensino superior deveria ser superior ao de mulheres negras, para compensar a discriminação educacional contra os homens (ela é mais intensa entre homens negros do que entre homens brancos). Alguém está discutindo essa questão? As mulheres (negras e brancas) têm consciência do possível impacto desse sistema de cotas que se pode depreender do Estatuto? Estariam dispostas a que homens negros tivessem uma cota superior às das mulheres para ingresso na universidade? Sei que o tema é complexo, não estou propondo isso. Mas estou apontando que o Estatuto necessita ser discutido para ser aperfeiçoado. Ele não é perfeito. Nem todas as críticas ao Estatuto são do "mal". Nem todas as propostas do Estatuto são do "bem".

Polarização do debate. Meu temor é que, estando polarizado, o debate público dificulte a melhoria do que pode e deve ser aperfeiçoado no Estatuto. Percebo, entre certos opositores, um temor de racialização da sociedade brasileira em outros moldes que não os que conhecemos historicamente. O temor parece vir, digamos, de uma racialização oficial, legal, governamental. Isso seria novo no Brasil pós-abolição. Isso suscita imagens de racialização em contextos de segregação legal e extermínio (os sistemas de *apartheid*, inclusive o nazismo).

Vejo grupos diferentes se opondo à ação afirmativa, ao Estatuto, às cotas. Penso que os comentários de alguns desses grupos devem ser ouvidos com atenção. Identifico um grupo que teme essa racialização governamental. Outro grupo me parece provir de uma matriz marxista, antinorte-americana, com reflexão centrada na luta de classes. Além disso, por mais ideológica que seja, identifico a valorização das relações raciais brasileiras não regidas por leis formais/legais como algo que suscita, entre certos brasileiros, um "orgulho de ser brasileiro", algo como uma qualidade do caráter nacional brasileiro: "somos pobres, não somos grande potência, mas somos melhores".

Penso que nossos argumentos (e os conhecimentos), dos que são favoráveis ao Estatuto, às políticas de ação afirmativa e às cotas, devem ser refinados inclusive a partir dessa escuta dos outros que são contrários. A pergunta "por que são contrários" é importante. Há um risco do desprezo à argumentação dos contrários. Não me parece haver unanimidade entre eles. Parte do debate público me parece ser defesa de posição, ataque-defesa, defesa-ataque. Os resultados do Datafolha sobre cotas, ação afirmativa e Estatuto parecem ser muito interessantes: aparentemente (não tive acesso aos dados originais), a diferença entre os favoráveis e os contrários é mais intensa em função da renda do que da cor/raça. Analisar a pesquisa do Datafolha[1] seria um bom instrumento de trabalho. Fazer grupos de estudos e debates sobre o Estatuto também, apontando seus pontos críticos e as formas de melhorá-lo.

---

1. Os resultados da pesquisa do Datafolha foram apresentados no volume organizado por Cleusa Turra e Gustavo Venturi intitulado *Racismo cordial: a mais completa análise sobre preconceito de cor no Brasil* (São Paulo: Ática, 1995). (N. do E.)

Ação afirmativa no ensino superior brasileiro: tensão entre raça/etnia e gênero*

[...] meu argumento aqui é que não há soluções fáceis para as questões que suscitam tanto e tão caloroso debate, da igualdade e da diferença, dos direitos individuais e das identidades de grupo; de que questionar estes conceitos como opostos apaga seus pontos de contato. É, pelo contrário, reconhecendo e mantendo uma tensão necessária entre igualdade e diferença, entre direitos individuais e identidades de grupo, que se conseguem os melhores e mais democráticos resultados. (Scott, 1999, p. 1)

A questão que trago ao debate é resultado de uma convergência entre os estudos que realizo há algumas décadas sobre desigualdades de gênero e raça no sistema educativo brasileiro (Rosemberg, 2001) e meu trabalho como coordenadora, no Brasil, do Programa Internacional de Bolsas da Fundação Ford (*International Fellowships Program* — IFP), que se assume como um programa de ação afirmativa (Quadro 1).

Tomo como ponto de partida o fato de que, desde a primeira seleção do IFP no Brasil, em 2002, comprovou-se uma marcada e

---

* Comunicação preparada para apresentação no XXVII Congresso da Latin American Studies Association (Lasa), Montreal, 5-7 setembro de 2007.

contínua predominância de candidatas mulheres: de um total de 955 candidaturas recebidas na seleção passada (2006), 270 eram de homens (28%) e 685 de mulheres (72%). Para discutir o tema, baseio-me em um excelente artigo de Joan W. Scott, "The Conundrum of Equality" (O enigma da igualdade): "Agora me apresento perante vocês arriscando-me a que também 'me condenem sem piedade', como a 'uma mulher que só oferece paradoxos e nenhum problema de fácil solução'" (Scott, 1999, p. 1).[1]

Enfocarei aqui a tensão entre raça/etnia e gênero no contexto dos debates atuais e desta prática de ação afirmativa em nível de pós-graduação. Para tanto, apresentarei brevemente o IFP, em seguida alguns dados sobre o perfil dos(as) candidatos(as) ao Programa, estudantes e graduados(as) universitários(as), e terminarei propondo algumas questões.

O Programa Internacional de Bolsas da Fundação Ford (IFP)

Trata-se de um programa internacional criado e financiado pela Fundação Ford, que iniciou sua operação em 2000 e, desde então, foi progressivamente implantado em 22 países em desenvolvimento dos quatro continentes.

O IFP procura contribuir para a formação de novas gerações de líderes originários dos segmentos sociais cujo acesso ao ensino superior é mais restrito, com vistas a fortalecer seu aporte para a superação dos grandes desafios do século XXI. O programa se baseia na suposição de que os estudos de pós-graduação constituem uma ferramenta importante para a consolidação de líderes comprometidos com novas alternativas de desenvolvimento, com mais justiça e igualdade social. Para isso, o IFP oferece bolsas de mestrado e dou-

---

1. Scott insere aqui uma citação de Olympe de Gouges, feminista e revolucionária francesa, autora da *Declaração dos direitos da mulher e da cidadã* (1791).

ESCRITOS DE FÚLVIA ROSEMBERG

torado destinadas a pessoas desses segmentos sociais subrepresentados em níveis de pós-graduação que, após completar seus estudos, se comprometam a atuar em favor de uma sociedade mais justa e igualitária (Quadro 1).

Quadro 1

O IFP oferece bolsas de mestrado e doutorado, no Brasil e no exterior, por um prazo de até três anos, para que mulheres e homens com potencial de liderança em seus campos de atuação possam levar adiante seus estudos, capacitando-se para contribuir com o desenvolvimento de seu país com mais justiça econômica e social.

A Fundação Carlos Chagas (www.fcc.org.br) é a instituição que coordena no Brasil o IFP, encarregando-se da seleção anual de bolsistas e do monitoramento de suas atividades.

O Programa foi implantado no Brasil em 2002 e, até o momento, concedeu 170 bolsas. Estão previstas seleções anuais até 2011, e a concessão de 40 bolsas por ano. O Programa faz parte de um conjunto de experiências recentes de ação afirmativa, privilegiando pessoas naturais das regiões Norte, Nordeste ou Centro-Oeste, de origem étnico-racial negra ou indígena e que tenham tido poucas oportunidades econômicas ou educativas.

As candidaturas são avaliadas por uma comissão de seleção brasileira, integrada por especialistas dos vários campos do conhecimento e com o respaldo de assessores *ad hoc* também brasileiros.

A cada uma das organizações associadas à Fundação Ford cabe definir quais segmentos da sociedade privilegiar no processo de seleção, considerando as particularidades de seu respectivo país. No Brasil, as bases do IFP sempre ressaltaram que, além de estar atento à igualdade de gênero, o Programa se destina prioritariamente a pessoas negras ou indígenas, naturais das regiões Norte, Nordeste ou Centro-Oeste do país, ou originárias de famílias com poucas oportunidades econômicas e educativas (IFP, 2006). São estes os segmentos sociais que, no Brasil, historicamente, sempre tiveram menos acesso à educação de pós-graduação (Tabela 1).

Tabela 1
Perfil de pessoas que realizam ou realizaram estudos de pós-graduação — por ano Brasil (%)

Variáveis	Ano			
	2002	2003	2004	2005
Sexo: Mulheres	51	52	51	50
Cor/raça: Não brancos	14	16	18	15
Região: Norte/Nordeste/Centro-Oeste	24	26	25	27
Total	688.677	716.439	811.283	794.742

Fonte: IBGE (2002, 2003, 2004, 2005).

Estar atento à igualdade de gênero significa, para a coordenação do Programa no Brasil, conceder a homens e mulheres uma quantidade equivalente de bolsas. No entanto, se nos ativermos à racionalidade das estratégias de ação afirmativa (ou seja, corrigir as distorções ou as desigualdades observadas nos indicadores de política setorial), observamos que essa solução pode ser problematizada, como farei no item a seguir.

A sobrerrepresentação feminina

Como é sabido, o tema da ação afirmativa no ensino superior representa uma novidade no cenário brasileiro dos últimos dez anos, razão pela qual ainda não se conta com um repertório de práticas

ESCRITOS DE FÚLVIA ROSEMBERG

consolidadas. No Brasil, o debate sobre ações afirmativas a partir de uma perspectiva de gênero enfoca exclusivamente os campos do trabalho e da política (Ligocki e Libardoni, 1995; *Revista Estudos Feministas*, 1996). Por outro lado, a demanda local por políticas de ação afirmativa no ensino superior aponta sobretudo para os segmentos sociais: egressos de escolas públicas (como indicador de oportunidades econômicas e educativas); negros e indígenas.

Nos debates e textos em circulação, como nas propostas de fixação de cotas de ingresso nas universidades, praticamente não se menciona a perspectiva de gênero. No contexto brasileiro do IFP, esse dado nos preocupou desde o momento da implantação do Programa, em virtude das particularidades da composição sexual do conjunto de estudantes e graduados universitários. As séries históricas sobre a composição sexual dos candidatos, desde a primeira seleção (Tabela 2), mostram que a porcentagem de mulheres é sempre superior à de homens. Por que será que isso ocorre?

Tabela 2

Porcentagem de candidatas por ano de seleção — IFP Brasil

2002	2003	2004	2005	2006
66,6%	67,6%	66,9%	68,0%	72,0%

Fonte: Base de dados do Programa Internacional de Bolsas da Fundação Ford, Brasil (FCC, 2006).

A primeira interpretação possível é que a maior quantidade de candidatas do sexo feminino resulte do fato de que, no Brasil, mais mulheres do que homens têm acesso ao ensino superior e conseguem se formar. De fato, ao contrário do que difunde o senso comum, as mulheres brasileiras, de todos os segmentos étnico-raciais (com exceção do "amarelo"), apresentam melhores indicadores educativos do que os homens, sobretudo a partir do ensino secundário.

Nesse sentido, vários estudos têm demonstrado que os indicadores educativos de mulheres negras e pardas, embora inferiores aos de mulheres brancas, são superiores aos dos homens negros, assim como os de mulheres brancas superam os de homens brancos (Barcelos, 1993; Rosemberg, 1993; Beltrão e Teixeira, 2004). Marteleto e Miranda (2004), por exemplo, demonstram que a escolaridade média de mulheres negras adultas ultrapassou a de homens negros adultos até antes que o mesmo ocorresse entre brancas e brancos. De fato, analisando os anos médios de escolaridade por raça e sexo em coortes de adultos (25 a 50 anos) de 1937 a 1969, os pesquisadores do Centro de Desenvolvimento e Planejamento Regional (Cedeplar), da Universidade Federal de Minas Gerais, assinalam que a inflexão da curva referente a mulheres negras ocorre na coorte 1952, ao passo que a referente a mulheres brancas só mostrará essa mesma inflexão na coorte 1958 (Marteleto e Miranda, 2004, p. 11). Ou seja, nessa faixa etária, as mulheres negras superaram em escolaridade os homens negros antes que as mulheres brancas superassem em escolaridade os homens. Igualmente, observa-se que, no Brasil, a melhoria dos indicadores educativos das mulheres, em comparação aos dos homens, não é um fenômeno recente: para a coorte considerada, é algo que já se verifica desde a década de 1950.

A melhoria dos indicadores educativos de mulheres brancas, negras e indígenas se faz notar especialmente no setor terciário. Beltrão e Teixeira (2004), analisando a porcentagem da população de dez ou mais anos com grau universitário por cor/raça e sexo na série histórica de Censos 1960-2000 (Tabela 3), demonstram: a) o incremento da escolaridade terciária em todos os segmentos de cor/raça; b) a persistência de uma ordenação dos valores referentes aos segmentos de cor/raça, com a sequência de "amarelos" e brancos mantendo porcentagens acima da média nacional, e a de pardos, negros e indígenas (no caso destes últimos, excetuando-se o Censo 2000) abaixo da média nacional; c) a inflexão da curva de escolaridade terciária de mulheres em 2000, quando, no Brasil, em seu conjunto e em todos os segmentos de cor/raça (com exceção dos "amarelos"), a porcentagem de mulheres com grau universitário ultrapassa a dos homens. No entanto, para os segmentos raciais negro e pardo, essa inflexão já era observada no Censo de 1991.

Tabela 3

Porcentagem da população de dez anos ou mais com grau universitário, por sexo, cor/raça/etnia e ano de recenseamento — Brasil

Cor/raça/etnia	1960		1980		1991		2000	
	M	H	M	H	M	H	M	H
Branca	0,22	3,84	2,52	6,03	0,22	3,84	2,52	6,03
Negra (preta)	0,01	0,27	0,23	0,93	0,01	0,27	0,23	0,93
Amarela	0,19	10,55	6,61	18,89	0,19	10,55	6,61	18,89
Parda	0,02	0,54	0,43	1,15	0,02	0,54	0,43	1,15
Indígena	—	—	—	0,78	—	—	—	0,78
Total	0,14	2,41	1,64	3,72	0,14	2,41	1,64	3,72

Fonte: Censos Demográficos apud Beltrão e Teixeira (2004, p. 18, tabelas 7 e 8).

Os dados de matrícula no ensino superior fornecidos pelo Instituto Nacional de Estudos e Pesquisas Educativas Anísio Teixeira (Inep) referentes a 1996 e 2003 (Godinho et al., 2006) — que abarcam uma população mais próxima em idade à dos candidatos ao IFP — indicam a mesma tendência ao registrar maior presença feminina do que masculina nas matrículas universitárias em ambos os anos, bem como seu incremento em 2003, fato este que se observa em todas as regiões fisiográficas, e em 2003 de forma mais acentuada nas regiões Norte, Nordeste e Centro-Oeste (Tabela 4).

Tabela 4

Matrículas no ensino superior por sexo e região — Brasil, 1996 e 2003

Região	1996					2003					Razão de sexo (h/m)	
	Mulheres	%	Homens	%	Total	Mulheres	%	Homens	%	Total	1996	2003
Norte	40.090	52,0	37.079	48,0	77.169	139.582	60,6	90.645	39,4	230.227	0,92	0,65
Nordeste	155.468	55,6	123.960	44,4	279.428	354.930	56,8	269.762	43,2	624.692	0,80	0,76
Centro-Oeste	77.821	57,9	56.621	42,1	134.442	221.299	60,0	147.607	40,0	368.906	0,73	0,67
Sul	190.897	54,7	158.296	45,3	349.193	412.574	55,4	332.590	44,6	745.164	0,83	0,81
Sudeste	551.624	53,6	476.673	46,4	1.028.297	1.064.861	55,5	853.172	44,5	1.918.033	0,86	0,80
Brasil	1.015.900	54,4	852.629	45,6	1.868.529	2.193.246	56,4	1.693.776	43,6	3.887.022	0,84	0,77

Fonte: Inep/MEC apud Godinho et al. (2006, p. 141).

O diferencial em favor do segmento feminino fica com um perfil mais nítido quando se analisam os dados dos egressos: em 2002, enquanto a proporção de mulheres no universo de matriculados no ensino superior era de 56,5%, a porcentagem aumenta para 62,9% quando se considera o conjunto de egressos (Inep, 2002, apud Godinho et al., 2006). Em suma, os dados apresentados até o momento nos permitem ressaltar no cenário brasileiro:

- maior presença feminina do que masculina no ensino superior;
- melhor aproveitamento escolar das mulheres no ensino superior comparado ao dos homens;
- tendência mais acentuada nas matrículas em estabelecimentos localizados nas regiões Norte, Nordeste e Centro-Oeste;
- tendência mais acentuada atualmente (2000), entre negros, pardos e indígenas do que entre brancos.

Essa análise permite inferir que a composição sexual do conjunto de candidatos ao IFP é compatível com as tendências nacionais, que os critérios de ação afirmativa que adotamos — cor/raça/etnia e região — parecem potencializar. Ou seja: a sobrerrepresentação feminina entre candidatos ao IFP resulta, ao que parece, do fato de que no Brasil mais mulheres do que homens — especialmente entre negros(as) e indígenas residentes nas regiões Norte, Nordeste e Centro-Oeste — frequentam e completam um curso universitário. Assim, caso se mantenha nos próximos anos a tendência nacional observada, há grandes possibilidades de que, nas candidaturas ao IFP, a proporção de mulheres se mantenha ou aumente, já que os critérios de ação afirmativa (região e cor/raça) adotados para o Programa no Brasil favorecem precisamente os segmentos sociais em que se constata uma porcentagem maior e crescente de mulheres universitárias.

Gostaria ainda de chamar a atenção para outro ponto: o da composição étnico-racial. Ao analisar a declaração de pertinência étnico-racial prevista nas candidaturas, comprova-se um contínuo decréscimo do número de candidatos(as) que se autodeclaram brancos(as) ou "amarelos(as)" (não privilegiados pelas bases do Programa) e, por conseguinte, uma proporção sempre maior de candidatos que se autodeclaram negros(as) ou indígenas. Ou seja, ao que parece, ou ocorreu um incremento do número de candidatos(as) pertencentes a esses grupos de cor/raça, ou então uma aprendizagem de como apresentar-se a esse programa de ação afirmativa que privilegia os "desiguais". A publicação do perfil dos(as) bolsistas selecionados(as), bem como seu uso em material de divulgação (*site* na internet, prospecto, cartaz) — algo que Sandra Azeredo (2005) observou com muita propriedade em seu artigo "Mestiçagem, igualdade e afirmação da diferença"[2] — deve ter contribuído para esta aprendizagem (Tabela 5).

Tabela 5
Distribuição de frequência (%) de candidatos ao IFP por cor/raça e ano da seleção — Brasil

Cor/raça	Ano de seleção				
	2002	2003	2004	2005	2006
Branca	36,9	33,0	25,6	22,5	19,7
Amarela	0,5	0,9	0,8	1,6	1,0
Negra (preta)	30,6	31,2	35,5	35,5	39,4
Parda	29,1	32,7	34,4	36,8	35,2
Indígena	2,7	1,5	3,1	2,8	4,3
Não informada	0,2	0,9	0,7	0,7	0,5
Total	100	100	100,0	100	100

Fonte: Base de dados do Programa Internacional de Bolsas da Fundação Ford, Brasil (FCC, 2006).

---

2. "Olhando as fotos dos/as bolsistas no cartaz promocional do programa da Fundação Ford, colado na porta de meu escritório, não vejo um Brasil cindido entre brancos e negros. Essas fotos contrastam imensamente com a imagem higienizada da 'nova cara da América' representada pela mulher na capa da revista *Time*. E penso aqui no confronto agonístico que é a condição de existência da democracia. Imagino os riscos e as dificuldades que teremos de enfrentar nas universidades quando for introduzida a política de cotas, e me alegra que os 'daqui de baixo' finalmente comecemos a desmascarar qual o segredo da graça de dançar sob um regime de indefinição que causou e causa tanto dano e massacra tanta gente no Brasil" (Azeredo, 2005, p. 325).

ESCRITOS DE FÚLVIA ROSEMBERG

Por outro lado, ao comparar as curvas de "estranhos no ninho" — aqueles cujo perfil mais se afasta do que é privilegiado nas bases — pode-se comprovar que a de homens decresce de forma mais acentuada do que a de mulheres. Em outras palavras, ao que parece, homens que não possuem os atributos privilegiados nas bases do Programa desistem (ou seja, deixam de candidatar-se) mais do que as mulheres. Observa-se que, fora dos grupos brancos, mais mulheres do que homens se apresentaram ao IFP nestas cinco seleções, tanto em números absolutos como em números relativos (Gráfico 1).

Gráfico 1
Distribuição das candidaturas por sexo e cor/raça/etnia

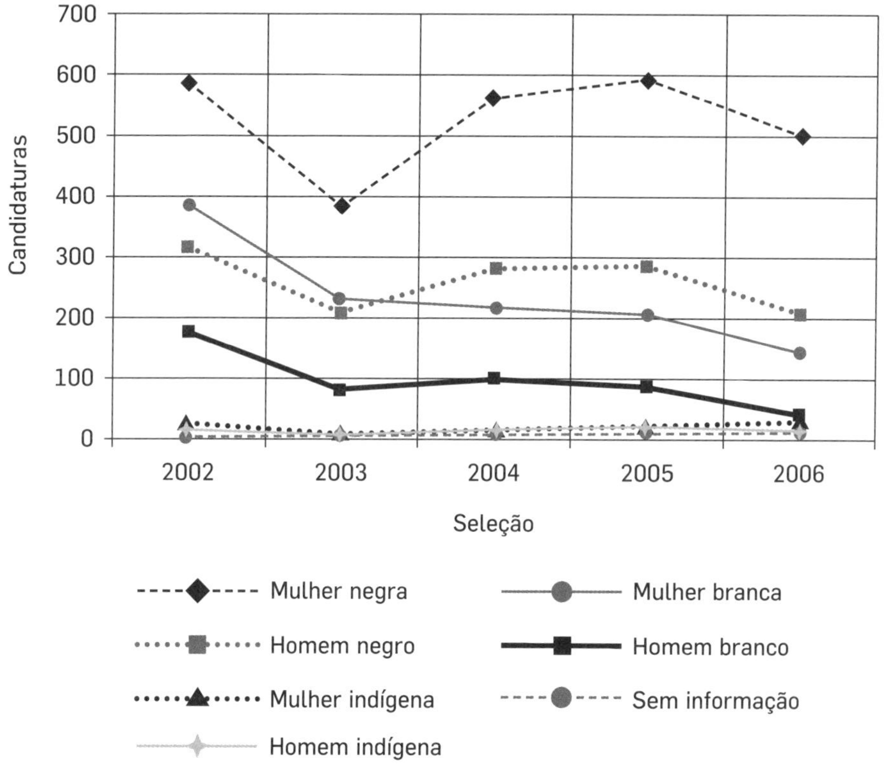

Legenda:
- ---◆--- Mulher negra
- ·····■····· Homem negro
- ·····▲····· Mulher indígena
- ───✦─── Homem indígena
- ───●─── Mulher branca
- ───■─── Homem branco
- ---●--- Sem informação

Fonte: Base de dados do Programa Internacional de Bolsas da Fundação Ford, Brasil (FCC, 2006).

Isso é mais evidente quando se calcula a razão de sexo (número de homens/número de mulheres) para cada seleção (Gráfico 2).

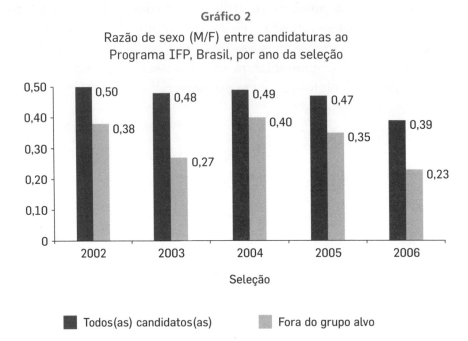

Gráfico 2
Razão de sexo (M/F) entre candidaturas ao Programa IFP, Brasil, por ano da seleção

Fonte: Base de dados do Programa Internacional de Bolsas da Fundação Ford, Brasil (FCC, 2006).

Uma possível interpretação dessa diferença é que as mulheres, mais do que os homens, haviam "tido sorte", seriam mais proativas ou demonstrariam uma "energia extra" para prosseguir em seus estudos universitários, um qualificativo que Baudelot e Establet (1992) já tinham aplicado em seu livro *Allez les filles*. Nesse sentido, mais mulheres do que homens haviam desafiado as regras do jogo do IFP.

É provável que essa atitude desafiadora — e aqui já desenvolvo a segunda linha de argumentos — tenha sido encorajada por esta frase que figura na convocatória: "no Brasil, o Programa, além de estar atento à igualdade de gênero, destina-se prioritariamente a...". É provável que mesmo mulheres cujo perfil não se ajuste àquele privilegiado nas bases sintam-se em geral mais autorizadas a inscrever-se em um programa de ação afirmativa porque, em sua condição de mulheres, se percebem como "sempre discriminadas". Por outro lado, é possível que a frase "estar atento à igualdade de gênero" desestimule a inscrição de homens "estranhos no ninho", que a entenderiam como pouco acolhedora. Além disso, paradoxalmente, os homens aceitariam mais do que as mulheres se submeter às regras do jogo do Programa.

A interpretação desse "estar atento à igualdade de gênero" como algo que privilegia ou contempla especialmente as mulheres tem predominado em diversas instituições sociais — universidades, meios de comunicação, governo e militância —, que costumam igualar "gênero" e "mulher", adotando um modelo linear de compreensão das desigualdades de gênero. Isso porque, no Brasil, as tentativas de compreender simultaneamente as hierarquias de gênero, raça e classe costumam basear-se em um modelo acumulativo, dando por estabelecido um vínculo linear entre os eixos de desigualdade, como defendo há alguns anos (Rosemberg, 2001). Esse modelo associativo ou acumulativo, entretanto, não dá conta da complexidade e das contradições observadas nas instituições educativas, onde as dinâmicas de gênero, raça, classe e idade não são reduzíveis umas às outras, mostrando, em contrapartida, um movimento não sincrônico, não acumulativo.

Scott (1995, p. 73) já havia ressaltado equívocos na suposição de "paridade" entre os três termos (classe, raça e gênero) em teorias feministas, quando, "na realidade, não têm um estatuto equivalente. Enquanto a categoria 'classe' se estabelece na elaborada teoria de Marx (e seus desenvolvimentos ulteriores) sobre a denominação econômica e a mudança 'histórica', as de 'raça' e 'gênero' não implicam nenhuma associação deste tipo".

Considero que o conceito de não sincronia proposto por Hicks (1981) permite apreender melhor esse jogo de conflitos, tensões e contradições inter e intrainstitucionais: "Indivíduos (ou grupos) não compartilham, em suas relações com os sistemas político e econômico, a mesma consciência ou as mesmas necessidades em um mesmo momento" (Hicks, 1981, p. 221). Isso significa que a intersecção dessas relações pode resultar em interrupções, descontinuidades, alterações ou no incremento do impacto original das dinâmicas de raça, classe, gênero ou idade em determinado contexto social ou institucional. Nem as pessoas individualmente, nem os movimentos sociais desenvolvem em perfeita sincronia sua consciência de classe, gênero, raça e idade. Por exemplo, o esforço para superar as desigualdades de gênero pode ser realizado ignorando as desigualdades de raça, ou ainda se apoiando nelas. Pode-se, igualmente, supor que as desigualdades não são sincrônicas nos diversos campos sociais e nos diversos momentos da trajetória de vida de uma pessoa (Rosemberg, 2006).

Esse conceito de não sincronia nas dimensões de gênero e raça/etnia deve ser muito considerado na hora de analisar as oportunidades no sistema educativo brasileiro, já que o modelo "associativista" (gênero e raça teriam um impacto acumulativo em todas as instituições ou esferas sociais) sobre desigualdades educativas brasileiras não se mantém em base empírica, como venho demonstrando (Rosemberg, 2001) e ressaltei aqui.

Encaminho minhas considerações para seu final: como enfrentar essa tensão? Como traduzir, na prática social, a sugestão de Scott (1999, p. 12): "É mais pertinente perguntar-se como os processos de diferenciação social produzem e desenvolvem análises de igualdade e discriminação que possam conduzir as identidades não como entidades eternas, mas como efeito de processos políticos e sociais"? Ou seja: ao assumir a perspectiva da "transversalidade de gênero" em políticas e projetos sociais, nos referimos a homens e mulheres ou apenas às mulheres? Referimo-nos a processos que ocorrem em que contexto político e social? Estaremos atentos(as) ao contexto atual de expansão do ensino superior no Brasil, com todas as suas particularidades, que estabelece e impulsiona programas de ação afirmativa? Como proceder em programas de ação afirmativa quando certos indicadores sociais, como os educativos, são favoráveis às mulheres? Estará a sociedade brasileira, no presente momento do debate sobre ação afirmativa no ensino superior, em condições de fixar cotas extras para homens e para mulheres no acesso à universidade? Seria justo e politicamente adequado fixar cotas para homens?

Como acabamos de dar os primeiros passos de uma nova experiência em política educativa, com a introdução de estratégias de ação afirmativa, acho pertinente trazer a perspectiva de gênero, em toda sua complexidade, a este novo debate no ensino superior brasileiro, mesmo quando não se trate de "um problema de fácil solução", mesmo quando me "condenem sem piedade" como a "uma mulher que só oferece paradoxos" (Gouges, 1791, apud Scott, 1999, p. 1).

Referências

AZEREDO, Sandra. Mestiçagem, igualdade e afirmação da diferença: pensando a política de cotas na universidade. *Revista Estudos Feministas*, Florianópolis, v. 13, n. 3, p. 738-55, set./dez. 2005.

BARCELOS, Luiz. C. Educação e desigualdades raciais no Brasil. *Cadernos de Pesquisa*, São Paulo, v. 22, n. 86, p. 15-24, ago. 1993.

BAUDELOT, Christian; ESTABLET, Roger. *Allez les filles*. Paris: Seuil, 1992.

BELTRÃO, Kaizô I.; TEIXEIRA, Moema De Poli. *O vermelho e o negro*: raça e gênero na universidade brasileira — uma análise da seletividade das carreiras a partir dos censos demográficos de 1960 a 2000. Rio de Janeiro: Instituto de Pesquisa Econômica Aplicada (Ipea), 2004. Disponível em: <http://repositorio.ipea.gov.br/bitstream/11058/1893/1/TD_1052.pdf>.

FUNDAÇÃO CARLOS CHAGAS (FCC). *Base de dados do Programa Internacional de Bolsas de Pós-Graduação da Fundação Ford*. São Paulo: FCC, 2006.

GODINHO, Tatau et al. (Org.) *Trajetória da mulher na educação brasileira*: 1996-2003. Brasília: Inep, 2006. Disponível em: <www.publicacoes.inep.gov.br/portal/download/347>.

HICKS, Emily D. Non synchrony and feminist practice. In: SARGENT, Lydia (Org.). *Women and revolution*. Boston: South End Press, 1981.

INSTITUTO BRASILEIRO DE GEOGRAFIA E ESTATÍSTICA (IBGE). *Pesquisa nacional por amostra de domicílios*. Rio de Janeiro, v. 26, p. 1-125, 2005.

_____. *Pesquisa nacional por amostra de domicílios*. Rio de Janeiro, v. 25, p. 1-120, 2004.

_____. *Pesquisa nacional por amostra de domicílios*. Rio de Janeiro, v. 24, p. 1-120, 2003.

_____. *Pesquisa nacional por amostra de domicílios*. Rio de Janeiro, v. 23, p. 1-113, 2002.

INTERNATIONAL FELLOWSHIPS PROGRAM (IFP). Programa Internacional de Bolsas de Pós-Graduação da Fundação Ford. *Edital*. São Paulo: FCC, 2006.

LIGOCKI, Malô S. L.; LIBARDONI, Marlene (Org.). *Discriminação positiva — ações afirmativas*: em busca da igualdade. Brasília: Centro Feminista de Estudos e Assessoria (CFEMEA), 1995.

MARTELETO, Letícia J.; MIRANDA, Vitor F. O. de. Diferenças educacionais entre coortes de adultos no século XX: o papel do sexo e da raça. In: ENCONTRO NACIONAL DE ESTUDOS POPULACIONAIS: POBREZA, DESIGUALDADE E EXCLUSÃO SOCIAL, 15. *Anais...*, Caxambu: Associação Brasileira de Estudos Populacionais (Abep), set. 2004. Disponível em: <www.abep.nepo.unicamp.br/site_eventos_abep/PDF/ABEP2004_89.pdf>.

REVISTA ESTUDOS FEMINISTAS. *Dossiê ações afirmativas*. Florianópolis, v. 4, n. 1, p. 124-221, 1996.

ROSEMBERG, Fúlvia. Desigualdade de raça e gênero no sistema educacional brasileiro. Brasília: Unesco, 2006.

_____. Políticas educacionais e gênero: um balanço dos anos 1990. *Cadernos Pagu*, Campinas, n. 16, p. 151-98, 2001.

_____. Subordinação de gênero e alfabetização no Brasil. *Alfabetização*: passado, presente e futuro. São Paulo: Fundação para o Desenvolvimento da Educação (FDE), 1993. (Ideias, 19.)

SCOTT, Joan W. The Conundrum of Equality. *Occasional Paper of the School of Social Science*, Princeton, n. 2, mar. 1999. Disponível em: <http://publications.ias.edu/seefile.php?file=2005/01/u:2_p:2___papertwo.pdf>.

_____. Gênero: uma categoria útil de análise histórica. *Educação e Realidade*, Porto Alegre, v. 20, n. 2, p. 71-99, jul./dez. 1995.

Balanço e reflexões sobre desigualdades de raça e gênero no sistema educacional brasileiro*

Agradeço o convite para participar deste seminário e a confiança que depositaram em minha contribuição. O peso da responsabilidade foi tamanho que preparei um texto e uma fala. No texto, apresento um balanço e reflexões sobre desigualdades de raça e gênero no sistema educacional brasileiro. Na fala, destaco dois pontos — que estão no texto talvez de modo diluído — para gerar discussão, talvez polêmica. Aprendi que ouso mais na fala que no texto escrito. Sigo, então, em frente. Solicito apenas dez minutos finais para expor o Programa de Bolsas da Fundação Ford que coordeno no Brasil.

Primeiro ponto: a educação infantil

Minha atuação na academia é compreender desigualdades de raça, gênero e idade no sistema educacional brasileiro. Minha ação

---

* Não foram encontradas no arquivo da autora mais referências acerca do lugar e da data de realização desse evento. A provável data do seminário é 2008. (N. do E.)

política é combatê-las visando à igualdade de oportunidade no acesso, permanência e sucesso equivalentes para brancos, negros e indígenas, homens e mulheres das diferentes idades. Minha pergunta inicial é: o combate às desigualdades raciais no acesso, permanência e sucesso passa obrigatoriamente por políticas de ação afirmativa de recorte racial? Minha resposta, pelo menos no momento, é não. Vou justificá-la, bem como justificarei por que começo com essa pergunta. Começo com essa pergunta porque me parece que esta tem sido a tônica contemporânea da ação militante e governamental.

Considero que perigosamente (e explicarei por quê) a ação afirmativa tem sido considerada a estratégia privilegiada em discursos e propostas de intenções de diferentes atores sociais. Alguns exemplos, uma das justificativas do Instituto Nacional de Estudos e Pesquisas Educacionais Anísio Teixeira (Inep) para incluir o quesito cor no Censo Escolar 2005 (que atinge a educação infantil, o ensino fundamental e o ensino médio) foi que as "informações passarão a ser subsídios para as políticas públicas, como a adoção do sistema de cotas". Encontro o privilégio de políticas de ação afirmativa (como via real) no documento da Secretaria de Políticas de Promoção da Igualdade Racial (Seppir) de políticas para a igualdade racial,[1] no Estatuto da Igualdade Racial e em textos de vários pesquisadores, negros e brancos, geralmente acompanhados de uma crítica acirrada a políticas universalistas. Ora, mesmo sendo declaradamente favorável a estratégias de ação afirmativa para certos setores, considero que devemos tomar cuidado com essa generalização. Na educação, nem toda desigualdade será corrigida por políticas de ação afirmativa se as conceituo como um conjunto de políticas públicas e privadas de caráter compulsório, facultativo ou voluntário, concebidas com vistas ao combate à discriminação racial, de gênero, por deficiência física e de origem nacional, bem como

---

1. Algumas referências específicas (data e local de publicação), como a esse documento da Seppir, não estavam no texto original e não foram localizadas. O mesmo se aplica à referência bibliográfica, que permaneceu incompleta, de algumas das obras citadas. (N. do E.)

para corrigir ou mitigar os efeitos presentes da discriminação praticada no passado, tendo por objetivo a concretização do ideal de efetiva igualdade de acesso a bens fundamentais como a educação e o emprego.

As questões que se colocam, a partir dessa conceituação, a merecer atenção são duas: toda desigualdade racial se traduz por indicadores diretos de discriminação racial? Quais são os indicadores de discriminação racial que têm sido usados para orientar e monitorar a implantação de programas? Ou como se têm avaliado os setores da vida social, ou educacional, que necessitariam de ação corretiva, onde se observa discriminação racial? O instrumento básico, a estratégia usual, tem sido a de avaliar a distância que separa os indicadores sociais — no caso, educacionais — entre brancos e negros. Conforme o jargão, avalia-se o diferencial ou o hiato racial. Essa estratégia — absolutamente eficiente para enunciar ou denunciar o racismo estrutural da sociedade brasileira — me parece ineficiente para orientar e monitorar políticas de combate à desigualdade ou estimular políticas para a igualdade de oportunidades. Temos, pelo diferencial, alguns indicadores de desigualdade, mas não temos pelo indicador, *ipso facto*, uma estratégia para reverter a desigualdade. Meu exemplo é o da educação infantil.

Em 2001, 10,6% das crianças na faixa de 0 a 3 anos e 65,6% na faixa de 4 a 6 anos frequentavam algum tipo de ECCE (*early childhood care and education*). A oferta de educação infantil no Brasil é majoritariamente pública (63,5% na creche e 75,4% na pré-escola em 2000), sendo que a oferta privada com fins lucrativos é responsável por 57% das matrículas na creche e 75,3% nas pré-escolas (Rosemberg, 2002).

Apesar de apresentar um crescimento intenso entre 1970 e 1990 (Rosemberg, 2003), estudos (Kappel e Kramer, 2002; Rosemberg, 2003) mostraram que a ECCE foi o nível educacional que menos cresceu na década de 1990 (Tabela 1).

Tabela 1

Taxa de frequência à educação infantil por faixa etária, cor, quartis de renda em SM e regiões fisiográficas — Brasil,* 1999

| | | Branca | | | | | Não branca (preta + parda + indígena) | | | | | Total |
		1º	2º	3º	4º	Subtotal	1º	2º	3º	4º	Subtotal	
Norte	De 0 a 3 anos	1,3	3,8	8,5	12,8	6,1	2,6	6,5	6,4	12,5	5,8	5,9
	De 4 a 6 anos	39,6	53,3	55,7	71,1	54,3	39,0	47,8	53,1	70,1	49,2	50,8
	Total — 0 a 6 anos	15,5	25,7	28,9	36,9	26,1	18,2	24,5	28,5	39,6	25,2	25,5
Nordeste	De 0 a 3 anos	6,6	10,4	16,7	24,4	11,1	6,3	9,0	11,7	26,2	8,4	9,3
	De 4 a 6 anos	51,9	64,2	76,4	88,1	63,4	49,8	57,8	66,9	79,4	55,1	57,4
	Total — 0 a 6 anos	24,5	33,3	41,6	52,2	32,6	9,5	31,6	37,0	52,1	29,9	30,7
Sudeste	De 0 a 3 anos	7,0	7,4	7,8	19,6	10,8	5,7	8,5	7,0	13,2	7,7	9,7
	De 4 a 6 anos	43,6	48,9	57,4	75,7	58,4	38,0	47,3	51,1	62,5	47,1	54,0
	Total — 0 a 6 anos	22,9	24,3	28,8	44,9	31,2	20,4	26,4	27,5	36,3	25,9	29,2
Sul	De 0 a 3 anos	6,3	5,6	12,2	21,9	10,9	3,5	10,6	12,5	24,4	8,8	10,5
	De 4 a 6 anos	31,4	35,0	45,7	62,3	43,0	28,5	32,2	35,8	43,8	32,4	41,1
	Total — 0 a 6 anos	16,9	18,5	27,0	40,3	25,0	14,7	20,9	24,7	34,4	20,1	24,2
Centro-Oeste	De 0 a 3 anos	3,3	5,4	6,5	14,2	7,3	6,0	3,7	6,1	10,9	5,8	6,6
	De 4 a 6 anos	31,8	38,2	46,0	69,1	46,3	31,2	35,7	45,9	56,5	38,7	42,5
	Total — 0 a 6 anos	15,4	19,6	23,5	38,4	24,2	17,0	18,6	22,7	33,6	20,6	22,4
Brasil	De 0 a 3 anos	6,2	7,2	9,8	20,0	10,4	5,8	8,2	8,6	16,6	7,8	9,2
	De 4 a 6 anos	42,7	47,2	55,4	73,4	54,5	44,5	49,7	54,4	66,4	49,5	52,1
	Total — 0 a 6 anos	21,4	24,1	29,4	43,9	29,3	23,3	27,3	29,8	40,4	27,0	28,2
	Total	4,0	4,1	3,8	4,0	4,0	4,9	4,5	3,6	3,5	4,3	4,1

Fonte: Microdados Pnad (IBGE, 1999).

* Exclusive população rural da região Norte.

Aqui também se notam tendências gerais próximas às de outros direitos sociais: têm maior acesso à ECCE crianças dos melhores estratos de renda e brancas. Porém, em decorrência do processo histórico de expansão da ECCE no Brasil (Rosemberg, 2003) como estratégia de combate à pobreza, a distribuição das taxas de frequência associando renda domiciliar *per capita* e cor/raça no território nacional nem sempre apresenta uma configuração cumulativa, no sentido de menores taxas para os mais pobres e não brancos: residentes negros de domicílios situados nos quartis inferiores de renda podem apresentar taxa de frequência ligeiramente superior à do grupo de crianças brancas. A política de expansão da ECCE para regiões consideradas "politicamente perigosas" (os "bolsões de pobreza" do Nordeste) durante os últimos anos da ditadura militar (1978-1985) acarretou um padrão específico para as taxas de frequência: é a região Nordeste a que apresenta melhores taxas. Ora, melhores taxas de frequência da ECCE no Brasil podem estar associadas a piores indicadores de qualidade na oferta da educação infantil (Rosemberg, 1999). Assim, a região Nordeste apresenta, ao mesmo tempo, alta cobertura e piores indicadores de qualidade: é a que apresenta maior índice de professoras leigas, que recebem piores salários e que trabalham em estabelecimentos com piores condições materiais (Tabela 2), inclusive saneamento básico.

Esse modelo de expansão da educação infantil adotado em certas regiões brasileiras provocou o fato de ser a educação infantil pública, dentre todos os níveis de ensino, aquela que apresenta maior focalização na pobreza: "cujos *quasi-Ginis* são próximos a — 0,3, indicando nitidamente que os mais pobres têm um maior acesso que os mais ricos" (Barros e Foguel, 2001, p. 119). Ora, conhecendo as insuficiências de creches e pré-escolas, públicas e comunitárias, para crianças pobres, pergunto: essa focalização observada não seria resultado de um processo perverso, decorrente de essas creches e pré-escolas terem sido criadas, exatamente, para pobres e afugentarem, por sua baixa qualidade, famílias de outros níveis de renda? Sem demagogia, a focalização não decorre de serem "programas pobres para pobres"? Não estaria ocorrendo um processo de segregação social? Com efeito,

ESCRITOS DE FÚLVIA ROSEMBERG

Tabela 2
Número de estabelecimentos de pré-escola por características físicas da escola e regiões fisiográficas — Brasil, 1997

	Total de estabelecimentos	Estabelecimentos que não dispõem de							
		Abastecimento de água		Energia elétrica		Parque infantil		Sanitário adequado	
		Total	%	Total	%	Total	%	Total	%
Norte	6.399	902	14,1	2.348	36,7	5.719	89,4	5.448	85,1
Nordeste	39.154	4.880	12,5	12.730	32,5	34.661	88,5	33.729	86,1
Sudeste	19.754	314	1,6	1.086	5,5	10.350	52,4	10.980	55,6
Sul	11.115	38	0,3	36	0,3	5.898	53,1	6.735	60,8
Centro-Oeste	4.539	40	0,9	251	5,5	2.738	6,03	2.959	65,2
Brasil	80.961	6.174	7,6	16.451	20,3	59.366	73,3	59.851	73,9

Fonte: Censo Escolar 1997 apud Rosemberg (1999a).

Oliveira (1991) observou nas creches públicas e conveniadas da cidade de São Paulo, destinadas a atender crianças de famílias com baixos níveis de renda, uma forte segregação racial.

As crianças de 0 a 3 anos são as que têm menor acesso à educação infantil. Ora, é exatamente na faixa de idade entre 2 e 4 anos que as crianças apresentam os maiores e mais persistentes índices de desnutrição. Porém, o Governo Federal repassa às creches como auxílio-alimentação a metade do valor (já reduzido) que repassava às escolas de ensino fundamental. A despeito de ser o grupo de crianças de até 3 anos o que tem menor possibilidade de frequentar uma creche e o de crianças de até 4 anos o que apresenta maior índice de desnutrição, a educação infantil tem sido praticamente abandonada pelos movimentos negro e de mulheres e pelas sucessivas administrações federais. Focalizando as duas últimas, lembro a exclusão das creches na primeira versão do Plano Nacional da Educação (PNE, administração FHC), a proposta do Ministro Cristovam Buarque de "cesta pré-escola" e sua exclusão da PEC n. 415/05.

A desvalorização histórica da ECCE acarreta o mais baixo custo médio anual (público e privado) por aluno do sistema educacional brasileiro: de acordo com a OCDE (2000), o custo médio brasileiro em ECCE era de US$ 820,00 (28ª posição), sendo que o do ensino superior era de US$ 10.000,00 (10ª posição). Ora, esta é uma questão que me angustia muito no debate contemporâneo de cotas na universidade: cotas sem recurso público? Para quê? Cotas com recursos públicos saindo de onde? E a favor e em detrimento de quem?

A expansão da educação infantil vem sendo custeada principalmente pelas famílias e pelas educadoras (graças a seu baixo salário), com consequências sobre a qualidade da oferta. Em decorrência, a educação infantil brasileira vem sendo custeada pela própria criança pequena.

O tema da qualidade de oferta da ECCE entra na pauta só em meados dos anos 1990. Até então, sua vinculação a órgãos da assistência, a concepção dominante de que se tratava de programas de emergência para combater a pobreza e a propagação, via Organização das Nações Unidas para a Educação, a Ciência e a Cultura (Unesco), Fundo das Nações Unidas para a Infância (Unicef) e Banco Mundial, de modelos a baixo investimento público fizeram com que se privilegiasse a expansão com qualquer qualidade. Isso acarretou um padrão de funcionamento, em média, com baixa qualidade: educadoras sem formação profissional, brinquedos, livros e espaços externos e internos insuficientes e inadequados.

Quando analiso as políticas sociais para a criança pequena brasileira, verifico que suas deformações estão associadas, entre outras, a duas dimensões mais gerais: a política-espetáculo e a intromissão de organizações internacionais (das Nações Unidas ou ONGs) na configuração das políticas públicas brasileiras para a infância.

Com efeito, após a promulgação do Ano Internacional da Criança (1979), organizações multilaterais, especialmente o Unicef, passaram a desenvolver campanhas em favor de crianças em situação de "risco".

ESCRITOS DE FÚLVIA ROSEMBERG

Iniciou-se um processo de fragmentar a pobreza em subgrupos ou temas como "meninos de rua", "prostituição infantil", "gravidez adolescente", "erradicação do trabalho infantil". Tais campanhas, sem dúvida humanitárias, focalizaram tais subgrupos como representativos da pobreza subdesenvolvida no geral. Partindo de *guestimates*, chegaram a cifras catastróficas que apelaram por ações governamentais urgentes e focalizadas. Em seus modelos explicativos simplificados, estigmatizaram crianças e famílias.

Famílias que abandonam seus filhos, homens e mulheres que não distinguem o bem do mal são discursos dominantes e insultantes.

Muitas personalidades já relataram o que acontece aos menores abandonados no Brasil. Trinta milhões segundo alguns, 32 a 36 conforme outros. Os rapazes se tornam *naturalmente* delinquentes (roubo, assalto, ataque a idosos etc.) e as meninas são prostitutas com pouca idade. (Federação Internacional de Juristas Democratas, 1987, p. 106, grifo meu).

Tais questões, por seu apelo midiático, mobilizaram governos nacionais que passaram a canalizar recursos para programas específicos para "meninos de rua", combate à "prostituição infantil", "erradicação do trabalho infantil" etc. O mesmo processo defensivo do século XIX, quando Gobineau amaldiçoou nossa mestiçagem. Isto é, questões de maior visibilidade midiática passaram a receber recursos proporcionais à visibilidade, desconectados de uma política geral para a infância. Levinson (1991), analisando dados recentes sobre o Brasil, mostrou que uma das variáveis de maior peso na probabilidade de crianças brasileiras de 7 a 14 anos trabalharem e não estudarem é o fato de terem irmão em idade pré-escolar. Para quem acompanha as dinâmicas familiares, a compreensão é simples: se a mãe de uma criança pequena não dispõe de alternativa de cuidado para seu filho, ou deixa de trabalhar e a família aloca a outro membro inativo a responsabilidade de produzir rendimentos ou se mantém trabalhando e outro membro inativo cuida da criança menor. As famílias não vivem como peças separadas, mas como membros interconectados, como mostrou a abundante literatura dos anos 1980 sobre estratégias de sobrevivência.

Ora, se elimino do cenário de equipamentos sociais as creches (como quer a PEC n. 415/2005)[2] para crianças até 3 anos de idade, o que farão as mães que trabalham? E as mães chefes de família que têm criança pequena? Deixar de trabalhar e pedir esmola com a criança no colo? Abandonar a criança? Deixar o bebê com um filho maior? Contratar uma pessoa da vizinhança para cuidar do bebê? Esta é uma alternativa recorrente no Brasil. Quem seria essa pessoa, capaz de cuidar de um bebê com pagamento reduzido, enquanto a mãe sai para trabalhar? Com grande probabilidade, uma menina adolescente tão (ou mais) pobre.

Como mencionei no início, o hiato racial no acesso à educação infantil é ínfimo, por vezes inexistente. A política de educação infantil brasileira sustenta e provoca desigualdade racial? Com certeza. Via discriminação específica contra negros? Penso que não: via desigualdades regionais, via desigualdades econômicas, via desigualdades de gênero e, sem dúvida, via desigualdades de idade.

Ora, o combate à desigualdade racial de crianças pequenas negras passa obrigatoriamente pela educação infantil, tendo em vista que são as crianças pequenas negras o segmento social brasileiro que apresenta o maior contingente de pobres e indigentes, está aí o Ricardo Henriques[3] para não me deixar mentir. Além de apresentarem o maior índice de pobreza e indigência, vivem em domicílios com as piores condições de saneamento básico; como as crianças brancas de seu bairro ou região, frequentam estabelecimentos educacionais com

---

2. Proposta de Emenda Constitucional que cria o Fundo de Manutenção e Desenvolvimento da Educação Básica e de Valorização dos Profissionais da Educação (Fundeb) em substituição ao Fundo de Manutenção e Desenvolvimento do Ensino Fundamental e de Valorização do Magistério (Fundef). (N. do E.)

3. Professor do Departamento de Economia da Universidade Federal Fluminense, ex-pesquisador do Instituto de Pesquisa Econômica Aplicada (Ipea), cujas publicações tratam da desigualdade racial. Cf. *Desigualdade racial no Brasil: evolução das condições de vida na década de 90* (Rio de Janeiro, Ipea, 2001). (N. do E.)

piores condições de infraestrutura (água, luz, esgoto); têm as professoras com a mais baixa qualificação e a pior remuneração do sistema educacional brasileiro; têm o custo *per capita* mais baixo, já que este foi o nível de ensino que menos cresceu durante a década de 1990 e a nova lei do Fundo de Manutenção e Desenvolvimento da Educação Básica e de Valorização dos Profissionais da Educação (Fundeb), Lei n. 11.494/2007, exclui as creches.

Bem, e a educação infantil apresenta um pífio hiato racial. Não é prioridade no Ministério da Educação (MEC). Foi apenas neste ano, 2005, que ocorreu o primeiro debate nacional sobre educação infantil e diversidade étnico-racial. Enquanto setores da sociedade civil se mobilizariam contra a PEC n. 415/2005, instâncias do Movimento Negro (Educafro), a mídia (vários jornais e televisão) e o MEC (via Inep ou Ministro Tarso Genro) se mobilizariam pela inclusão do quesito cor no Censo Escolar 2005.

Vou resgatar o estudo de Levinson (1991) sobre educação infantil e seu impacto na escolarização e trabalho de irmãos maiores. Em 1985, o Instituto Brasileiro de Geografia e Estatística (IBGE), impulsionado pelo Unicef, lançou junto à Pesquisa Nacional por Amostra de Domicílios (Pnad) do ano um suplemento sobre a situação do menor. Naquele tempo, o IBGE não coletava dados sobre crianças pequenas, só a partir dos 5 anos. Esse suplemento coletou tais dados, mas seu maior interesse não eram as crianças pequenas. Este era o tema da década: meninos de rua. Os dados coletados — ricos, inclusive com informações sobre cor/raça — foram pouco trabalhados: foram objeto de estudo de Maria Malta Campos, Rosa Maria Ribeiro, Regina Pahim Pinto e Debora Levinson, que os usou para seu doutorado nos Estados Unidos.

Assim foi: o estudo de Levinson nunca foi traduzido. Os dados da Pnad 1985 não foram mais analisados. O Brasil entrou na campanha de erradicação do trabalho infantil via bolsa-escola e aumento de idade legal para ingresso no mercado de trabalho. As creches continuam o irmão pobre do sistema educacional apesar dos avanços legais da Constituição de 1988, do Estatuto da Criança e do Adolescente e da Lei de Diretrizes e Bases. A tradução desses avanços em ampliação do entendimento e em melhoria da qualidade da oferta, especialmente para crianças de 0 a 3 anos, me fez evocar o mito de Sísifo.[4] Temo que o evidente *media appeal* no cenário brasileiro de políticas de ação afirmativa obnubile políticas universalistas, ou não, que combatam a desigualdade racial na educação. Se a proposta de Cristovam Buarque tivesse sido aprovada, alguém tem dúvida de que os R$ 50,00 por mês da cesta pré-escola seriam destinados a pagar uma menina adolescente negra para cuidar da criança pequena?

Utilizei a educação infantil como exemplo, mas poderia oferecer outros aspectos sobre os quais tenho elaborado pesquisas, eu e meus orientandos da Pontifícia Universidade Católica de São Paulo (PUC-SP).

Segundo ponto: o Censo Escolar 2005

O MEC e o Inep introduziram o quesito cor/raça no Censo Escolar de 2005, com respaldo de instituições do Governo Federal (especialmente a Seppir), de pesquisadores e do movimento negro.[5] Tal iniciativa decorre da Política Nacional de Promoção da Igualdade Racial do Governo Federal (Brasil, 2003), que afirma, no parágrafo 1º ("Fortalecimento institucional") de suas Diretrizes: "c) adoção de estratégias que garantam a produção de conhecimento, informação e subsídios, bem como de condições técnicas, operacionais e financeiras para o desenvolvimento de seus programas". Tal Diretriz é retomada no capítulo 9 — "Programas e ações", artigo 6, "Produção de conhecimentos": "são ações que consolidam dados e produzem informações

---

4. A autora já havia se referido a esse mito em seu texto "Sísifo e a educação infantil brasileira", publicado na revista *Proposições* (Campinas, v. 14, n. 1, p. 177-96, 2003). (N. do E.)

5. Algumas universidades (Universidade Estadual do Rio de Janeiro — UERJ, Universidade Federal da Bahia — UFBA, Universidade de São Paulo — USP, entre outras) realizaram censos de seus estudantes incluindo o quesito sobre cor/raça, visando ao debate sobre cotas para acesso ao ensino superior. O MEC/Inep também organizou um cadastro de alunos.

e conhecimentos necessários à formulação e avaliação de política de promoção da igualdade racial", prenunciada pelo Estatuto da Igualdade Racial, que torna a medida obrigatória.

Para divulgar a novidade e preparar as equipes, foram organizados encontros regionais entre representantes das Secretarias Estaduais de Educação, das Secretarias Municipais das Capitais, da União dos Dirigentes Municipais de Educação (Undime) e da equipe técnica do Inep. Nessa divulgação, a então diretora de estatísticas da educação básica do Inep assim anunciava a introdução do quesito cor/raça no Censo 2005: "As informações passarão a ser subsídios para as políticas públicas, como a adoção do sistema de cotas"[6] (PNUD, 2004).

A pretensão do Inep em 2004 (*Informativo Inep*, n. 31, p. 5) ia além: pretendia a "aprovação do Projeto de Lei que torna obrigatória a inclusão do quesito cor/raça, mediante autodeclaração do estudante ou de seu responsável, nas fichas de matrícula e nos dados cadastrais das instituições de educação básica e superior".

O Censo Escolar 2005 foi lançado no dia 30 de março 2005 (Dia Nacional do Censo Escolar) com o título "Mostre sua raça, declare sua cor". Os questionários foram introduzidos por uma carta do Ministro da Educação em exercício (Tarso Genro), na qual afirmava:

> Em 2005, o Censo traz alterações que representam avanço para o seu aperfeiçoamento; entre elas a coleta do quesito cor/raça pode ser apontada como uma inovação importante. Além de atender à reivindicação de setores organizados da sociedade quanto à promoção da igualdade racial, esse quesito representa um passo importante para o estabelecimento de políticas de correção das desigualdades e de promoção da cidadania.

O Censo Escolar 2005 recebeu destaque da mídia no seu formato preferido: a polêmica. Jornais importantes (*Folha de S.Paulo, O*

---

6. Lembrar que a discussão sobre o sistema de cotas no Brasil vem ocorrendo para o acesso ao ensino superior e que o Censo Escolar não abrange esse nível de ensino.

Globo, Correio da Bahia, entre outros) publicaram matérias e o assunto atingiu o cume do noticiário brasileiro: o *Jornal Nacional* na TV Globo. A celeuma provocou editorial, artigo de fundo da *Folha de S.Paulo* (assinado por Lilia Moritz Schwarcz e Marcos Chor Maio, 16 maio 2005), cartas do leitor, uma réplica contundente do Ministro Tarso Genro (30 maio 2005, *O Globo* online), e outra de Elizeu Pacheco, presidente do Inep (*Folha de S.Paulo*, 2 maio 2005).

Do lado do governo, a tônica da defesa consistiu em enfatizar que se tratava de reivindicação do movimento social e política de governo; reiterar que o procedimento adotado era equivalente ao consagrado pelo IBGE; destacar que havia ocorrido preparação para o preenchimento do quesito e que os dados viriam a preencher uma lacuna. Portanto, para o governo, a crítica seria improcedente. Tarso Genro (30 maio 2005, *O Globo* online) intitula seu artigo de "Falsa polêmica". Eliezer Pacheco (*Folha de S.Paulo*, 2 maio 2005) afirma que:

> surpreende [...] que tal fato venha causando polêmica [...]. Que motivações haveria por baixo da recusa em buscar conhecer a distribuição de brancos, pretos, amarelos, pardos na escola brasileira? [...] é preciso dizer que com base na coleta do dado cor/raça, — até hoje *desconhecido* — os gestores de educação do país poderão definir ações e políticas afirmativas e de promoção da igualdade na comunidade escolar. (grifo meu)

Os críticos à medida apoiam seus argumentos no espectro de "tribunal racial", na não adesão às cotas ou à ação afirmativa, em problemas conceituais ("mostre sua raça, declare sua cor" deveria ter sido "mostre sua cor, declare sua raça"), na falta de preparo para responder ao quesito (*Folha de S.Paulo, Correio da Bahia*).

Efetuo uma crítica à inclusão do quesito cor/raça no Censo Escolar tal qual o conhecemos, cuja justificativa explicito adiante. Antes, porém, é necessário descrever os procedimentos adotados. Segundo instruções divulgadas pelo Inep, na ficha de matrícula dos alunos devia constar a pergunta "qual a sua cor/raça/", oferecer as alternativas usadas pelo IBGE (branca, preta, amarela, parda, indígena, não declarada), as alternativas deveriam ser selecionadas pelo próprio aluno (autodeclaração) a partir dos 16 anos ou por seus pais ou responsáveis antes dessa idade.[7]

Meus argumentos contrários a essa "novidade" estão expostos a seguir.

- Dispomos de muitas informações sobre educação e cor/raça subutilizadas, tanto aquelas coletadas pelo IBGE — Censo, Pnad, Pesquisa de Padrões de Vida (PPV) —, quanto aquelas coletadas pelo próprio MEC/Inep — especialmente no Sistema de Avaliação da Educação Básica (Saeb). Portanto, não é correto afirmar que esse mapeamento não tenha sido feito. A partir dos anos 1950, temos alguns estudos sobre educação e raça com base em dados macro, como os de Florestan Fernandes, Nelson do Valle Silva e Carlos Hasenbalg, Fúlvia Rosemberg, Regina Pahim Pinto e Esmeralda Negrão, Luiz Cláudio Barcelos, Ricardo Henriques e Danielle C. Fernandes, entre outros. A atualização desses estudos, porém, não tem sido feita periodicamente. A maioria dos estudos macro (que partem da análise de dados originais) é de autoria de pesquisadores brancos, sugerindo a necessidade de investimento na formação de recursos humanos da comunidade negra para analisá-los. Portanto, não são dados que faltam, mas sim sua análise e divulgação. Visou-se um alvo errado. Os recursos usados talvez tivessem sido mais bem aproveitados na formação de recursos humanos.[8]

- A sistemática de coleta de dados do Censo Escolar não se presta a esse tipo de quesito. No Censo Escolar, a unidade de registro não é o aluno. Assim, apenas algumas informações sobre o alunado (e nenhuma sobre recursos humanos traba-

---

7. Não encontrei justificativa para este corte etário. Lembro que 16 anos constitui a idade para se iniciar o direito de votar e trabalhar, para ambos os sexos.

8. O concurso de Pesquisas Negro e Educação (Fundação Ford, Ação Educativa), que seleciona pesquisas, via de regra de autoria de pesquisadores negros, sustenta esta minha observação (conforme comunicação pessoal de Regina Pahim Pinto).

lhando na escola) foram cruzadas por cor/raça no questionário. No conjunto de campos para a educação infantil e para o ensino fundamental, apenas as informações sobre o número de matrículas por modalidade (creche ou pré-escola) ou série e turno (ensino fundamental) estão associadas às informações sobre cor/raça dos alunos. Todos os demais campos — sobre fluxo, condição do aluno, rendimento escolar, reclassificação da série, conclusão —, cruzados ou não por idade e sexo, não preveem cruzamento por cor/raça. Não obstante, o Censo Escolar permite cruzamento entre características da escola e de recursos humanos e frequência relativa (ou absoluta) de alunos negros (ou brancos ou indígenas). Assim mesmo, para essas variáveis, o questionário do Saeb é mais completo, como veremos adiante. Portanto, a despeito do esforço e do desgaste, as estatísticas educacionais cruzadas por cor/raça geradas pelo Censo Escolar 2005 são parcas.

- A administração escolar e o corpo docente em seu conjunto não estão preparados para acatar de modo adequado as parcas instruções que acompanharam a introdução desse quesito no Censo Escolar. A extensa bibliografia contemporânea sobre classificação de cor/raça no Brasil (Osório; Petruccelli; Rosemberg; Piza; Schwartz; Telles, entre outros) evidencia a complexidade da empreitada, mesmo quando a coleta é efetuada por pesquisadores que receberam treino, como os do IBGE. Muito pouco se sabe sobre a especificidade de classificação/denominação de cor/raça entre crianças e adolescentes (Rocha, 2005). As escolas, de modo geral, dispõem de repertórios reduzidos para lidar com o tema das relações raciais (Pinto), além de compartilharem, também via de regra, do racismo estrutural e simbólico constitutivo da sociedade brasileira (ver tópico adiante).

Tal situação nos leva a antever duas consequências possíveis da introdução do quesito cor/raça no Censo Escolar: provocar explicitação de práticas racistas na relação com alunos e

ESCRITOS DE FÚLVIA ROSEMBERG

139

famílias; inconsistência nos dados coletados. Até o momento, temos algumas indicações de tal inconsistência. Por exemplo, a pesquisa de Edmar Rocha (2005) informa que, em escolas da região Norte da cidade de São Paulo, o diretor substituiu o termo "preto" por "negro" na ficha de matrículas e que alguns alunos entenderam que a informação do IBGE significava "a cor/raça como consta na certidão de nascimento".[9] Por seu lado, o *Diário da Bahia* transcreve a posição sustentada por uma escola particular de Salvador que, aproveitando-se da instrução de que a obrigatoriedade da resposta não significava obrigatoriedade de declaração de cor/raça — daí a alternativa "não declarou" —, optou por esta última alternativa para todos seus alunos. É possível antever um número expressivo de respostas "sem declaração de cor/raça", superior aos 0,5% habituais da Pnad.

- Os dados coletados pelo Censo Escolar 2005 não poderão ser comparados aos dados coletados pelo IBGE, pois os procedimentos de coleta não são os mesmos. Nas pesquisas do IBGE, quem responde ao questionário é o responsável pelo domicílio ou, em sua ausência, quem possa responder. No Censo Escolar 2005, a instrução era para o adolescente a partir dos 16 anos ou os pais/responsáveis pelos alunos de idades inferiores. As pesquisas do IBGE são anônimas, as perguntas efetuadas por entrevistador. No Censo Escolar 2005, ocorreu autopreenchimento, com identificação do respondente.

- O foco da discussão sobre o Censo Escolar 2005 tem recaído exclusivamente sobre os negros. Por exemplo, uma manchete

---

9. Além disso, Rocha (2005) observou na escola paulistana (a se verificar nas demais 215 mil escolas brasileiras, ou em amostra) que nas 4ª e 8ª séries do ensino fundamental foram as próprias crianças com menos de 16 anos que preencheram a ficha; que tal ficha não estava sendo usada para preenchimento do cadastro (que solicita tal informação) de modo sistemático e que o responsável por tal tarefa fornecia a informação mediante análise da foto do aluno. A prática do administrador é facilmente compreensível: o programa de informática utilizado bloqueava a continuidade caso o campo relativo à cor/raça não fosse preenchido (Comunicação pessoal, Edmar Rocha, 5 set. 2005).

afirma: "O Censo permitirá conhecer a situação educacional dos negros". Além de omitir os indígenas, esse foco sustenta a versão dominante no país de que a desigualdade racial é um assunto de negros, excluindo, portanto, os brancos.

- Finalmente, ao adotar tal procedimento, o MEC e o Inep desconsideraram o direito de crianças e adolescentes até os 15 anos de idade de expressarem sua voz sobre sua pertença racial, em desrespeito à Convenção sobre os Direitos da Criança (Brasil, 1990a) e ao Estatuto da Criança e do Adolescente (Brasil, 1990b) (direito a expressar sua opinião).

Afinal, por que incluir o quesito cor no Censo Escolar 2005? Qual seu custo? O que se fará com os dados? Por que foi incluído neste momento? E por que em sua elaboração exatamente a informação sobre fluxo escolar não foi contemplada? Com certeza, essa novidade entrará no relatório brasileiro pós-Durban.[10] Teria sido uma medida visando ao combate à desigualdade racial na educação? Dificilmente respondo sim!

Referências

BARROS, Ricardo Paes de; FOGUEL, Miguel Nathan. Focalização dos gastos públicos sociais em educação e erradicação da pobreza no Brasil. *Em Aberto*, Brasília, v. 18, n. 74, p. 106-20, dez. 2001.

BRASIL. Lei n. 11.494, de 20 de junho de 2007. Brasília, 2007. Disponível em: <www.planalto.gov.br/ccivil_03/_ato2007-2010/2007/lei/l11494.htm>.

_____. Decreto n. 4.886, de 20 de novembro de 2003. Institui a Política Nacional de Promoção da Igualdade Racial (PNPIR) e dá outras providências.

---

10. A III Conferência Mundial Contra o Racismo, a Discriminação Racial, a Xenofobia e a Intolerância Correlata, realizada em Durban, África do Sul, entre 31 de agosto e 8 de setembro de 2001, da qual o Brasil participou, representou um marco para as discussões em torno do racismo e da implementação de políticas de ação afirmativa.

Brasília, DF, 2003. Disponível em: <www.planalto.gov.br/ccivil_03/decreto/2003/D4886.htm >.

_____. Decreto n. 99.710, de 21 de novembro de 1990. Promulga a Convenção sobre os Direitos da Criança. Brasília, 1990a. Disponível em: <www.planalto.gov.br/ccivil_03/decreto/1990-1994/D99710.htm>.

_____. Lei n. 8.069, de 13 de julho de 1990. Dispõe sobre o Estatuto da Criança e do Adolescente e dá outras providências. Brasília, 1990b. Disponível em: <www.planalto.gov.br/ccivil_03/Leis/l8069.htm >.

GENRO, Tarso. Falsa polêmica. *O Globo online*, 30 maio 2005.

INSTITUTO BRASILEIRO DE GEOGRAFIA E ESTATÍSTICA (IBGE). *Pesquisa Nacional por Amostra de Domicílios*, 1999. Disponível em: <www.ibge.gov.br/home/estatistica/populacao/trabalhoerendimento/pnad99/>.

INSTITUTO NACIONAL DE ESTUDOS E PESQUISAS (INEP). *Microdados do Censo Escolar*, 2005. Disponível em: <http://dados.gov.br/dataset/microdados-do-censo-escolar>.

_____. *Informativo Inep*, ano 2, n. 31, 23 mar. 2004.

LEVINSON, Deborah. *Children's labour force activity and schooling in Brazil*. Tese (PhD dissertation) — University of Michigan, Ann Arbor MI, 1991.

PACHECO, Eliezer. O item cor/raça no Censo Escolar. *Folha de S.Paulo*, 2 maio 2005, cad. Opinião.

PNUD. *Censo Escolar vai pesquisar cor dos alunos*. Brasília, 5 abr. 2004. Disponível em: <www.pnud.org.br/Noticia.aspx?id=2664>.

ROCHA, Edmar. *Autodeclaração de cor e/ou raça entre alunos(as) paulistanos(as) do ensino fundamental e médio*: um estudo exploratório. Dissertação (Mestrado em Psicologia Social) — Pontifícia Universidade Católica de São Paulo, São Paulo, 2005.

SCHWARCZ, Lilia Moritz; MAIO, Marcos Chor. A pedagogia racial do MEC. *Folha de S.Paulo*, 16 jun. 2005, cad. Tendência, Debates.

Ação afirmativa: parcerias e desafios*

Um ponto recorrente nas análises sobre as universidades, inclusive a brasileira, é seu momento de crise que apela por desafios a serem enfrentados. Apontam-se variados componentes da crise, articulados, ou não, à crise de governança nesses tempos de redução do Estado e globalização do mercado. A universidade não é uma ilha e vive as vicissitudes do mundo.

Assinala-se, além disso, a dificuldade de a universidade enfrentar a condensação espaçotemporal das sociedades contemporâneas — a rapidez de mudanças e de circulação de mudanças —, que atinge fortemente o conhecimento. Brunner,[1] pesquisador chileno, exemplifica o ritmo alucinante contemporâneo com a produção acadêmica na Química: o número de substâncias conhecidas passou de 360 mil em 1978 a quase 2 milhões em 1998.

Internamente, o caráter antidemocrático da universidade angaria a adesão unânime dos analistas como um dos principais componentes da crise. Muitos de nós propõem, então, como desafio para a remissão da universidade, sua democratização, não apenas porque ética e politicamente somos partidários de instituições democráticas,

---

* Comunicação apresentada no GT Relações raciais: desigualdades, identidades e políticas públicas. 35º Encontro Anual da Anpocs. Caxambu/MG, de 24 a 28/10/2011.

1. Nos casos em que não há referências bibliográficas completas das obras citadas, estas não foram especificadas pela autora no texto original. (N. do E.)

mas também pelo desperdício de talentos encobertos por práticas discriminatórias.

De fato, nossa universidade não tem sido democrática desde a primeira instituição brasileira que adotou esse nome — Universidade de Manaus. De lá para cá, na graduação estamos nos debatendo com a restrição de vagas públicas, a ampliação de vagas preferencialmente no sistema privado, especialmente em instituições de ensino superior que não são universidades, isto é, que não integram ensino, pesquisa e extensão.

Na pós-graduação, lócus por excelência da produção de pesquisas e formação de pesquisadores, o último plano nacional de pós-graduação destaca intensa assimetria regional: 73% dos programas de pós-graduação brasileiros reconhecidos pela Coordenação de Aperfeiçoamento de Pessoal de Nível Superior (Capes) se concentram no Sudeste. Romper com as intensas desigualdades no acesso, permanência e sucesso no ensino superior tem sido um dos impulsos para a entrada do tema da ação afirmativa na agenda educacional brasileira.

Foi no momento de entrada do tema de ação afirmativa na agenda educacional que o Programa Internacional de Bolsas de Pós-Graduação da Fundação Ford (IFP) iniciou sua carreira no Brasil. E como se sabe, o debate sobre esse tema vem se dando em meio a um fogo cruzado de embates sensacionalistas, crucificadores. Tal contexto levou-nos a duas decisões estratégicas ao assumirmos a coordenação no Brasil desse programa: de um lado, abraçar a identidade de um programa de ação afirmativa na pós-graduação; de outro, acatar a cultura nacional da pós-graduação procurando assegurar qualidade acadêmica e evitar a estigmatização dos bolsistas.

O IFP foi introduzido no Brasil em 2001, após estudo preliminar encomendado pelo escritório do Brasil da Fundação Ford ao professor Luiz Alberto Oliveira Gonçalves (Universidade Federal de Minas Gerais) e ao saudoso Marco Antonio Rocha (Fulbright do Brasil), que indicaram a Fundação Carlos Chagas como instituição parceira brasileira do projeto. Essa nova parceria foi um elo da longa história de colaboração entre ambas as instituições. Com efeito, se neste seminário a celebração dos 40 anos de parceria entre as Fundações Carlos Chagas e Ford elegeu como foco os programas de ação afirmativa, é necessário lembrar que nossos vínculos institucionais remontam à própria criação do Departamento de Pesquisas Educacionais em 1971, a partir do seminal trabalho de Aparecida Joly Gouveia sobre pesquisa em educação no Brasil, saudosa professora e orientadora de várias das pesquisadoras históricas da casa: Elba Sá Barretto, Maria Cristina Bruschini, Maria Malta Campos e Regina Pahim Pinto.

A indicação e o aceite da Fundação Carlos Chagas para ser parceira na implementação dessa experiência desafiadora — o primeiro programa de ação afirmativa na pós-graduação brasileira — respaldaram-se nas reconhecidas respeitabilidade e competência de nossa instituição no campo de seleção e formação de recursos humanos, bem como na produção e divulgação de pesquisas em prol do desenvolvimento humano-social. Desse modo, procedimentos técnicos e princípios éticos para que concursos públicos sejam eficientes e transparentes, mapeamento do impacto e de processos intervenientes na fabricação das desigualdades educacionais brasileiras, estratégias pedagógicas para o aprimoramento de pesquisadores emergentes e ativistas, produção, sistematização e divulgação do conhecimento constituem parte do acervo institucional que a Fundação Carlos Chagas legou para a implementação do Programa IFP no Brasil.

Por seu lado, o Programa IFP partilhou sua proposta inovadora, um formato de gestão descentralizado, recursos financeiros e apoio técnico, diretrizes competentes e a participação em uma rede internacional de instituições parceiras. Todo esse legado, e mais a colaboração de uma equipe de trabalho dinâmica e dedicada, da comunidade acadêmica brasileira, potencializada pela garra de bolsistas, pavimentaram nossa jornada.

O Programa IFP realizou, no Brasil, entre 2002 e 2009, oito seleções para candidatos a bolsas de mestrado e doutorado. A essas oito seleções se candidataram 8.722 pessoas. O programa concedeu 343 bolsas, preferencialmente para pessoas que se identificaram como negras e indígenas, nascidas nas regiões Norte, Nordeste e Centro-Oeste, e que provêm de famílias que tiveram poucas oportunidades econômicas e educacionais. Tais segmentos sociais são os que apresentam os piores indicadores de acesso à pós-graduação.

Porém, contrariamente ao que a mídia alardeia, a seleção dos candidatos a um programa de ação afirmativa não elimina a avaliação de mérito individual, mas a faz suceder a uma equalização do grupo quanto aos atributos socioeconômicos, sexuais e étnico-raciais. Assim, para obter a bolsa IFP, não bastava ao candidato ser negro ou indígena, mas era necessário evidenciar também potencial acadêmico e de liderança, bem como compromisso social.

A pertinência das práticas adotadas para a seleção de candidatos ao programa pode ser comprovada na configuração do perfil de bolsistas brasileiros(as) ao longo dessas seleções em consonância estrita com os grupos-alvo. Porém, outra vez, um programa de ação afirmativa não se resume à adoção de procedimentos específicos de divulgação e seleção. O acompanhamento de beneficiários constitui pedra de toque de sua implementação.

O acompanhamento de bolsistas implicou sua preparação para os processos seletivos nos programas de pós-graduação e, posteriormente ao ingresso, além da outorga de recursos financeiros, um monitoramento cotidiano de seu percurso acadêmico. Tal acompanhamento, associado aos apoios do programa, mas, principalmente, ao empenho dos bolsistas, permitiu que obtivéssemos indicadores de sucesso em nossa empreitada: dos 343 bolsistas contemplados, 95% ingressaram com sucesso na pós-graduação; daqueles que já terminaram a bolsa, 90% já defenderam teses e dissertações; o tempo médio para titulação tem sido excelente: um pouco menos de 27 meses no mestrado e 45 meses no doutorado.

O acompanhamento dos egressos tem apontado também para indicadores de sucesso: 53% dos egressos do programa foram contratados como professores concursados de universidades públicas brasileiras. Os três últimos representantes dos povos indígenas no Conselho Nacional de Educação foram ex-bolsistas do Programa IFP:

Francisca Novantino Pinto de Ângelo, indígena Pareci; Gersem Luciano Baniwa e Maria das Dores de Oliveira Pankararu.

Destaco, ainda, uma outra novidade do Programa IFP: o planejamento de seu encerramento, de seu legado, isto é, a busca da institucionalização de suas inovações para além de sua duração. A construção deste legado tem sido um desafio cotidiano: ela vem se dando pelo cuidado com a qualidade da formação dos bolsistas. O retrato do Programa IFP, no Brasil, seu sucesso ou insucesso, depende, antes de tudo, dos bolsistas, de sua ética e competência. Além disso, temos procurado fortalecer redes de bolsistas e ex-bolsistas: por exemplo, a realização de encontros anuais e a criação de uma associação de ex-bolsistas, a divulgação de suas experiências e produções acadêmicas, como a Série Justiça e Desenvolvimento IFP/FCC, coordenada até abril de 2010 pela saudosa colega Regina Pahim Pinto, cuja memória homenageio neste momento. Outra ferramenta importante será a organização do acervo documental, dos arquivos do Programa, para consulta, pesquisa, avaliação e, esperamos, emulação para novas experiências.

Finalmente, destaco as iniciativas de multiplicação e institucionalização de componentes da experiência via novas parcerias. E este me parece um dos principais desafios a enfrentarmos daqui para frente: as novas parcerias e a expansão de experiências de ação afirmativa.

Inicio informando sobre a nova parceria entre Fundação Ford e a Fundação Carlos Chagas, o projeto Equidade na Pós-Graduação, que prevê dois componentes: um amplo diagnóstico sobre o perfil étnico-racial, sexual e regional do quadro de pesquisadores brasileiros, trabalho a ser desenvolvido em parceria com o Instituto de Pesquisa Econômica Aplicada Anísio Teixeira (Ipea) — na pessoa de Sergei Soares —, no qual iremos analisar dados do Censo 2010 e da base dos currículos Lattes do Conselho Nacional de Desenvolvimento Científico e Tecnológico (CNPq). O outro componente é o concurso para dotações para formação pré-acadêmica. Em vez de oferecer bolsas a pessoas, o projeto Equidade na pós-graduação irá apoiar universidades para preparar pessoas provenientes de segmentos sociais subre-presentados na pós-graduação para que se candidatem e tenham sucesso nos processos seletivos de programas pós-graduados reconhecidos pela Capes e de universidades que já disponham de experiência de ação afirmativa na graduação.

Ontem realizamos a reunião da Comissão de Seleção para a escolha das propostas. Combinamos não anunciar os resultados aqui hoje, mas fui autorizada a divulgar que recebemos 25 propostas, praticamente um terço do universo de universidades elegíveis, isto é, que dispõem simultaneamente de pós-graduação reconhecida pela Capes, experiência de ação afirmativa na graduação. Consideramos o número de propostas — bem como sua criatividade e qualidade — como um indicador da oportunidade desta iniciativa. Além disso, com alegria e orgulho, assinalo que várias das propostas contaram com a colaboração de ex-bolsistas do Programa IFP, agora professores dessas instituições participando, pois, efetivamente da construção deste legado.

Nossa expectativa é contribuir para aumentar a sinergia e fortalecer as experiências brasileiras de ação afirmativa no ensino superior para que ampliem suas margens de sucesso. Um desafio será manter a qualidade ao se passar de experiência-piloto para experiência de massa. Outro desafio será sensibilizar novos parceiros, privados ou públicos, envolvendo ou não as Fundações Ford e Carlos Chagas. Este seminário, além do fortalecimento de laços antigos, pode ser entendido também como uma estratégia de sensibilização de novos parceiros.

Encaminho minha fala para seu fim: um dos desafios urgentes no momento atual é buscarmos estratégias para não perdermos conquistas. Não podemos voltar à estaca zero. Por exemplo, devemos nos mobilizar para que o novo Plano Nacional de Pós-graduação, desta feita decenal, a ser divulgado pelo MEC ainda neste mês conforme notícia da Capes, vá além do Plano Nacional de Educação, que, ao mesmo tempo que prevê implementar ações para favorecer o acesso ao mestrado e doutorado das "populações do campo e indígenas", iniciativa mais que louvável, excluiu a população negra. Não podemos aprovar tal exclusão!

A urgência em manter programas de ação afirmativa de qualidade decorre da efemeridade de modismos e da circulação de modelos para reforma universitária que associam a expansão de vagas à criação de trajetórias acadêmicas graduadas e pós-graduadas hierarquizadas, de menor e maior prestígio. Trata-se do modelo de "demografização" do acesso e que não responde a uma proposta de democratização do ensino superior. Considero, pois, que a urgência do ingresso de negros, indígenas e egressos da escola pública no ensino superior de qualidade tem que ocorrer antes da institucionalização de carreiras universitárias hierarquizadas em decorrência de sua massificação.

Estratégias para o ingresso no ensino superior de segmentos sociais e étnico-raciais subrepresentados são um caminho, mas devem ser complementadas com ações educacionais que fortaleçam o avanço do conhecimento. A perspectiva de ação afirmativa na educação não é apenas ampliar o acesso de negros, indígenas e egressos da escola pública aos níveis educacionais superiores, mas também a de investir em sua permanência e sucesso. Para tanto, são necessárias ações complementares. Tais ações envolvem a elaboração de um projeto político-educacional e a disponibilidade de recursos materiais e humanos. Este é um outro desafio sério que devemos enfrentar.

De onde provêm os recursos para a implementação de tais medidas? De uma ampliação das verbas para a educação ou se mantêm os mesmos recursos, ampliando apenas o percentual alocado à pós-graduação no orçamento da educação? Este é um ponto que me aflige: que se implementem estratégias para o acesso, sem medidas educacionais complementares; que se implantem cotas com medidas complementares, usando recursos destinados a outros níveis educacionais já depauperados. Aqui a vigilância de pesquisadores e ativistas deve ser intensa, pois, do contrário, poderemos estar preparando na educação infantil, no ensino fundamental e médio candidatos a cotas no ensino superior algumas décadas mais tarde. Portanto, ação afirmativa no ensino superior é apenas uma das medidas de promoção da igualdade de oportunidades na educação, devendo ser complementada por outras ações de combate à desigualdade racial e social. Evoco José Carmelo Braz de Carvalho, quando propõe Janus como patrono deste momento da política educacional brasileira. Janus, protetor do acesso aos vestíbulos dos palácios dos nobres romanos, com suas duas faces: uma voltada para fora e outra para dentro. É importante ter o olhar centrado nos vestíbulos dos palácios acadêmicos da graduação e pós-graduação, mas é igualmente crucial manter uma face voltada para o caminho difícil e sucateado da educação básica brasileira (Carvalho, 2006, p. 323).

Referência

CARVALHO, José Carmelo Braz de. Os cursos pré-vestibulares comunitários e seus condicionantes pedagógicos. *Caderno de Pesquisa*, São Paulo, v. 36, n. 128, p. 299-326, ago. 2006.

Parte 4

FÚLVIA, SUA LEALDADE CAPITAL:
DIREITOS DAS CRIANÇAS DE 0 A 6 ANOS

Andarilha que era...

Maria Machado Malta Campos

Introdução

Andarilha que era, ao raiar do dia, caminhava e observava, descobria. A viagem sentimental para a qual convida o leitor, o "creche tour", não deve ter se originado, assim, apenas de sua imaginação, mas da experiência de explorar pessoalmente muitos recantos da cidade em que vivia. Por ela começo essa apresentação, pois ali está a história da educação infantil paulistana — e brasileira — representada pelas marcas que deixou no espaço urbano, muitas delas já destruídas pelo antropofágico processo de construção e desconstrução que caracteriza o crescimento da capital paulista.

Quis o destino que a publicação deste texto aconteça no ano em que a rede municipal de educação infantil completa 80 anos de existência. Mas não é por essa atração que se inicia o tour, e sim pelo jardim de infância da Escola Normal da Praça, com o primeiro guia dessa viagem, nosso colega de trabalho, Moysés Kuhlmann Jr. A viagem continua, cada parada com seu ou sua guia: Tizuko Kishimoto, Eva Blay, Ana Lúcia Faria, Florestan Fernandes, Amélia Hamburguer, Rachel Moreno, Daniel Revah, Cristina Mucci, Lenira Haddad, eu mesma, a própria Fúlvia, Eliana Saparolli. A última atração do roteiro é a creche conhecida como da "Caixa dos Advogados", instalada no alto de um prédio próximo à Praça da Sé, coordenada por Telma Vitória, que ali permaneceu até por volta de 2003.

Se a viagem não tivesse sido interrompida nesse ponto — no texto — o respectivo guia contaria que esta foi mais uma experiência que teve seu fim, nessa história de tantos episódios interessantes e que, pela mão de Fúlvia, adquirem o sentido de argumentos que, em outro dos textos aqui agrupados, lembram que "se há muito por conquistar, muito já foi conquistado". Mas, e nesse ponto a frase contém um alerta, mesmo o que se conquista pode ser perdido. O lindo prédio do jardim de infância da praça da República foi posto abaixo por Prestes Maia, famoso prefeito paulistano; na Vila Maria Zélia, como conta uma antiga moradora, a companhia que comprou parte do terreno "desmanchou a Rua Um, toda a creche e o jardim de infância"; as creches implantadas pela Secretaria do Menor foram "repassadas para associações privadas com per capita insuficiente"; e as creches da USP enfrentam há algum tempo muitos percalços. O "creche tour", para o qual Fúlvia imaginava convidar os sucessivos prefeitos, teria menos atrações a mostrar.

No entanto, a rede municipal, ao contrário de outras iniciativas, cresceu e se fortaleceu, enfrentando ameaças aqui e acolá. Creches em estações de metrô? Agora fala-se em supermercados. Mas, como analisa um dos textos que orientam a viagem sentimental, a rede de creches paulistana ainda é "uma experiência que, desde a década de 70, se propõe a ser uma rede de equipamentos prestando serviços duradouros, e não um aglomerado de creches desconectadas criadas como resposta a emergências". Mesmo assim, Fúlvia qualifica essa etapa do tour como "mais extensa, sofrida e complicada". Com efeito, muitos dos problemas apontados por Cristina Mucci, em mesa da histórica I Conferência Nacional de Educação, realizada na PUC em 1980, podem ser percebidos ainda hoje nas creches paulistanas: a crença de que "a mãe nada entende e é incapaz de participar"; "uma certa despersonalização dessa mulher" (a educadora) "no trato com a criança. A única saída lógica é que as comunidades continuem a discutir o problema...". Em 1980. E também em 2015.

Coisa de dez anos depois, o artigo baseado em apresentação realizada na Bahia, em encontro do programa Proinfância, reflete sobre algumas questões-chave para as políticas de educação infantil no país: as desigualdades no acesso à educação infantil e os embates sobre o significado da creche e da pré-escola. Como sempre, Fúlvia chama atenção para a posição mais frágil da creche, e, por tabela, dos bebês e crianças menores de três anos, nesse cenário. A creche, essa recém-chegada ao campo da educação, tem sido sempre enjeitada, mal amada pelos educadores; junto com Fúlvia, vários de nós discutimos essa questão inúmeras vezes com antigos colegas de outros espaços, naquele momento ocupando posições de poder ou de influência no plano federal, durante os debates sobre a LDB que se desenvolveram no período entre 1988 e 1996.

Afinal, foram os políticos os mais sensíveis à demanda social por creche, e assim a nova lei acabou por reafirmar o que havia sido disposto na Constituição. No entanto, como alerta o artigo, "a despeito de permanecer a irmã pobre da educação básica, a creche constitui uma arena em disputa aberta ou velada (...)", sendo necessário que "se fique alerta quanto à introdução de novidades que desestabilizam modelos formais e completos de educação infantil". Em outro texto, ela qualifica algumas dessas "novidades", periodicamente recicladas entre nós: as propostas "familiaristas/domiciliares" que carregam consigo o projeto de "um controle moral das 'classes perigosas'", relacionadas aos cuidados com a prole.

Esse mesmo texto termina com a menção ao "direito dos bebês" à creche; os bebês, em nome de quem Fúlvia militava cada vez mais diretamente, como os demais textos demonstram, destacando da educação infantil, a creche, "a irmã pobre", e dentre as crianças da creche, os bebês, aqueles mais invisíveis aos olhos da sociedade. Do ponto de vista dos bebês, São Paulo, que foi objeto do "creche tour", é hoje uma cidade hostil, como argumenta Fúlvia ao depor em audiência pública no Tribunal de Justiça de São Paulo, onde tramita ação pública sobre a dramática falta de acesso à educação infantil, com mais de 150 mil crianças registradas na lista de espera da prefeitura. Comentando dados compilados em publicação da Ação Educativa, ela advoga a favor dos bebês, mais discriminados do que todas as demais idades no acesso à educação. É um discurso militante este, em uma ocasião que a relembra da CEI de creches — na qual trabalhamos como assessoras —, que, na Câmara Municipal de São Paulo, investigou esse atendimento muitos anos antes.

Termino esta breve introdução tocando nos dois outros textos que compõem este conjunto. Embora ainda sem o "acabamento" que Fúlvia costumava exigir de textos para publicação, eles são significativos, pois mostram como andavam suas reflexões sobre as políticas da diferença e suas relações com os modelos de educação para a infância. É marcante nesses textos o esforço de síntese, no sentido de tratar todos os tipos de desigualdades e discriminações — de gênero, de raça, de classe social, de idade, de gerações — como facetas de um mesmo processo social que engendra e reproduz injustiças. Ela procura, dessa maneira, ao mesmo tempo superar visões segmentadas da realidade, e trazer uma perspectiva mais totalizante para interpretar as políticas de educação infantil e seus embates no presente. Em suas palavras: "minha busca tem sido compreender a dinâmica social como resultante de um jogo complexo de desigualdades de classe, gênero, raça e idade nas diferentes esferas: econômica, política e cultural".

Para tanto, ela precisa ajustar contas com as perspectivas feministas contemporâneas, de um lado, e com a sociologia da infância, de outro. Nancy Fraser a ajuda a fazer a crítica do uso mais corrente das abordagens sobre as relações de gênero para as crianças pequenas nas sociedades ocidentais. Partindo da proposta dessa autora de "tratar o gênero como uma categoria que contém tanto uma face política e econômica quanto uma face discursivo-cultural", Fúlvia procura caminhar "um pouco mais", articulando gênero à categoria de idade. Os quatro aspectos que ela identifica como revelando "o caráter adultocêntrico de teorias feministas" abrem um leque fecundo de problemas de pesquisa ainda a serem explorados, desde as diversas formas que assumem as diferenças de gênero em cada fase da vida, até as repercussões da hierarquia etária sobre as políticas sociais.

Sua interpelação à sociologia da infância diz respeito, mais uma vez, à denúncia sobre a invisibilidade social dos bebês, quando pergunta: "Qual a idade da criança da Sociologia da Infância?". Mais uma vez ela constata que essa produção não inclui a "pequenina infância", as crianças em idade de creche. As questões que daí se desdobram configuram outros tantos problemas de investigação órfãos de pesquisadores em nosso país: a "associação intensa entre pequenina infância e mulheres"; a relativamente curta duração dessa fase quando comparada ao alongamento da média de vida da população; o momento de maior fragilidade da família com filhos pequenos, diminuindo sua disponibilidade para a mobilização por direitos sociais; a associação entre a condição de criança pequena e a de filho, e tantas outras pistas que suas reflexões vão semeando.

Ao tratar da juventude, uma outra categoria de idade, Fúlvia retoma essas questões, começando por enfatizar o caráter histórico e cultural das definições sociais de faixas etárias. Reiterando a concepção de "crianças, adolescentes e jovens como atores sociais", constata o espanto em relação a quão pouco nossas sociedades os escutam, citando Suzanne Mollo-Bouvier: "somos adultos surdos que falam a crianças, adolescentes e jovens mudos". Mencionando uma revisão bibliográfica que fez sobre a crise da universidade, revela sua impressão de que "essa instituição social está pouco atenta ao fato de que constitui território de convívio intergeracional". De fato, longe estão os estudos de Marialice Foracchi sobre a juventude universitária, parecendo hoje que esse tema, segundo Fúlvia, foi tomado pelo foco "sexo, drogas e rock and roll".

Janusz Korczak, um autor que me foi apresentado por ela, é chamado para dar o fecho ao texto a respeito da juventude — e também a esta breve introdução —, ligando-o ao tema da criança: "crianças/jovens são contemporâneos de seu presente, do presente em que vivem suas infâncias e juventudes e não do presente no qual vivemos nós, gerações de adultos".

Um roteiro histórico-sentimental pelas creches e pré-escolas da cidade de São Paulo

Alegrias e tristezas, generosidade e desperdício, inovação e conservadorismo, direito e injustiça são pares de atributos que associo ao atendimento de crianças pequenas em creches e pré-escolas na cidade de São Paulo.

História que conheço bem, que faz parte de minha vida pessoal, militante e profissional desde 1974, grande parte dela compartilhada com Maria Malta Campos, companheira de trabalho e de luta por creches que respeitem os direitos das crianças (Campos e Rosemberg, 1994).

Ocupei vários lugares e desempenhei diferentes papéis nesta história: mãe do André, meu primeiro filho, que começou a frequentar o Garatuja[1] em 1975, que se autodenominava berçário porque a palavra creche sempre foi reservada a equipamentos para crianças pobres; pesquisadora da Fundação Carlos Chagas, juntamente com Maria Malta Campos e outros pesquisadores associados, realizando estudos, assessorias e projetos, vídeos sobre as creches paulistanas. Militante feminista nos anos 1980, participando da luta por creches, junto aos movimentos de bairro, sindicatos, associações da sociedade civil. Briguenta, como me disse dona Luci Montoro, após um debate

---

1. Escola de educação infantil localizada na zona Oeste de São Paulo.

aguerrido na TV Cultura em que enfrentava Marta Godinho, então secretária da Promoção Social do município na administração Covas, que planejava implantar o modelo de creche domiciliar.

Tenho um rico acervo de imagens: fotografei, gravei em vídeo ou na memória. Observei, escutei pessoas, procurei ansiosamente com Sylvia Cavasin o caminho de creches construídas em pirambeira na periferia do município, acalentei o sonho da criação de um sindicato de auxiliares de desenvolvimento infantil (ADI), as antigas pajens e atuais professoras. Evoco a náusea provocada pelo odor de creches muito pobres, uma mistura de leite azedo e fralda suja (pode-se apostar na qualidade da creche pelo cheiro), e o reconforto do cheiro de arroz/feijão bem feito na hora do almoço. Vi crianças alegres, vivas e dispostas, como aquele menino, numa creche municipal, dançando "Fuscão preto", que tocava no rádio portátil de uma ADI.

Tenho também imagens de uma tristeza intensa, metáfora de desolação: a mãe de uma colega de minha filha Júlia, no Garatuja, ao final do dia esperando com paciência infinda a filha que se recusava a sair da creche; a do menino, negro, por volta dos três anos de idade, que passara o dia na creche com os pés do sapato trocado.

Sempre pensei compartilhar este conhecimento cotidiano, organizar um "creche *tour*" para candidatos a cargo público (especialmente prefeitos) que propõem barbaridades como solução a baixo custo para as creches: construí-las no metrô, como propôs Jânio Quadros; ou empregar — isto é, como trabalho voluntário, penso eu — adolescentes internas da Fundação Estadual do Bem-Estar do Menor (Febem) como educadoras de creche; ou achar que creche domiciliar, ou mãe crecheira, é a solução para acabar com a pobreza brasileira, ou ainda que um valor *per capita* anual de US$ 100 é suficiente para manter criança pequena em creche ou pré-escola (como afirma um documento publicado pelo Banco Mundial). Para este aniversário de São Paulo, preparei um "creche *tour*", mas diferente.

Pedi auxílio a colegas que conhecem bem as creches da cidade e que publicaram textos que funcionassem como guias deste "creche *tour*" que organizei pela história de São Paulo.

O ponto de partida é a Praça da República, tendo como guia Moysés Kuhlmann Jr. (1994). De costas para a estação do metrô, tem-se uma bela visão do prédio da Secretaria Estadual da Educação, aliás Caetano de Campos, a Escola da Praça. Hoje, como em 1994

apenas nas fotos é que podemos ver o prédio do Jardim da Infância, pois ele não está mais lá. Foi demolido no início da década de 1940, na gestão do prefeito Prestes Maia, para dar lugar à Avenida São Luís. Triste lógica de alguns administradores municipais que, no afã de realizarem grandes obras, não hesitam em passar por cima dos símbolos históricos e culturais.

No estudo de um Plano de Avenidas para a Cidade de São Paulo, elaborado por Prestes Maia em 1930, então engenheiro da Secretaria de Viação e Obras, nem se falava na existência e demolição do prédio do Jardim de Infância: lá se previa a derrubada de toda a Escola Normal, para em seu lugar construir outro edifício, onde funcionaria a Câmara dos Deputados, obra monumental, encimada por um capitólio, no estilo americano.

A Escola permaneceu, mas o Jardim não teve a mesma sorte. Aliás, Prestes Maia não parecia muito simpatizante com a educação infantil: em sua gestão, diminuiu-se o ritmo de construção dos parques infantis (criado pelo Prefeito anterior, Fabio Prado) para apenas três dos quarenta e seis previstos.

1894. Inaugurava-se o edifício da Escola Normal Caetano de Campos. O prédio do Jardim ainda não estava lá. Mas fazia parte da proposta educacional do Partido Republicano Paulista (PRP), do projeto da Escola Normal (Decreto n. 27, de 12/3/1880) e dos planos de Gabriel Prestes, filiado ao PRP desde 1890, tendo sido eleito em 1891.

Dois anos depois, o projeto foi concretizado no Decreto n. 342 (2/3/1896), assinado por Bernardino de Campos. Presidente do Estado (governador), e por Alfredo Pujol, Secretário do Interior, e que dizia em seu parágrafo único: "Fica criado um Jardim de Infância junto à Escola Normal da capital, como preparo à Escola Modelo: revogadas as disposições em contrário".

A inauguração do Jardim aconteceu no dia 18 de maio de 1896, ainda em caráter provisório, em antigo prédio na Avenida Ipiranga, até a conclusão do novo edifício, mandado construir por Bernardino de Campos e concluído logo no ano seguinte.

O novo prédio, aos fundos e completamente isolado do resto da Escola Normal, era cercado de um vasto jardim. Davam acesso a ele duas escadas em fraca rampa com pequenos degraus, assim construídas para que as crianças não caíssem ao subi-las. Compunha-se de quatro salas de aula, um grande salão em forma octogonal para reuniões gerais e solenidades infantis, de 15m x 15m, onde foram pintados a óleo, entre outros, os retratos de Froebel, Pestalozzi, Rousseau e Mme. Carpentier. O salão era coberto por uma cúpula metálica, abaixo da qual havia uma galeria sustentada por colunas de ferro, destinada ao público por ocasião das festas. Havia mais duas alas anexas ao corpo do edifício, uma para depósito do material, outra para reunião das professoras, perfazendo uma área de 940 m². Dos lados e no meio do jardim erguiam-se dois pavilhões para recreio das crianças. [...]

Desde a primeira turma de crianças e por um longo período, o caráter de instituição modelo pública irá atrair as "melhores famílias" paulistas. A cúpula do PRP foi um dos setores presentes na primeira turma. Bernardino de Campos — que foi presidente do Estado por duas vezes (1892-1896 e 1902-1904), membro da comissão Executiva do partido, por várias vezes, entre 1892 e 1914 — matriculou dois filhos. Havia também dois filhos de Julio de Mesquita, advogado que foi deputado estadual, proprietário do jornal *O Estado de S. Paulo* e membro da Comissão Executiva do PRP, em 1892-94 e 1896 (Julio de Mesquita Filho, após cursar o Jardim de Infância e o primário no Caetano de Campos, continuou seus estudos em Portugal e na Suíça). Francisco de Assis Peixoto Gomide, que veio a ser membro da Comissão Executiva do PRP em 1903, matriculou um filho. Vários representantes da elite paulistana também estavam presentes, como por exemplo Ignácio Pereira da Rocha, Barão de Bocaina, Emílio Ribas, José Cardoso de Almeida.

Durante muito tempo, o Jardim contou com esse tipo de clientela, tendo entre seus alunos: Guiomar Novaes (1897-1900), Theodoro Sampaio Filho, Maria R. Matarazzo, Francisco Matarazzo, Cincinato C. Braga, Mário de Andrade, Cecília Meireles, Maria da Glória Capote Valente, Euzebio Queiroz Mattoso filho (1901-1910); André Franco Montoro, Ruth Monteiro Lobato, Palmyra Carvalho Pinto, Fausto Eiras Garcia, Marina Mesquita, Ricardo Capote Valente (1921-1930), Nelson Amaral

Gurgel, Paulo Eiró Gonçalves, Julio Cerqueira Cesar Netto, Luciano Gomes Cardim, Paulo Sergio Milliet da Costa e Silva, Renato consorte, Lucia Ulhoa Cintra, Maria de Lourdes Abreu Sodré, Maria Helena Gomes Cardim (1931-1940).

Como escola-modelo, a Caetano de Campos acabava por reservar o privilégio de seu espaço e materiais à elite. Mesmo sem um estudo da demanda de vagas e da distribuição socioeconômica dos alunos, é de supor que aquela elite deve ter sido favorecida nas matrículas. Por outro lado, observa-se a escola pública sendo capaz de atrair esses setores sociais, o que dificilmente aconteceria nos dias atuais (Kuhlmann Jr., 1994, p. 62-5).

Não mais que cinco minutos a pé, caminhando pela rua Vieira de Carvalho, leva-se para chegar ao Largo do Arouche. Tizuko Morchida Kishimoto (1988) nos aguarda para visitarmos a Associação Feminina Beneficente Instructiva e sua fundadora, a educadora espírita Anália Emília Franco, de certa forma, uma militante da luta por creches, em 1901.

A espírita Anália Emília Franco foi a primeira educadora a utilizar termos como creches e escolas maternais para denominar suas instituições destinadas à infância. Apesar da grande semelhança de seus estabelecimentos com os asilos infantis ou orfanatos, alguns fatores de ordem pedagógica já permitem uma certa diferenciação dessas organizações.

O que teria levado essa professora primária, espírita, formada pela Escola Normal, a iniciar um trabalho assistencial?

Segundo o jornal espírita *Unificação* (n. 178, 1969, p. 1), Anália era muito sensível às condições socioculturais do fim do Império, especialmente a eventos como a decretação da Lei do Ventre Livre, que transformou os nascituros em escravos de predestinados à roda da Misericórdia. Foram essas as principais razões que justificaram os empreendimentos em benefício da infância. Ao perceber que os pequenos negrinhos expulsos das fazendas já mendigavam perambulando pelas ruas, imediatamente troca seu cargo na Capital paulista por outro, no Interior, a fim de socorrer as criancinhas necessitadas. Num bairro de uma cidade do

Norte de São Paulo, instala, em imóvel alugado, a primeira "Casa Maternal", amparando todas as criancinhas trazidas à sua porta ou encontradas nas moitas e estradas. A casa seria cedida gratuitamente, se Anália respeitasse a condição exigida pela proprietária de não misturar crianças brancas com negras. A condição é repelida, a Anália paga um aluguel. Ao ver sua fazenda transformada em albergue de negrinhos, a proprietária do imóvel usa de seu prestígio e consegue a remoção da professora. Anália dirige-se, então, para a cidade onde aluga uma velha casa, pagando de seu próprio bolso e anuncia em folha local a existência do abrigo. Por ser insuficiente o restante de seu salário para as despesas da alimentação, ia com as crianças pedir esmolas.

O comportamento insólito para a época, de uma professora espírita proteger negros, filhos de escravos, pedir esmolas pelas ruas em pleno regime monarquista, católico e escravocrata, gera um clima de antipatia e rejeição entre os moradores da região ante a figura daquela mulher considerada perigosa, e seu afastamento da cidade já é cogitado, quando do surge um grupo de abolicionistas e republicanos a seu favor.

Passados alguns anos, Anália deixa algumas escolas maternais no Interior para radicar-se em São Paulo e associar-se ao Partido Republicano. Após a abolição da escravatura e o advento da República, a educadora já tinha dois grandes colégios gratuitos para meninos e meninas e, em 17 de novembro de 1901, juntamente com um grupo de 20 pessoas, funda a Associação Feminina Beneficente e Instructiva, com sede no Largo do Arouche, em São Paulo, entidade responsável pela organização de uma multiplicidade de escolas maternais e creches.

[...]

Mantida à custa de donativos, a Associação tem entre seus benfeitores grupos maçônicos, como a Loja maçônica "Comercio e Sciêcias", a Ben. Loja "Sete de Setembro" e o Grande Oriente de São Paulo, assim como o manifesto apoio de republicanos como o senador Egydio, o presidente Bernardino de Campos e outros, considerados pelos católicos como "livres-pensadores", favoráveis ao ensino leigo.

[...]

A ausência de proteção à mãe pobre e à criança é a mola propulsora que leva Anália à criação de creches, asilos e escolas maternais. A subsistência financeira da instituição é garantida pelas taxas de sócios, donativos de simpatizantes, pequenas subvenções estaduais e municipais, renda proveniente da venda de livros de Anália, de produtos de oficinas de costura, flores e chapéu, ingressos de teatros infantis e outros. [...]

As obras assistenciais de Anália atendem dois níveis: a educação infantil e a profissionalização das mães e órfãos de maior idade. Dentro da primeira categoria, encontram-se as creches e escolas maternais destinadas às crianças entre 2 e 8 anos, e o segundo nível é representado pelo asilo, que recebe mulheres pobres, com ou sem filhos, proporcionando-lhes formação profissional.

Em 1905 (Relatório, p. 8), consta a matrícula de 28 senhoras e 109 órfãos de ambos os sexos, na seção de asilo e creche. Esta alta percentagem de órfãos nas instituições de Anália demostra a especificidade das primeiras creches e escolas maternais como estabelecimentos de proteção à orfandade, e não propriamente como instituições de amparo a filhos de operários. Em outros termos, as primeiras creches e escolas maternais instaladas em São Paulo aproximam-se aos asilos infantis ou orfanatos, divergindo de suas congêneres europeias destinadas a amparar a prole dos trabalhadores. Certamente, o baixo nível de industrialização que caracteriza os primórdios da República, aliado à concepção patriarcal da instituição familiar que impede o trabalho da mulher fora do lar, não mobiliza a mão de obra feminina, e consequentemente, não cria demandas para justificar o aparecimento de instituições para amparar rebentos do operariado. Esse fato justifica o funcionamento das creches de Anália como internato de crianças órfãs com a oferta de casa, comida e alguma assistência educativa. Para os poucos filhos de operários, como as jornaleiras, a educadora dispõe de albergue diurno que funciona todos os dias, inclusive aos domingos feriados (Kishimoto, 1988, p. 52-5).[2]

Observe, caro visitante, o quanto São Paulo pode ser conservadora. Os "negrinhos" continuam confinados em certo tipo de creche. Eliana de Oliveira (1996) informa que eram negras 52% das crianças frequentando as creches municipais (diretas) de São Paulo em 1995.

---

2. Não consta do texto original a referência bibliográfica completa desta obra, assim como de outras mencionadas ao longo do texto. (N. do E.)

Nos dias atuais, estas creches seriam chamadas de particulares conveniadas. Em janeiro de 2000, a Prefeitura Municipal convenia 456 creches, que atendem a 53.358 crianças pagando um *per capita* mensal que varia de R$ 105,00 a R$ 145,00.

O trajeto agora é um pouco mais longo. Recomendo tomar o metrô e saltar na estação do Brás. Ali, solicitar os serviços da guia Eva Blay (1985), que virá mostrar-lhe a Vila Maria Zélia, construída para seus operários pelo empresário Jorge Street na década de 1910, então proprietário da Cia. Nacional de Tecidos de Juta e da Fábrica Santana. Ali foram criadas as primeiras creches e escolas maternais "destinadas ao filho da trabalhadora".

> Não se pode falar em vilas operárias, em São Paulo, sem uma obrigatória referência à Vila Maria Zélia. Ela constitui, para os interessados no tema, documento fundamental de uma época e de uma forma de ocupação do espaço urbano. Apesar disso ela é a representante única de modelo que não se reproduziu.
>
> A Vila Maria Zélia tem um grande interesse urbanístico, à medida que concretiza uma das possíveis formas da habitação operária produzida pelo capital. Ela se situa num bairro operário, o Belenzinho, num entroncamento entre o Brás, o Belém e a Penha. Ou, se quisermos usar as denominações habituais, fica perto da Mooca, da Vila Maria baixa e do Tatuapé.
>
> Como chegar a Vila Maria Zélia? Há dois caminhos para isso. O primeiro deles, que nos vem à mente com muita força, resulta da visão que temos da circulação pelo espaço de São Paulo, anterior à década de 70, isto é, anterior às transformações criadas pelas marginais e elevados. Até então se chegava a Vila Maria Zélia partindo do Centro, ou seja, da Praça da Sé, tomando-se um bonde ou um ônibus que descesse a Avenida Rangel Pestana, depois a Celso Garcia. À altura do n. 1365 desta avenida, à esquerda, está a Rua Catumbi. Por esse caminho altamente congestionado como sempre, seguem ônibus, carros e até o fim da década de 50, os bondes que se dirigiam para o Brás, o Belém, o Belenzinho, a Penha, a Vila Maria e todas as adjacências. Trata-se de uma avenida ocupada pelo comércio varejista e por fábricas. As transversais são ruas famosas na história e na literatura de São Paulo: Cae-

tano Pinto, Piratininga, Gomes Cardim, Cavalheiro, Brigadeiro Machado, Maria Marcolina, Bresser, o Largo da Concórdia, a Catumbi e inúmeras outras. No caminho encontrávamos, até os anos 60, a "malfadada" porteira do Brás, junto à Estação do Norte, hoje substituída por um viaduto. Naquela porteira, por mais de 40 anos, os moradores trabalhadores destes bairros perdiam longas horas no trânsito, esperando que os trens passassem. Ao longo da avenida há várias escolas públicas, como o Grupo Escolar Romão Puigari, a padré José de Anchieta. Mais adiante, já na Celso Garcia, está ainda hoje o "Juizado de Menores", como é conhecida a Febem.

A intensa atividade econômica desta região, mais o ritmo de vida dos moradores-trabalhadores, de origem italiana, no passado e nordestina, depois dos anos 60, torna esta zona da cidade barulhenta, cinzenta e cheia da fumaça das chaminés, ativas desde o começo do século.

Saindo da Avenida Celso Garcia e entrando na rua Catumbi o movimento parece ser ainda mais intenso, pois esta é uma rua estreita e muito procurado pelo trânsito pesado dos caminhões. Logo à direita, está uma pequena rua, a dos Prazeres, de menor movimento, mas repleta de fábricas, percebidas pelos longos muros de tijolo vermelho ou de cimento cinza, intercaladas de pequenas vilas. E, após um grande edifício fabril ocupado pela Good-Year, encontramos um vasto portão de ferro, com uma guarita e um porteiro que não interrompe os transeuntes, e entramos num calmo, espantosamente calmo, jardim. Nele há um pequeno lago, bancos de cimento, árvores, passarinhos e pessoas sentadas conversando. Estamos na Vila Maria Zélia.

Depois da implantação das marginais, podemos chegar à Vila Maria Zélia por um outro caminho. Este esconde a cidade. Percorrendo-se a marginal esquerda do rio Tietê em direção à Zona Leste, ao chegar à Ponte Vila Maria, entra-se à direita e rapidamente se chega a uma rua paralela à Rua Catumbi. E estamos, também, por esse rápido e movimentadíssimo caminho, na mesma calma Vila Maria Zélia.

Atualmente a Maria Zélia, como é chamada, tem além do já descrito jardim, 5 ruas perpendiculares à Rua dos Prazeres e 4 ruas transversais; 178 residências estão distribuídas por essas 9 ruas. Há ainda o Grupo Escolar Maria Zélia (em reforma na época da pesquisa), e o Colégio Manuel da Nobrega, em cujo frontispício se lê "Escola de Meninos" e que fica em frente ao Grupo Escolar, antiga "Escola de Meninas". Há uma igreja católica, um armazém, um depósito de material, um bar, uma pequena oficina de calçados desativada e um escritório de administração da vila. Na época de sua fundação (1916-17), ela possuía também um posto médico, dentário, uma creche, um teatro e um clube recreativo. (Blay, 1985, p. 219-21)

Eva Blay (1985, p. 229) nos guiará até a Rua Quatro, para visitarmos Dona Deolinda, que mora na Vila Maria Zélia desde 1918. Seus pais, imigrantes portugueses, foram trabalhadores na Fábrica Maria Zélia.

Tenho duas irmãs. Sou a mais velha. Eu fui criada no grupo. Minha irmã no jardim da infância e a outra na creche, porque a minha irmã mais nova nasceu aqui. A mãe acabava a dieta e a criança já podia estar na creche. Ficava o dia inteiro. A mãe só vinha para amamentar. Minha mãe vinha três ou quatro vezes dar de mamar, as outras também vinham.

Trabalhava oito horas. E se quisesse fazer hora extra fazia, mas ganhar ganhava a mesma coisa; era mensal. Não era por produção. Jardim da infância era de quarenta dias até quatro, cinco, seis anos. Depois ia pra escola. No jardim era como o pré, faziam desenho, brincava. Almoçava, tomava banho. Tinha médico, o Dr. Proença, o Dr. Chaves, Dr. Jorge Street e Dra. Maria Zélia também era doutora. Quem tratava das crianças eram as irmãs. O Dr. Jorge dava a alimentação. Aqui tinha freiras e professoras. Tinha muitos médicos para os funcionários da fábrica. Pelos médicos o operário não pagava nada. Dos médicos um morava aqui nesta casa grande, o Dr. Proença. O Dr. Chaves era mais idoso, morou fora. Aqui também morou o Scarpa. O filho dele é o dono da fábrica Caracu. Ele morou também naquela casa.

O Jorge Street morava na Avenida Paulista. Eram os donos da fábrica, moravam pra lá. Vinham só de visita. O Scarpa quando morou aqui era Diretor. A Maria Zélia ficou aqui até 1922. Ele foi a falência. Daí ficou com o Scarpa. Até quando eu não sei.

Dona Deolinda organizou um belo álbum de fotografias e se dispõe a mostrá-lo.

Aqui a Vila ia até a Avenida Celso Garcia. A Good-Year comprou um pedaço. Desmanchou a Rua Um, toda a creche e o jardim de infância. Tinha e tem a igreja. Veja aqui as fotos do álbum: estas crianças são Filhas de Maria, são da Cruzada; aqui era o armazém, se comprava e descontava no pagamento. Não tinha dono, o armazém era da firma. As vezes depois do desconto, sobrava um pouco. Médico e remédio não pagava. Nem escola, nem creche, nem dentista. Aqui era a sede do clube. Faziam festa, baile, vinham dançar. Tinha um bar (tem até hoje). Uma família não podia dar festa, não alugava, era só para dar festa para mocidade que trabalhava na fábrica. Se casava não tinha festa, não. Baile tinha nos sábados, domingos, num dia de festa assim.

A igreja funcionava e funciona. O padre era o Uchôa, Conde Barros Uchôa. Não sei por que a fábrica tinha tudo isto aqui. Não sei se dava lucro. Só sei que quem é bom dura pouco. (Dona Deolinda, apud Blay, 1985, p. 231)

O que é bom dura pouco mesmo! São raríssimas e desconhecidas as creches ou os berçários de empresas paulistanas, contemporâneas, apesar de a Constituição de 1988 ter reconhecido este direito aos filhos pequenos (até os 6 anos) de pais e mães trabalhadores. Conheci de perto o berçário da tradicional fábrica "Linhas Corrente", que ficava no Ipiranga. Nos tempos que correm, parece perjúrio mencionar direitos dos trabalhadores e das trabalhadoras! Pouco se cumpriu, na cidade, o direito à amamentação regulamentado pela Consolidação das Leis do Trabalho (CLT) de 1943. As empresas, para efeitos de cumprimento legal, alugavam "vagas" (ou berços) em creches conveniadas, muitas distantes do local de trabalho das mulheres. Vagas fantasmas, como se dizia nos anos 1980.

Já que feito Macunaíma saltamos do Belenzinho para o Ipiranga, sugiro acompanhar Mário de Andrade na criação de Parques Infantis, desta feita tendo como guia Ana Lúcia Goulart de Faria (1999). No Ipiranga foi criado um dos primeiros Parques Infantis (PI) paulistanos, na década de 1930.

[...] na ocasião em que Mario de Andrade (MA) era diretor do Departamento de Cultura (DC) do município, durante a gestão do Prefeito

Fábio Prado, foram criados os primeiros parques infantis (PI) para crianças de 3 a 12 anos. Somente em 1975, os PIs, que já tinham passado a receber apenas as crianças de 3 a 7 anos, transformaram-se nas atuais Escolas Municipais de Educação Infantil (Emeis).

[...] uma obra sem similar na América do Sul [...]. Não são os parques de ginástica de Buenos Aires, muito menos de rincones de Montevidéu [...]. Entre esse serviço e o escolar, nenhum traço de conexão. São duas coisas inteiramente independentes. O parque está, assim, aberto para qualquer criança que lhe queira transpor as portas acolhedoras [...]. Num amplo salão, realizam-se, de vez em quando, ligeiras sessões artísticas em que se toca, dança, se representa... A um canto, vejo uma Nau Catarineta em miniatura; já serviu a um bailado infantil... Perto, um sapateador expõe a dois ou três guris os segredos de sua arte... [...]. Há guris de 4 anos, meninos de 8 anos, meninas de 10 anos, com maillots próprios da idade... Um algazarra infernal. (Dr. Waldemar de Oliveira, ex-chefe da Higiene Escolar de Recife, escritor e jornalista do *Jornal do Commércio* daquela cidade, RAM, 1937a: 272-3, apud Faria, 1999, p. 126)

Ana Lúcia, analisando a documentação, mostra a grande diversidade de atividades, o espaço cultural que eram os PIs.

As legendas das 288 fotos dos PIs, feitas por Benedito Junqueira Duarte entre os anos 1935 e 1938, podem ser um outro bom exemplo das atividades físicas, artísticas e culturais lá desenvolvidas, demonstrando como esses PIs eram diferentes dos demais (o que legitima os elogios recebidos e citados anteriormente): teatrinho; desenho; marcenaria; jardinagem; modelagem; trabalhos manuais (bordados, tapeçaria); exposição do trabalho das crianças, valsa; dança indígena; recorte de gravuras; bailado da Nau Catarineta; leitura, biblioteca; prateleira de livros, reunião da diretoria do clube; eleição — votação e leilão — votantes; aparelhos; carrossel; joguinho — apanhar o lenço; joguinho — corrida com batatas; joguinho — o pulo do canguru; voley-ball; balanço; passo de gigante; escorregadouro; jogo de construção; gangorra; pingue-pongue; tanque de areia; jogos tranquilos; jogo de dama e jogo de dominós; fila indiana; preparativos para a ginástica; ginástica com bastões; corrida; ginástica em roda; rumo ao sol e banho de sol. (Setor de Iconografia do Departamento do Patrimônio Histórico da Secretaria de Cultura da PMSP, apud Abdanur, 1992)[3]

Tamanha profusão de materiais e atividades só encontrei em creches, pré-escolas e jardins da infância norte-americanos.

Em 1985, na comemoração do cinquentenário da rede de educação infantil municipal da cidade de São Paulo, foram entrevistados vários ex-alunos e ex-professores dos primeiros PIs. Essas entrevistas foram publicadas em um número especial da revista *Escola Municipal* (da Secretaria Municipal de Educação da PMSP), que integrava as comemorações do evento. Chamo a atenção para a diversidade de atividades desenvolvidas no PI (pelas crianças e pelos adultos), relatadas pelos ex-parqueanos, que agora serão apenas enumeradas: atividades de campo ("tanto que quase não existiam salas"); "o repouso era o que eles mais gostavam"; banho; trabalhos manuais, dobraduras; tecelagem; quebra-cabeças; damas; "eu dividia em grupos, as pequenininhas com uma menina de 11 ou 12 anos que contava histórias, outro grupo jogava bola, enquanto eu dava aula de educação física para os grandes"; lanche, duas vezes ao dia; reuniões semestrais (orientação quanto à programação musical); comemorações cívicas; "dava-se muita música folclórica, cantigas de roda e se fazia muita questão das bandinhas rítmicas"; "anotações nos relatórios que eram passados para o maestro que os citava nominalmente em reuniões"; festas com a comunidade uma vez por mês, "cada mês a festa era em um parque e os outros iam participar"; palestras para as mães; relatórios diários de atividades, "no fim do mês era registrado e feito o balanço — sem o relatório não se recebia"; planos mensais, aulas de música; crochê; bordado; ginástica; barra; salto em altura; "A Dona Cida nos examinava, pesava, media o tórax e anotava tudo em fichas"; cricket; tanque de areia; balanço; piscina; tricô; gangorra; peças de teatro, "depois a gente ia mostrar as peças nos outros parquinhos"; desenhos; biblioteca. (Escola Municipal, 1985: 19:29, apud Faria, 1999, p. 142-3)

---

3. Ver também documentação fotográfica do Departamento de Cultura (1937).

Nos anos 1990, durante um mês fotografei creches e pré-escolas da cidade. Uma grande tristeza: constatei, mais uma vez, a pobreza material dos espaços, a falta de brinquedos e livros até mesmo da onipresente bola de futebol dos meninos brasileiros. Em uma das creches, o único material disponível eram folhas de jornal, que entretinham as crianças pequenas, que permaneciam um bom momento... rasgando e picando papel.

Talvez a cidade tenha feito uma longa sesta entre os anos 1940 e 1950. Talvez nos faltem guias. Talvez, deitada na rede — ou no berço esplêndido — tenha estirado os braços dizendo... ai, que preguiça... de criança pequena. Florestan Fernandes realizava seus primeiros estudos sociológicos sobre *Folclore e mudança social na cidade de São Paulo*, parte deles sobre o folclore infantil. Em 1979, nosso guia, José de Souza Martins, publicou uma resenha que transcrevi no número especial dos *Cadernos de Pesquisa* sobre a infância que organizei como celebração do Ano Internacional da Criança.

> Quando ainda jovem estudante de ciências sociais na USP, Florestan começou a fazer sistematicamente pesquisas sobre aspectos da infância na cidade de São Paulo. E saiu à procura de crianças e grupos infantis, além de outros informantes, em bairros que eram, então, a periferia da cidade: Bela Vista, Belém, Lapa, Liberdade, Pari, Bom Retiro, Pinheiros, Santa Cecília, Cambuci, Penha, Brás. Florestan fazia assim um retorno ao mundo dos pobres, que ele conhecera tão intimamente e que marca tão fundo algumas das páginas mais belas e significativas que tem escrito. São as crianças pobres das ruas dos bairros de trabalhadores, cuja linguagem fora o seu idioma de berço, nas ruas sujas do Brás ou do Bexiga, que Florestan Fernandes procura. Pôde, assim, elaborar vários estudos sobre o que ele chama de "saber das camadas populares", cinco dos quais, dedicados fundamentalmente ao mundo infantil, compõem este livro: "O folclore de uma cidade em mudança", "As 'trocinhas' do Bom Retiro", "Contribuição para o estudo sociológico das cantigas de ninar", "Contribuição para o estudo sociológico das adivinhas paulistanas" e "Aspectos mágicos do folclore paulistano". Há ainda um apêndice com variações sobre esses mesmos temas.

O autor trabalha com uma orientação teórica funcionalista, cuja premissa básica é a de que os diferentes componentes da sociedade tendem a operar para produzir a integração social. Portanto, o conteúdo essencial das diferentes manifestações da vida social estaria determinado pela tendência conservadora de preservar valores necessários à reprodução da sociedade. Um estudo sociológico sobre o folclore infantil, elaborado nessa perspectiva, teria que sublinhar necessariamente o folclore e como instrumento de controle social. Por meio dele, a criança se socializa. No folguedo, na trocinha, no grupo infantil, o folclore produz uma sociedade (adulta) em miniatura. Nessa situação, o adulto já está potencialmente contido na criança. (Martins, 1979, p. 102)

Minhas lembranças mais fortes do professor Florestan têm como enquadro a Rua Maria Antônia, no início dos anos 1960. Esta será a próxima etapa do roteiro, que coincide com o início dos anos 1960. Na rua Maria Antônia ainda circulava bonde. A Faculdade de Filosofia — a Maria Antônia — era o centro intelectual de São Paulo. Na Cidade Universitária, apenas alguns poucos prédios cortavam o matagal. Tempo difícil para algumas mulheres. Entre elas, a física Amélia Hamburguer.

Eu fiquei grávida da minha primeira filha em 59; a minha primeira filha é de 60, e logo depois eu fiquei grávida da Sônia, em 61. Eu trabalhava na Cidade Universitária já, porque o Instituto de Física logo se mudou. Então, tinha muito pouca gente trabalhando na Cidade Universitária. E tinha um arquiteto que participou do plano de construção [...]. Então, fui falar com ele das possibilidades da creche sair logo, a tempo de eu poder usar. E ele falou que estava no campus da Cidade Universitária e que o projeto era tal que a criança podia entrar aos 0 anos de idade e sair formado na universidade. Daí eu falei que assim só para os meus netos, e perguntei se não era possível fazer uma coisa provisória. E ele ficou muito zangado comigo, porque ele disse que, na Cidade Universitária, não haveria nem um prédio provisório: ele disse que aqui, no Brasil, se fizesse uma coisa provisória, ficaria para sempre em condições precárias. E eu falei: escuta e se o Instituto de Física tivesse a iniciativa e fizesse a construção de uma creche, o senhor nos daria apoio? Ele respondeu: se o Instituto de Física fizesse isso, eu mandaria fechar e demolir. Mas ele me explicou que faria isso porque ele achava que uma creche, e principalmente uma creche na USP, teria que ter as melhores condições possíveis. Que não poderia ser uma coisa precária. Esse argumento a gente ouvia muitas vezes das autoridades da Cidade Universitária, inclusive nessa retomada nos anos 70. (Entrevista com Amélia Hamburguer, apud Rosemberg et al., 1988)

A retomada dos anos 1970 já aconteceu com uma Cidade Universitária povoada e novas atrizes sociais: as feministas ou protofeministas que começavam a se organizar em grupos na cidade. Uma delas Rachel Moreno.[4]

Olha, em 75 [...] comecei o 1º livro [...] teoricamente a questão do feminismo me interessava [...] a gente começou a discutir com algumas outras pessoas, umas três ou quatro e, de repente, um dia desses, eu estava na faculdade, estava no último ano (Psicologia da USP) achei um bilhetinho dizendo: "pessoas interessadas em discutir uma solução para o problema da creche, compareçam dia tal, tal horário". (Moreno, p. 1)

Rachel vai à reunião por dois motivos: o surgimento de um espaço que torne concreto o que vinha gestando/discutindo sobre o feminismo e porque, pensou, a creche poderia abrir espaço para a atuação profissional em psicologia.

Ocorre, então, uma interação entre o feminismo nascente e a luta por creches da USP: estudantes e funcionárias participam do grupo de autoconsciência da Rachel e Rachel participa das mobilizações da USP de luta por creche.

Por que se reivindica creche na USP? Por necessidade, parece a resposta óbvia. Mas também, provavelmente, para mobilização política. Três observações nos conduzem a esta suposição: 1) o movimento estudantil da USP, neste período, está em vias de reorganização; 2) a luta por creches, na USP, neste período conta com a participação de estudantes

---

4. Nos casos em que não há referências bibliográficas completas das obras citadas, estas não foram especificadas pela autora no texto original. (N. do E.)

sem filhos (M., p. 4); 3) estudantes e funcionários (quase que exclusivamente mães) vêm para a primeira reunião do grupo com a seguinte proposta: "Vamos alugar uma casa para a gente cuidar dos filhos enquanto a gente assiste aula, dá aula ou trabalha [...]. Aí a gente discutiu um pouco e, por que não, afinal em vez de um esforço individual, a gente reivindicar da Reitoria uma creche" (Rachel Moreno, p. 31). A reivindicação por creche na USP gera (agosto de 1975) a primeira manifestação pública no campus, após a intensificação da repressão.

E ganha as primeiras páginas do jornal. "Queremos creche. A reivindicação estava nos cartazes, faixas e chapéus de papel jornal que trinta bebês exibiam diante da Reitoria da Universidade de São Paulo, ontem, ao meio dia" (Folha da Tarde, 29.08.75). Esta publicidade possibilitou um contato do movimento da USP com clubes de mães da zona sul, que disse que o fato da creche ter sido levantada para as primeiras páginas do jornal, de certa forma, fortaleceu [...] a organização a nível da reivindicação que estavam fazendo" (Rachel Moreno, p. 4).

Além deste contato, desde o início, entre o centro e a periferia na luta por creches, é o movimento da USP que vai trazer o modelo de creche assumido pelas feministas e pelo movimento de bairro: creche pública com participação dos pais na sua orientação. (Rosemberg et al., 1988, p. 146-8)

A creche da USP vingou. Existe até hoje. É considerada uma das creches-modelo da cidade, se não do estado e do país. Tem inspirado novas creches. Já que você está na Cidade Universitária, não deixe de visitar o Centro de Convivência Infantil do Instituto Butantã. No meio das árvores, plantaram uma mesa grande, como nos quintais de antigamente, onde as crianças fazem suas refeições.

Da Cidade Universitária, recomendo que se tome um ônibus qualquer que irá para Pinheiros. Descer no Largo de Pinheiros se você veio pela Rua Butantã, ou no Largo da Batata se o itinerário foi pela Nova Faria Lima. Estamos a cinco minutos a pé da Vila Madalena, berço das pré-escolas e creches alternativas dos anos 1970. Convidei Daniel Revah (1995), um dos raros guias especializados no sistema educacional privado para crianças pequenas de classe média.

As pré-escolas "alternativas", apesar das diferenças de propostas pedagógicas, tinham em comum a filiação a esse universo "alternativo" que as camadas médias delimitavam, sobretudo as intelectualizadas. Não por acaso a maior parte dessas pré-escolas surge na zona oeste da cidade, na região próxima aos *campi* de grandes universidades (PUC e USP) — as mais visadas pela repressão política. Além disso, essas pré-escolas tinham como epicentro a Vila Madalena, um bairro que até pouco tempo era visto como lugar de moradia de intelectuais, artistas e ex-hippies remanescentes da contracultura dos anos 70, e que ainda retém um pouco de seu passado "alternativo" na sua feira anual de artesanato, nos grafites que ilustram os seus muros, nas terapias "alternativas" que nele ainda permanecem e nos bares que prolongam o ambiente festivo das "repúblicas" estudantis do final dos anos 70 — onde foram morar muitos estudantes expulsos do Conjunto Residencial da USP (CRUSP) em 68. Professores e estudantes universitários ou profissionais que haviam passado pela universidade, em geral de esquerda (essa entendida num sentido amplo), direta ou indiretamente envolvidos nas lutas pela cidadania e contra a ditadura militar, críticos em relação a valores, instituições e comportamentos considerados tradicionais, assim como de outros que eram vinculados ao mundo moderno, eis aí o perfil da maioria dos pais de alunos e das educadoras dessas pré-escolas. Jovens que, em fins dos anos 70, tinham em torno de trinta anos ou menos.

Apesar de se tratar de escolas, durante vários anos, as questões educacionais foram sobrepujadas por uma questão bem mais abrangente, ligada às principais preocupações desse segmento das camadas médias. Nessas pré-escolas, mais do que uma "educação alternativa", procurava-se gerar uma nova forma de vida, uma "vida alternativa", isso é, um modo de ser e viver que, pretendia-se, fosse inteiramente diferente do que então predominava. Além das crianças, portanto, os próprios adultos viam-se imersos num processo em que eles estavam se reeducando, avaliando e mudando os seus próprios comportamentos e valores, mudanças que, aos poucos, foram se compondo um estilo de vida.

Essa procura, essa exigência de mudar a partir do cotidiano todos os âmbitos da vida, não tinha um horizonte definido, embora alguns temas e questões reverberassem com maior intensidade, sobretudo os que diziam respeito à esquerda e à contracultura. Essa duas referências, aliás, remetem para as duas principais dimensões dessas experiências pedagógicas: a política e a cultural. A extensão e o significado adquirido por essas difusas dimensões, assim como a radicalidade com que se tentou articulá-las, definiram em grande parte o perfil dessas pré-escolas, ao menos até meados dos anos 80. Nas fronteiras que definem esse perfil, encontramos, de um lado, as experiências que parecem comportar somente a dimensão cultural, tornando quase inexistente o sentido político das práticas contraculturais; de outro, as que mostram uma estreita articulação dessas duas dimensões, dando ao âmbito político um sentido que as projeta para uma ação sobre outros setores sociais.

Nesse artigo, analiso a trajetória das pré-escolas "alternativas" desde o momento em que surgiram até meados da década de 80. Nesse período, as questões educacionais e a própria escola transformaram-se em objeto de intenso "investimento existencial", tanto para educadoras quanto para muitos pais de alunos. "Viver educação" é a expressão que, parece-me mais bem caracterizar esse período, no qual quase "respirava-se" educação, tamanho era o investimento. E não era para menos, dada a infindável tarefa de mudar radicalmente a vida, num ritmo que não admitia qualquer demora. Além disso, havia mais perguntas que respostas e os adultos sentiam-se começando "do zero", sem referências precisas sobre como lidar com seus filhos ou seus alunos. Certamente, tudo isso alimentou a proximidade que existia entre educadoras e pais de alunos, todos eles quase que impelidos a procurar saídas coletivas, numa época em que não havia, e sequer se procuravam "especialistas". Perder-se, não saber como agir, ultrapassar determinados limites, esses eram alguns dos componentes de um processo que levou ao encontro de outros "códigos" sobre o agir e o pensar — uma outra racionalidade, diversa daquela que predominava no período. Perder-se para se encontrar, eis um dos sentidos dessas experiências. (Revah, 1995, p. 51)

Se a visita ocorrer no segundo semestre, recomendo ficar até a feira anual da Vila Madalena. Possivelmente você encontrará um(a) jovem de *piercing*. Possivelmente ex-aluno(a) de alguma das creches/pré-escolas alternativas dos anos 1970/1980: Criarte, Novo Horizonte, Escola da Vila, Esboço, Curió, Alecrim, Fralda Molhada, Caravelas, Ibeji, Pirâmide, Miguilim, Suruê, Viramudo. Possivelmente, cursando, hoje, uma faculdade de elite.

Os anos 1970 foram animados na luta por creche. Grande parte da animação foi provocada pelos movimentos sociais: os dos bairros e os de mulheres feministas. Organizou-se, na cidade, o Movimento de Luta por Creches. Nossa guia é Cristina Mucci (1981) que, juntamente com Maria Malta Campos e Maria Helena S. Patto, compôs a mesa-redonda sobre creche e pré-escola na histórica I Conferência Nacional de Educação, realizada na PUC-SP em 1980. Tempos de abertura.

O movimento de Luta por Creches surgiu em 1979 durante o primeiro Congresso da Mulher Paulista, reunindo aproximadamente 800 mulheres. A bandeira da creche foi uma das principais reivindicações. À primeira reunião compareceram cerca de 46 entidades entre associações de bairro, clubes de mães, sindicatos e grupos feministas. Já havia em São Paulo, há sete anos, uma luta isolada de vários bairros, e foi a partir da unificação desse movimento que ela tomou força e realmente conseguiu vitórias.

Observamos no Movimento de Luta por Creches que a principal preocupação das mulheres é ter onde deixar seus filhos com segurança, porque a maioria delas trabalha fora, e mesmo as que não trabalham estão sempre sobrecarregadas de tarefas domésticas. A mulher da periferia que está lutando por creches ainda não tem uma visão muito clara das necessidades da criança e do relacionamento mãe-filho.

O fato de a mulher trabalhar e estar entrando maciçamente no mercado de trabalho ocasionou o crescimento das reivindicações por creches, assim como o movimento de mulheres, que lhes deu certa noção de seus direitos em relação à maternidade, de seu papel como mãe e dona de casa.

A trabalhadora normalmente não sabe que tem direito a creche. Em São Paulo a maioria das empresas não a tem e os sindicatos ainda não se interessam por essa luta. Quem realmente estava reivindicando eram os bairros, clubes de mães e as comunidades de base da igreja. Tudo começou com um abaixo-assinado. Em 1979 fizemos manifestações públicas e notamos que as realidades eram muito diferentes. Dividiu-se, então, o movimento por regiões Leste, Sul, Oeste e Centro.

Essas regionais começaram a trabalhar mais ou menos independentes, indo à prefeitura e à Coordenadoria do Bem-Estar Social, órgão da prefeitura diretamente responsável pela implantação de creches.

A prefeitura dizia sempre que não havia verbas; entretanto, à medida que o movimento foi crescendo e exercendo pressão efetiva no poder público, as verbas surgiram. Estão prometidas e já sendo implantadas 30 creches na Zona Sul, que é a região com maior poder de pressão e organização. A prefeitura deixa claro, inclusive em documentos, que está planejando mais creches para esta zona porque lá o movimento é maior. Nas Zonas Norte e Oeste também foram conseguidas algumas e na Leste, a região com mais creches indiretas, o movimento está lutando por creches diretas.

Esta é justamente a principal reivindicação do Movimento de Luta por Creches: creches diretas totalmente financiadas pelo Estado e que tenham a participação dos pais na sua orientação. Isso significa a única possibilidade da comunidade poder interferir. A perspectiva da prefeitura é a de educação compensatória e parte do princípio de que realmente a mãe nada entende e é incapaz de participar.

É preciso também considerar que a realidade desses bairros e da mulher de cada uma dessas regionais é muito diferente, tornando-se difícil pensar numa única solução para todos. Alguns, por exemplo, implantam suas creches em forma de mutirão e as administram por conta própria, mas a questão financeira é muito precária. Certa autonomia das pessoas para gerirem sua própria creche é absolutamente inviável, diante da falta de recursos econômicos. Por outro lado, suprir essa necessidade constitui uma responsabilidade do Estado. Assim sendo, a mulher encontra-se diante de uma faca de dois gumes: as creches implantadas pela prefeitura têm perspectivas que vão contra os interesses da classe a que ela serve, e por outro lado a prefeitura é absolutamente necessária para satisfazer às necessidades desta comunidade. A única solução possível é que as comunidades realmente se municiem de instrumentos para interferir nestas creches e que possam elas mesmas ali trabalharem e serem remuneradas por isso. Um fato importante a ser considerado é que nesses locais existem inúmeras pessoas da comunidade trabalhando em condições precárias. Elas recebem muito pouco, ganham o salário mínimo por 10 horas de trabalho e no treinamento que a prefeitura dá tenta-se descaracterizar tudo o que elas sabem, tudo o que foi aprendido sobre como tratar uma criança. Isto pode acarretar, como de fato acarreta, uma certa despersonalização dessa mulher no trato com crianças, o que não é bom nem para ela, nem para a criança. A única saída lógica é que as comunidades continuem a discutir o problema, que te-

ESCRITOS DE FÚLVIA ROSEMBERG

> nham certo assessoramento de pessoas ligadas à educação, à psicologia, e adotem essa perspectiva de não ir contra a sua cultura, suas necessidades, ajudando-as a entenderem as creches.
>
> O outro problema é de que não há possibilidade de se conciliar, dentro do capitalismo, as necessidades das crianças e das mães, face à necessidade real que tem a creche. Ou seja, a mulher fica diante de um impasse. Não adianta pensar que a relação mãe-filho é uma coisa absolutamente necessária se elas não têm condições de manter uma boa relação com os filhos. O mal menor neste momento é a creche.
>
> Como levar adiante esta luta é um problema sério. Creio que a comunidade deve se fortalecer e tentar interferir ao máximo na creche. O movimento de Luta por Creches tem mostrado que a prefeitura é sensível a essas pressões, o que nos leva a continuar por esse caminho. Diante de uma necessidade real de 10 mil creches, em São Paulo, a prefeitura está prometendo 830 no período de três anos, o que é muito pouco, mas já constitui resultado da luta da população. (Mucci, 1981, p. 42)

A creche como mal menor ou maior percorre o imaginário brasileiro: pior que creche, só as criadeiras, diziam os higienistas dos anos 30 (Vieira, 1988); a melhor forma de cuidar e educar uma criança pequena é ainda a mãe, diz uma das versões do Plano Nacional de Educação (1999) para justificar o "desinvestimento federal" em creches. Refrão repetido no informe do Fundo das Nações Unidas para a Infância (Unicef) de 2004 sobre a criança pequena. Isto talvez explique em parte que as 830 creches prometidas nunca foram construídas. Em janeiro de 2000, as creches municipais (diretas, indiretas e conveniadas) atingiam o total de 726 unidades, atendendo a 161.286 crianças/inscrições entre 0 e 6 anos e 11 meses. Pois é, caro visitante, nosso "creche *tour*" inicia sua etapa mais extensa, sofrida e complicada: as creches municipais de São Paulo. De fato, precisaríamos de um roteiro só para elas. No guia *Michelin* receberiam, com certeza, três estrelas: valem a viagem. Convidei duas colegas para me ajudarem nesta visita: Maria Malta Campos e Lenira Haddad.

A rede de creches do município de São Paulo (MSP) apresenta particularidades que a colocam em evidência entre as experiências de educação/atendimento da criança pequena. Destaca-se, inicialmente, sua extensão, que, apesar de insuficiente frente à demanda, é bastante ampla quando comparada à das demais experiências nacionais. Em julho de 1990, abrangia 596 equipamentos, com uma capacidade para atender 63.998 crianças. Trata-se, também, de uma rede que comporta um grande número de equipamentos construídos e mantidos pela administração municipal. São as chamadas creches diretas, inteiramente mantidas pelo poder público: a alimentação fornecida, os salários e benefícios, o vínculo empregatício dos funcionários, os materiais pedagógicos e o equipamento interno, bem como sua manutenção, são financiados através de recursos orçamentários da prefeitura, ou a ela repassados por outras esferas públicas.

Uma outra característica notável é que se trata de uma rede de creches completas, isto é, visam oferecer um atendimento completo (educação, alimentação e saúde) às crianças com menos de sete anos, distanciando-se, assim, dos modelos de emergência (como as creches domiciliares) ou escolares (como as pré-escolas *stricto sensu*).

Essas duas características têm sido objeto de polêmica, tanto entre os moradores da cidade (governos, políticos, técnicos, militantes e usuários) quanto entre os técnicos da administração federal ou de organismos internacionais e intergovernamentais, como o Unicef e o Banco Mundial. Assim é que, durante a década de 80, quando a rede de creches do município expandiu-se através do incentivo ao subsistema de creches diretas (portanto, públicas) — atendimento em tempo integral inteiramente gratuito, funcionando em prédios especialmente construídos para este fim e comportando um quadro de pessoal numeroso e diversificado recebendo salários compatíveis com os parâmetros nacionais —, o MSP divergia das propostas do momento que enfatizavam a necessidade de expansão de vagas através de soluções de emergência. Para tanto, propunha-se a participação da comunidade no custeio da prestação de serviço, seja através do trabalho voluntário ou de cessão de espaços.

Finalmente, vale insistir que se trata de uma experiência que, desde a década de 70, se propõe a ser uma rede de equipamentos prestando serviços duradouros, e não um aglomerado de creches desconectadas criadas como resposta a emergências. Ela dispõe de uma estrutura administrativa que estabelece diretrizes gerais para o funcionamento dos subsistemas direto e conveniado, sistematiza e padroniza o projeto arquitetônico, a programação e o quadro de pessoal, além de definir prioridades e estabelecer planos e metas de expansão.

A despeito de fragilidades perceptíveis na rede de creches do MSP, a convivência de um subsistema público e outro conveniado relativamente extensos, e ambos se propondo a oferecer educação/cuidado de crianças, não só significou um ganho para a população usuária, como permitiu a construção de um corpo de conhecimentos e o desenvolvimento de uma competência entre técnicos municipais que têm provocado a revisão periódica da experiência em curso.

Sua configuração atual é tributária de uma turbulenta história que ponteia a própria história do país, tendo se consolidado durante o governo militar, recebendo marcas profundas do movimento social dos anos 70 e do órgão administrativo ao qual tem sido sistematicamente vinculada: a Secretaria do Bem-Estar Social (Sebes).

A implantação e a expansão da rede de creches no MSP dá-se no âmbito de uma mudança mais geral na orientação das políticas sociais na cidade, as quais se desenvolvem a partir da interação, mais ou menos conflitiva, entre mobilizações da sociedade civil e decisões governamentais. Dessa forma, o impacto das diversas administrações que correspondem ao chamado período de "transição para a democracia", e que coincidem com fases em que a organização popular representa diferentes configurações, vai marcar a história recente das creches na cidade: em 1978/82, Reynaldo de Barros, do PDS; em 1983/85, Mário Covas, do PMDB; em 1986/88, Jânio Quadros, do PTB; e, a partir de janeiro de 1989, Luiza Erundina, do PT.

Outra particularidade notável da rede de creches do MSP é que tem estimulado uma produção de textos relativamente numerosa. O órgão de assistência social que vem abrigando caracteriza-se por uma história de falta de produção de documentos programáticos, de reflexão e avaliação. Foi, inclusive, objeto de uma Comissão Especial de Inquérito (CEI) instaurada pela Câmara Municipal (1983/84), que a esmiuçou em detalhes. Também foi objeto de estudos efetuados por pesquisadores externos, interessados na compreensão de sua expansão durante a década de 70, focalizando em especial a correlação de força políticas [Alvarez (1985), Campos (no prelo), Campos, Rosemberg e Cavasim (1988) e Gohn (1985)] e o seu funcionamento (Haddad, 1987 e 1991; Mello, 1987; Oliveira e Ferreira, 1989 e Loch 1986). Sua história tem sido intensamente vivida, sua memória registrada pelas pessoas que com ela interagiram e fixada em documentos. Assim é que uma decisão que se tome hoje, por mais pontual e simples em sua aparência — por exemplo, a disposição dos berços no berçário —, carrega a história de sua experiência. (Rosemberg, Campos e Haddad, 1990, p. 328-30)

Afirma-se que a ideia de uma rede municipal de creches partiu do prefeito Faria Lima após uma visita à Alemanha, onde se encantara com a atenção dada às crianças. Seu início foi moroso, mas se expandiu rapidamente nos anos 1980 (Tabela 1), tanto o subsistema direto quanto conveniado (indiretas e particulares).

Tabela 1

Evolução da rede de creches municipais paulistanas segundo o subsistema: 1970-2000

Anos	Número de estabelecimentos	
	Diretas	Conveniadas*
1970	1	28
1975	4	50
1980	18	145
1985	237	265
1990	273	323
1995	—	—
2000	270	456

Fonte: Rosemberg et al. (1990, p. 17); SMAS (2000).
* Conveniadas: particulares conveniadas + indiretas conveniadas.

A partir de 1989, observa-se uma estagnação e, mesmo um recuo, do subsistema direto, ocorrendo apenas expansão das creches conveniadas. É tempo do Estado mínimo, da parceria com a sociedade civil. Tensão que tem sido crônica nas creches municipais. Convido para uma alça no trajeto: caminhar pelo centro até o Viaduto Jacareí, entrar no prédio novo da Câmara Municipal, subir até o 11º andar, no anfiteatro. Em vez de uma Comissão Especial de Inquérito sobre corrupção, em 1983, foi instalada a CEI de creche. Motivo?

> A Comissão Especial de Inquérito implantada nesta Câmara Municipal com o objetivo de investigar a situação das creches no município de São Paulo, considera que Creche é um direito do cidadão e um dever do Estado e da sociedade, constituindo-se uma extensão do direito universal à educação.
>
> A proposta desta Comissão surgiu da necessidade de investigar os fatores que estavam dificultando e até inviabilizando a expansão da rede pública de creches.
>
> Com este objetivo, esta CEI examinou com profundidade todos os aspectos ligados ao funcionamento das creches no município de forma a identificar problemas e apontar soluções para que se garanta uma significativa expansão da rede direta de creches da Prefeitura.
>
> Esta CEI considera que a Prefeitura de São Paulo deve definir com urgência uma política de atendimento à criança de 0 a 6 anos de idade. Esta política deveria ser considerada como prioritária pela administração municipal.
>
> A intenção deste trabalho é que possa servir como subsídio ao poder executivo na definição de uma política para o menor, na faixa de 0 a 6 anos. (Câmara Municipal de São Paulo, 1984).

Esta política nunca foi implantada. Mas é desta CEI que surge a proposta, pela primeira vez no Brasil, de que a creche e a pré-escola devem ser consideradas uma extensão do direito universal à educação, proposta acatada pela Constituição de 1988 e referendada pela atual Lei de Diretrizes e Bases (LDB). Porém, sua implantação vem ocorrendo de forma morosa, enfrentando a escassez de recursos alocados a este nível educacional. Correm informações que a lei do Fundo de Manutenção e Desenvolvimento do Ensino Fundamental e de Valorização do Magistério (Fundef) estaria afetando negativamente a educação infantil: vagas estariam desaparecendo da educação infantil (Undime, 1999).

Para a próxima etapa, sugiro um percurso de metrô: parar na estação Tatuapé e, olhando na direção leste, à esquerda, uma alegre construção moderna chama a atenção. Um grande muro branco, vazado com círculos. De fora se enxerga um pátio, com brinquedos sólidos em madeira natural. De dentro, as crianças nos veem, veem os passantes, a rua, o metrô. Esta é uma das creches pré-escolas da então Secretaria do Menor, projeto arquitetônico de Ruy Ohtake, que contou com assessoria de um grupo de escol, dentre eles Mayume Souza Lima. As creches/pré-escolas da Secretaria do Menor foram planejadas e implantadas durante a gestão de Alda Marco Antônio. Uma das últimas inovações paulistanas em matéria de educação infantil. Acataram já algumas diretivas da Constituição de 1988. Nossa guia é Eliana Saparolli (1997).

> São equipamentos públicos, ligados à administração estadual, e integram o programa mais jovem no cenário municipal. Esta rede de creches foi implantada em 1987, pela então Secretaria do Menor, por meio de convênio com empresas estatais que se responsabilizaram pela construção, instalação, implementação e manutenção destes equipamentos. As creches são mantidas e administradas pelo Governo Estadual, perfazendo um total de 22 unidades que, até o início desta pesquisa, estavam agrupadas por estatais: 08 do Metrô, 09 da Companhia Energética de São Paulo (Cesp), 02 da Eletricidade de São Paulo (Eletropaulo), 02 da Saneamento Básico do Estado de São Paulo (Sabesp) e 01 da (Emplasa), e distribuem-se, principalmente, ao longo das linhas de metrô. Este programa, desde 1995, passa por um processo de reestruturação decorrente de mudanças políticas na administração estadual e algumas estatais estão cancelando o acordo firmado através do conveniamento.
>
> Estas creches tinham a capacidade para atender a 130 crianças, desde o nascimento até os 6 anos e 11 meses, em período integral (12 horas diárias), privilegiando aquelas provenientes de famílias dispondo de rendimentos até 3 salários mínimos e cujas mães trabalham fora (São Paulo, Secretaria do Menor, 1992).
>
> O Programa Creche e Pré-Escola da Secretaria da Criança era inovador porque partia do princípio de que os equipamentos de educação infantil são espaços educativos que asseguram à criança melhores condições

para viver e aprender, por meio do contato com outras crianças, com adultos e com o mundo. Em realidade, o programa se preocupa em assumir uma proposta educacional, que se reflete na formação do(a) educador(a) infantil (denominação oficial que o profissional que lida diretamente com a criança recebe neste programa), quanto em resposta às necessidades das crianças. Isto implica na ideia de uma ação pedagógica que "passa pela programação das atividades, pelo modo como se planeja a organização e o funcionamento da creche, pela maneira como se concebe o uso do espaço físico e a composição do ambiente", pela qualidade das relações interpessoais e, sobretudo, pelas relações com a criança, pela escolha de brinquedos, livros e materiais, pela concepção do perfil dos profissionais, pela ênfase na dimensão educativa dos aspectos de saúde e de nutrição" (São Paulo, Secretaria do Menor, 1992, p. 15).

Do ponto de vista da criança, ela é compreendida como sujeito de sua ação, como um ser diferente do adulto, como indivíduo com uma idade específica e, por isso mesmo, como um ser em desenvolvimento que tem suas particularidades. Esta concepção norteava a dinâmica do cotidiano da creche, visando permitir à criança viver momentos os mais variados possíveis: em grupos com outras crianças, em grupos na companhia de adultos e sozinha com um brinquedo qualquer. Previa-se que todos estes momentos tivessem caráter educativo no sentido mais amplo, [...] pois criam condições para que as crianças aprendam, descubram, construam o seu conhecimento" (São Paulo, Secretaria do Menor, 1992, p. 14).

Os educadores(as) das creches da Secretaria da Criança acumulam as funções de cuidar e educar, já que estas eram consideradas como indissociáveis na prática. Essa concepção exigiu a contratação de profissionais, que lidam diretamente com a criança, com, pelo menos, o 2º grau completo e, de preferência, com experiência de trabalho em creches e pré-escolas. Este nível educacional, se por um lado, poderia garantir um melhor atendimento à criança pequena, por outro demandava melhores salários e um quadro de pessoal mais diversificado quanto à competência técnica. O que se esperava deste profissional era uma formação mais especializada e uma melhor compreensão dos fundamentos pedagógicos-educacionais dos equipamentos de educação infantil, relacionando-se com a criança numa postura compatível com os objetivos da proposta de ação educativa do programa. (Saparolli, 1997, p. 64-5)

É uma pena que, mais uma vez, a experiência não tenha se mantido. Estatais foram privatizadas, creches repassadas para associações privadas com *per capita* insuficiente. Desvio de verbas, aumento dos custos quando do conveniamento com as estatais são mazelas também denunciadas. Recentemente fui chamada por um dos diretores de uma empresa ex-estatal para conversar sobre as creches. Uma de suas propostas era pôr uniforme nas crianças. Possivelmente, pensei eu, com o logotipo da empresa, pois, agora, tudo se vende.

Chegamos à última parada do percurso. No centro histórico de São Paulo, Rua Benjamim Constant n. 75, 11º andar. Vamos visitar o Centro de Cultura e Educação Infantil da Caixa de Assistência dos Advogados de São Paulo (Cecei/Caasp), inaugurado dia 14 de maio de 1999. Reencontro Mário de Andrade e Macunaíma recriando espaço. Se você for de transporte público, desça na Praça da Sé ou no Largo São Francisco. Se for de carro, atenção que aí ficam os estacionamentos mais caros da cidade: R$ 10,00 a primeira hora e R$ 4,00 a segunda. Dependendo da curiosidade, você gastará uma hora e meia para visitá-la. Esta visita é real, e não virtual. A experiência é recente, os textos são poucos. Você sobe de elevador até o 10º andar e depois por uma escada até o 11º. Procure pela Telma, diretora do Cecei. Ela tem uma longa experiência em creches.

> O espaço localizado nos três últimos andares do prédio da Caasp, no centro de São Paulo, tem ambientes criados pela arquiteta Ana Beatriz Goulart de Faria especialmente para a presença de crianças, como a sala do faz de conta e o formigueiro, espécie de labirinto-armário de madeira, por onde a garotada passa de um andar a outro engatinhando. Na cobertura do prédio, as crianças tanto podem brincar, quanto observar a cidade e cultivar planta [...].
>
> O Cecei se inspira em várias propostas, nacionais e internacionais. Procura articular com a prática, o conhecimento que vem sendo produzido pelas pesquisas. Dão contribuições pedagógicas históricas — tais

como o valor da brincadeira e o reconhecimento das potencialidades das crianças pequenas — que vêm sendo elaboradas desde os primeiros tempos das creches e jardins de infância. Ou então a experiência dos Parques Infantis — implantados pelo escritor Mario de Andrade na década de 30, quando estava à frente do Departamento de Cultura do Município de São Paulo — que enfatizava o aspecto lúdico no processo de aprendizado da criança. São contribuições das várias ciências e artes e também de boas experiências atuais, como as do norte da Itália, da Suécia, da Dinamarca, das creches da Universidade de São Paulo, entre outras. (Cecei, *Press Release*)

A creche[5] é espetacular. Não se pode imaginar que lá em cima tenha-se criado espaço tão cheio de novidades para as crianças: mezaninos, esconderijos, palcos, plantas (alface crescendo em plena Praça da Sé), escorregador e gente calorosa querendo trazer vida ao centro histórico de São Paulo.

Do topo não se enxerga o marco histórico. Não vi José de Anchieta com os curumins. Mas enquadrei o pico do Jaraguá e pensei, que nas alturas ou nas planuras, toda criança brasileira merece o respeito que este espaço inspira.

O *tour* acabou. Oxalá o(a) próximo(a) prefeito(a) comece seu "creche *tour*" pelo 11º andar do número 75 da Benjamin Constant. A Telma e o Moysés terão muito prazer em guiá-lo(a).

Referências

ABDANUR, E. F. *Os "ilustrados" e a política cultural em São Paulo*: o Departamento de Cultura na gestão Mario de Andrade 1935-1938. Tese (Mestrado) — IFCH, Unicamp, Campinas, 1992.

BLAY, Eva Alterman. *Eu não tenho onde morar*: vilas operárias na cidade de São Paulo. São Paulo: Nobel, 1985.

---

5. A instituição encerrou suas atividades em 2011. (N. do E.)

CAMPOS, Maria M.; PATTO, Maria Helena S.; MUCCI, Cristina. A creche e a pré-escola. *Cadernos de Pesquisa*, São Paulo, n. 39, p. 35-42, nov. 1981.

FARIA, Ana Lucia Goulart De. *Educação pré-escolar e cultura*. São Paulo: Cortez, 1999.

KISHIMOTO, Tizuko M. *A pré-escola em São Paulo (1877 a 1940)*. São Paulo: Loyola, 1988.

KUHLMANN JR., Moysés. O jardim da infância Caetano Campos. In: REIS, M. C. D. (Org.). *Caetano de Campos*: fragmentos da história da instrução pública em São Paulo. São Paulo: Associação de Ex-Alunos do IECC/Moderna, 1994. p. 61-71.

OLIVEIRA, Eliana. *Relações raciais nas creches diretas do município de São Paulo*. Dissertação (Mestrado) — Pontifícia Universidade Católica, São Paulo, 1996.

REVAH, Daniel. As pré-escolas "alternativas". *Cadernos de Pesquisa*, São Paulo, n. 95, p. 51-62, nov. 1995.

ROSEMBERG, Fúlvia; CAMPOS, Maria Malta. *Creches e pré-escolas no hemisfério norte*. 2. ed. São Paulo: Cortez, 1998.

_____; CAMPOS, Maria M. Malta; HADDAD; Lenira. *A rede de creches no Município de São Paulo*. São Paulo: DPE- FCC, nov. 1990.

_____; CAMPOS, M. M. M.; CAVASIN, S. *A expansão da rede de creches no município de São Paulo durante a década de 70*. 1988. (Relatório de pesquisa.)

SAPAROLLI, Eliana. *Educador infantil*: uma ocupação de gênero feminino. Dissertação (Mestrado) — Pontifícia Universidade Católica, São Paulo, 1997.

A complexidade do multiculturalismo no Brasil: relações de gênero, família e políticas de educação infantil*

Esta comunicação se organizou em duas partes. Na primeira, descrevo o problema, o ponto de partida — o que venho denominando de cisão da educação infantil (EI) no Brasil: a separação creche/pré-escola ou entre as faixas etárias (0 a 3 e 4 a 6 anos). Na segunda parte, desenvolvo argumentos em que tratarei de aspectos dos enfoques de gênero e de estudos sobre a infância.

Busquei inspiração em Gabriel García Márquez: como proceder hoje para que as próximas gerações não tenham que escrever a crônica de uma morte anunciada das creches no Brasil?

A questão — Os rumos da EI brasileira das últimas décadas: práticas e discursos

Cisão das instituições de EI e, consequentemente, das faixas etárias.

---

* Texto apresentado no Congresso Paulista de Educação Infantil (Copedi) em 2006.

a) Para os 3/4 a 6 anos: extensão da cobertura, institucionaliza-ção, integração ao sistema de política pública, no caso a educação, formalização institucional dos educadores e pro-fissionalização. Está se tirando o "pré" da pré-escola. A pré--escola está se configurando (e lá vai a provocação) no vestí-bulo da qualificação da força de trabalho; logo mais, não me espantaria, poderá se transformar em nível escolar compul-sório. Mas não é isto que vou debater, mas sim o outro termo da cisão da faixa etária e da instituição: as crianças pequeni-nas até os três anos e a creche.

b) O que estou percebendo nesta outra ponta (a dos 0 aos 3 anos)? O ressurgimento das políticas familiaristas e domici-liares. Não tenho certeza se se trata de ressurgimento, se em algum momento tal política deixou de ocorrer. Talvez um travestimento de novos discursos. Primeiro apontarei os sinais, os indicadores desta cisão com a ênfase em soluções familia-ristas/domiciliares para os pequeninos.

A taxa de cobertura (estou com dados de 2003) — 12% para a faixa de 0 a 3; 68% para a faixa de 4 a 6. Em algumas regiões, como Norte e Centro-Oeste, a taxa de cobertura de 0 a 3 cai para 8%. Pas-sarei por cima das eventuais cisões internas entre creche e pré-escola (organização no sistema, qualificação profissional, proposta pedagó-gica etc.), para chegar ao que me interessa: o modelo familiarista domiciliar ressurgido ou enfatizado. O que temos assistido, no cená-rio brasileiro, como proposta para compensar este hiato de cobertura entre creche e pré-escola? Uma ênfase de instâncias governamentais e internacionais para extensão da cobertura via políticas familiaristas e domiciliares. Duas questões para prosseguir: o que são propostas familiaristas e domiciliares? Isto é novo no cenário brasileiro?

O que são propostas (soluções) familiaristas/domiciliares? São soluções de educação e cuidado de crianças pequenas por membros da família (especialmente mães e mulheres tratadas como substitutas de mães) e em espaços domésticos como alternativa à educação e ao cuidado em espaços institucionais e formalizados.

Os exemplos deste tipo de propostas como *a solução* para a expansão da cobertura no Brasil pós-Constituição de 1988 são inúmeros. Para memória: esteve presente em uma das versões da Lei de Diretrizes e Bases (LDB), do Plano Nacional de Educação (apenas parcialmente reformulada na medida em que as metas continuam cindidas); na proposta do Plano Plurianual na administração Cristovam Buarque (a famigerada "sacola educação infantil"); na longa e desgastante, mas vitoriosa, negociação do Fundo de Manutenção e Desenvolvimento da Educação Básica e de Valorização dos Profissionais da Educação (Fundeb); na implantação, com a anuência do legislativo, do executivo e dos conselhos de educação, de creches domiciliares com recurso da educação e, atualmente em instância federal, também com recursos da educação; na implantação do Programa Família Brasileira Fortalecida — recursos do Ministério da Educação em parceria com o Fundo das Nações Unidas para a Infância (Unicef). Os exemplos providos das organizações multilaterais — Unicef, Organização das Nações Unidas para a Educação, a Ciência e a Cultura (Unesco) e Banco Mundial — também são inúmeros no período. Destacarei apenas o relatório de 2004, *Situação da infância brasileira*, quando o Unicef, em parceria com o Instituto Brasileiro de Geografia e Estatística (IBGE), instituição pública federal brasileira, eliminou os dados sobre a cobertura em creche e só focalizou os 4 a 6 anos em pré-escola, alegando que o melhor para crianças de 0 a 3 anos é o cuidado e a educação providos pelos pais, isto é, eufemismo ideologicamente produzido para significar mães.

Isto é novo? Não, isto não é novo na história recente das sociedades ocidentais. A família, a mãe, a casa sempre foram instâncias privilegiadas no Brasil para a educação da criança pequena. Também não é novidade a proposta das elites de educarem as chamadas famílias desvalidas. A puericultura, a higiene, a assistência social, isto é, o Estado, as igrejas (especialmente a católica), a sociedade civil representada pelas organizações filantrópicas e profissionais, de há muito propõem soluções miraculosas de combate à pobreza e de controle moral das "classes perigosas" a partir da normalização de práticas culturais relacionadas à educação e ao cuidado da prole.

O que é novo, neste momento de nossa história, me parece, é que tais medidas vêm sendo propostas no âmbito das políticas educacionais e com recursos da EI, e não da assistência ou da educação de jovens e adultos (EJA).

Quando reflito sobre estes acontecimentos das últimas décadas — as armadilhas, os planos de ataque do bandoleiro, para voltar ao García Márquez —, me espanta a passividade da sociedade brasileira, das instâncias políticas, dos movimentos sociais (evidentemente com exceção do Movimento Interfóruns de Educação Infantil do Brasil — MIEIB), da academia e dos usuários. Definitivamente, não detecto uma mobilização política em torno das crianças bem pequenas e que extrapole a mobilização por creche. Por exemplo, para trazer à memória uma situação dramática: a mortalidade infantil seria drasticamente reduzida no Brasil com a expansão do saneamento básico, mas cuja prioridade vem sendo relegada governo após governo. Quando assisto aos vergonhosos achaques aos cofres públicos — via corrupção, sonegação de imposto de renda, aumento de salário de elites governamentais e pagamento da dívida externa —, penso nos quilômetros de esgoto e água encanada que poderiam estar salvando milhões de crianças pequenas. E vem a pergunta: por que isto, este tema, de profunda dramaticidade social, encontra tanta dificuldade de ocupar o primeiro plano das políticas públicas? Voltando ao ponto de partida: por que os bebês, as crianças pequenas são relegadas, no Brasil, a um limbo político?

Este é o tema mais recente de pesquisas que venho realizando, juntamente com meus orientandos no Núcleo de Estudos de Gênero, Raça e Idade (NEGRI) na PUC-SP: a construção social deste tempo social, a criança pequenina, o bebê. Não haverá tempo para enumerar os caminhos que estamos seguindo. Estamos procurando captar representações sobre este tempo social entre mães, pais, homens, mídia, profissionais e especialistas. Pensamos que escarafunchar as representações sociais sobre o bebê pode ser um caminho para sua visibilidade pública e, assim, talvez, evitar as mortes anunciadas.

No plano teórico e político, temos nos deparado com dois obstáculos formidáveis: as teorias de gênero e a agenda feminista contemporânea; os Novos Estudos sobre Infância (ou Sociologia da Infância) e os direitos da infância.

Feminismo

Como se sabe, no Brasil, o debate contemporâneo sobre EI — especialmente creche —, iniciado nos anos 1970, contou com aporte do ressurgimento do movimento feminista, cuja agenda incluía as creches como direito ao trabalho da mãe. Esta proposta foi incorporada pela Constituição de 1988, que contempla a creche em dois capítulos: o da educação e o do direito da trabalhadora. Se olharmos a luta por creches no Brasil das três últimas décadas, verificamos que ela se desenvolveu especialmente a partir do direito à educação e praticamente nada da ótica do direito ao trabalho. Ora, a luta por educação não privilegiou bebês. Isto por várias razões, entre elas porque a legislação complementar do trabalho não foi remodelada à luz da nova Constituição (como aconteceu com a educação) e porque a agenda do feminismo brasileiro se modificou nos anos 1990 e 2000. Vou recorrer, em parte, a Nancy Fraser (2002), teórica feminista norte-americana, que oferece uma rica síntese das tendências do feminismo contemporâneo a partir dos anos 1970. O feminismo contemporâneo surge da nova esquerda: "as teorias de gênero refletiam ainda poderosa influência do marxismo" (Fraser, 2002, p. 61) e as relações de gênero se situavam no campo da economia política. A crítica fundamental foi a desigualdade e a busca (ou utopia) pela construção de relações igualitárias.

Ainda acompanhando Fraser (2002, p. 61), "correntes adicionais de teorias feministas surgiram do diálogo com a psicanálise", seja na tradição anglófona cunhada nas relações objetais, seja na tradição francesa, lacaniana, que se centrava e centra na compreensão da diferença sexual no âmbito da subjetividade e da ordem simbólica. Para Fraser, apesar de resgatarem a dimensão simbólica, nenhuma das correntes se propôs a substituir a compreensão materialista.

Porém, "nos anos 90, (quando) a nova esquerda já não era mais que uma lembrança e o marxismo era considerado letra morta por vários teóricos [...], a maioria das feministas deu a 'volta cultural! [...] [e passou-se] a entender gênero como uma identidade ou uma construção cultural". Assim sendo, continua Fraser, "a teoria de gênero é basicamente um ramo dos estudos culturais" (2002, p. 61).

Esta reorientação teórica tem reorientado o foco das lutas feministas, que passaram a subordinar as lutas sociais às lutas culturais, subordinando as políticas de redistribuição às políticas de reconhecimento. Fraser (2002) aponta a trágica ironia histórica. A mudança ocorre em momento de virulência do capitalismo globalizado (ou do Império) liderado pelos Estados Unidos e a consequente exacerbação da desigualdade econômica. Para a autora, passou-se de um economicismo truncado para um culturalismo truncado. A proposta de Fraser é tratar o gênero como uma categoria bidimensional que contém tanto uma face política e econômica quanto uma face discursivo-cultural.

Porém, caminho um pouco mais, pois considero o gênero como apenas uma das categorias para a compreensão de desigualdades sociais e de identidades culturais. Com efeito, minha busca tem sido compreender a dinâmica social como resultante de um jogo complexo de desigualdades de classe, gênero, raça e idade nas diferentes esferas: econômica, política e cultural.

No Brasil, a busca de compreensão simultânea das hierarquias de gênero, raça e classe e idade tem se baseado, muitas vezes, em um modelo cumulativo, esperando-se uma associação linear entre os eixos de desigualdade. Tal modelo associativo não dá conta, porém, da complexidade e das contradições observadas nas instituições educacionais, onde as dinâmicas de gênero, raça, classe e idade não são redutíveis umas às outras, evidenciando, muitas vezes, um movimento não sincrônico.

Nem as pessoas individualmente, nem os movimentos sociais desenvolvem em perfeita sincronia consciência de classe, gênero e raça. Por exemplo, a busca de superação de desigualdades de gênero pode ignorar, ou mesmo apoiar-se em desigualdades de raça.

Além disso, venho levantando como hipótese de trabalho que, nos diversos tempos sociais da trajetória de vida, a pessoa não enfrenta, ao mesmo tempo, os diferentes impactos das desigualdades (Rosemberg, 2002). Assim, apesar de a criança já nascer em uma sociedade fortemente marcada por identidade de gênero bipolar, questiono se nas sociedades ocidentais ocorrem desigualdades de gênero no plano material desde a pequena infância, diferentemente do que ocorre para desigualdades de classe e de raça. Ao contrário, identidades de classe e raça são, desde a pequena infância, marcadas por desigualdades no acesso a bens materiais e simbólicos.

Assim, considero imprescindível trazer para o debate das teorias sociais, inclusive as de gênero, uma reflexão sobre as categorias de idade.

Tenho assinalado o caráter adultocêntrico de teorias feministas em quatro aspectos:

- a generalização das relações de gênero que caracterizam a condição de adulto para todas as fases da vida;
- a reconstrução da construção da identidade de gênero na infância à luz da bipolaridade masculino-feminino que marca a fase adulta;
- a oposição infância natureza *vs* adulto cultura, especialmente encontrada nas teóricas que tratam da construção de iden-

tidade de gênero de uma perspectiva das relações objetais (por exemplo, Nancy Chodorow, Carol Gilligan, Lilian Rubin);[1]

- o silêncio sobre as contradições e as relações de dominação entre adultos (homens e mulheres) e crianças nos planos material e simbólico, que se traduz, entre outros aspectos, na hierarquia etária na definição de prioridades em políticas públicas.

Em resumo, se as teorias feministas contemporâneas romperam com a máxima de que a biologia é o destino, isto não se expandiu para a concepção de criança incorporada na teoria, pois não se lhe reconhece seu caráter histórico (e seu potencial transformador), pois cada nova infância é reconstruída à luz do paradigma adulto que viveu em outro tempo histórico.

Um novo aporte para "desbiologizar" a criança pequena provém da corrente contemporânea que se tem denominado Sociologia da Infância (Sirota, 2001; James e Prout, 2003; Jenks, 2002, entre outros). Várias tensões teóricas e políticas podem ser captadas neste novo ramo de estudos e que não fogem aos grandes debates metateóricos contemporâneos: diversidade e estrutura; particularidade e universalidade. Em suma: infância e/ou infâncias, infâncias e/ou crianças. Para não prolongar o debate, venho adotando a perspectiva de olhar para a infância, no contexto das relações sociais, em dupla perspectiva: no eixo etário adulto *vs* criança, porém contextualizado em segmentos de classe, gênero e raça.

Contudo, observo nos novos estudos e práticas algumas tensões:

- As sociedades contemporâneas reforçam a socialização intrageracional via instituições especializadas para a infância: escola, pré-escola, creches e, em algumas sociedades, instituições culturais e de lazer. Isto ocorre não apenas no plano horizon-

---

1. No original não foram informadas as referências bibliográficas de todas as obras citadas, como ocorre aqui. (N. do E.)

tal (classe, gênero e raça), mas também no plano vertical (idade). A expansão da educação infantil nas últimas décadas atesta isto. As relações intergeracionais deixam de ocorrer exclusiva ou principalmente no seio da família, os adultos que interagem com as crianças nestes espaços são extrafamiliares. Porém, esta institucionalização carrega em seu bojo uma tensão: o convívio de crianças pequenas em instituições específicas. Esconde-as de espaços públicos de convívio intergeracional. Crianças pequenas, especialmente as menores, não têm visibilidade pública enquanto geração. Sua visibilidade pública é associada à esfera do privado, secundada pelos pais, especialmente pelas mães, no espaço doméstico.

- Destaco como tensão a faixa etária. A que faixa etária a Sociologia da Infância se refere? Qual a idade da criança da Sociologia da Infância? Uma primeira observação é que os textos de Sociologia da Infância que se referem às idades o fazem da ótica "nativa" — por exemplo, Sarmento e Pinto (1997) ou Franklin (1995) —, mas não de seu próprio ponto de vista, ou seja, o da Sociologia. Quando se referem de sua ótica, suas referências podem ser muito vagas: "os primeiros anos da vida humana" (James e Prout, 1990). Desde quando e até quando vão os primeiros anos da vida? Penso que seria um exercício importante apreender o recorte etário subjacente ou implícito aos estudos em Sociologia da Infância. A impressão que estamos construindo é que o grupo etário privilegiado ou de referência se situa, *grosso modo*, entre os 5 e os 16 anos. Para perseguir esta impressão, destaco alguns dos novos paradigmas da Sociologia da Infância propostos por James e Prout (1990, 2003). Chamo particularmente atenção para as seguintes proposições: "as relações sociais das crianças e suas culturas devem ser estudadas em si"; "as crianças devem ser estudadas como atores na construção de sua vida social e da vida daqueles que as rodeiam". Nestas proposições, a configuração implícita da infância inclui os bebês? Portanto, minha pergunta relaciona-se, sobretudo, ao nicho alocado aos bebês. Se confirmada minha hipótese — de que o grupo privilegiado equivale ao da idade escolar —, avançaria na busca de compreensão, caminhando por pelo menos uma trilha tão complexa quanto pode ser a alteridade do bebê na constituição de um objeto de investigação.

Vou apresentar, a seguir, pontos preliminares de nossa reflexão e que estão sendo pistas para pesquisa e reflexão sobre a invisibilidade política do bebê.

- A pequenina infância é ainda considerada um tempo social relativo à esfera privada e não pública, tratada como dimensão da vida reprodutiva e não produtiva. Por sua vez, a esfera privada deve ser tratada em duas dimensões (o que geralmente é omitido): a família (a mãe e o séquito feminino) e a casa. As apresentações públicas da pequenina infância remetem a estas duas esferas. Assim, a pequenina infância tem pouca visibilidade pública seja a partir do espaço privado (família, casa), seja a partir do espaço público (creches), pois sua institucionalização a retira dos olhos dos formadores de opinião.

- Os brasileiros adultos, formadores de opinião, não têm experiências concretas de espaços institucionais coletivos para educação e cuidado de crianças pequeninas. Suas imagens se constituem fantasmagoricamente (local de desamor), alimentadas por representações arcaicas (roda, abandono, orfanato) e suspeitosas.

- As mídias não têm contribuído para ampliar a visibilidade de crianças pequeninas em outros espaços sociais além da casa. Crianças pequeninas são modelos para produtos usados em espaço doméstico. Crianças pequeninas são matéria de mídia apenas quando associadas à condição de vítima, notícias à sensação, e que ocorrem particularmente em situações de tragédia no espaço privado e público.

- Demografia: a redução do número de nascimentos e o prolongamento da esperança de vida. Isto torna muito curta a duração da pequena infância durante a trajetória de vida.

- A associação intensa entre pequenina infância e mulheres, segmento social com menor poder de atuação política.

- O movimento da vida da família, de maior fragilidade, voltada para suas necessidades próprias, com dificuldade para participar de ações políticas reivindicatórias.

- A associação entre criança pequenina e a condição de filho, e não de criança cidadã, apelando o interesse de adultos que ou ainda não são pais de crianças pequenas ou que já foram pais de crianças pequenas.

Referências

FRASER, Nancy. Políticas feministas na era do reconhecimento: uma abordagem bidimensional da justiça de gênero. In: BRUSCHINI, C.; UNBEHAUN, S. G. (Orgs.). *Gênero, democracia e sociedade brasileira*. São Paulo: FCC/Ed. 34, 2002. p. 59-78.

JAMES, Allison; PROUT, Alan. *Constructing and reconstructing childhood*: contemporary issues in the sociological study of childhood. New York: Routledge Falmer, 2003.

_____. A new paradigm for the sociology of childhood? Provenance, promise and problems. In: _____ (Orgs.) *Constructing and reconstructing childhood*: contemporary issues in the sociological study of childhood. London: The Falmer Press, 1990. p. 7-34.

JENKS, Chris. Constituindo a criança. *Educação, Sociedade e Culturas*, Portugal, n. 17, p. 185-216, 2002.

ROSEMBERG, Fúlvia. Políticas educacionais e gênero: um balanço dos anos 1990. *Cadernos Pagu*, Campinas, n. 16, p. 151-98, 2002.

SARMENTO, Manuel Jacinto; PINTO, Manuel. As crianças e a infância: definindo conceitos, delimitando o campo. In: PINTO, M.; SARMENTO, M. J. (Coords.): *As crianças*: contextos e identidades. Braga: Centro de Estudos da Criança, Universidade do Minho, 1997. p. 9-30.

SIROTA, Régine. Emergência de uma sociologia da infância: evolução do objeto e do olhar. *Cadernos de Pesquisa*, São Paulo, n. 112, p. 7-31, mar. 2001.

A juventude e as etapas da vida*

As sociedades recortam as etapas da vida humana de diversos modos. As etapas consagradas atualmente no Ocidente — infância, adolescência, juventude, idade adulta e velhice — são construções históricas, que remetem a significados diversos no tempo e no espaço. Por exemplo, a Roma antiga demarcava a infância até os 15 anos; a adolescência, dos 15 aos 30, e a juventude, dos 30 aos 45 anos. Na Roma antiga, a juventude correspondia, em grandes traços, ao que hoje se configura como idade adulta. A Idade Média manteve certa semelhança na caracterização da juventude. Por exemplo, o almanaque medieval (que os historiadores me perdoem), "o grande proprietário de todas as coisas", descrevia a juventude: "ocupa uma posição média entre as idades e, portanto, a pessoa aí se encontra em sua maior força, e dura até 45 anos". Mais adiante, descrevia: "o velho, ele tem muita tosse, catarro e porcaria e dura até voltar à cinza e ao pó de onde partiu". Estamos muito longe da denominação de "melhor idade" ou "sexygenários", conforme suplemento da *Folha de S.Paulo* em que o jornal destacou: "47% dos idosos fazem sexo regularmente e, destes, 91% dizem nunca ter usado remédio para disfunção erétil" (*Folha de S.Paulo*, 15 mar. 2009). Nem tosse, nem catarro.

As especificidades na demarcação das etapas da vida como construção social definem padrões sociais e culturais — normas, valores,

---

* Não foi localizada, nos registros da Fundação Carlos Chagas, nenhuma referência sobre o contexto de produção deste texto. (N. do E.)

instituições específicas — que acabam orientando práticas sociais e identidades das pessoas. Assim, crianças acabam se comportando como crianças, jovens como jovens etc., porque práticas sociais orientam, em boa medida, nossos comportamentos. Os que divergem dos padrões históricos esperados são considerados desviantes, *outsiders*. Se no século passado as meninas de 13 anos se casavam e podiam parir, hoje são denominadas "mães adolescentes", sua gravidez recebe o atributo de "precoce" e constituem uma categoria "em risco social".

A demarcação das etapas da vida não se situa apenas no plano simbólico, mas participa da estruturação da sociedade, inclusive da economia. O reconhecimento social dessas especificidades pode gerar o reconhecimento de necessidades, que podem ser tratadas como direitos, orientar políticas públicas, delimitar recursos orçamentários, abrir nichos no mercado de trabalho e de consumo, gerar instituições específicas, legislação, produção de conhecimento.

As sociedades ocidentais contemporâneas, e a partir da modernidade, vêm gerando e solidificando instituições organizadas e homogêneas do ponto de vista das idades. Cada vez menos, dispomos de instituições, espaços sociais, especialmente em meio urbano, para o convívio intergeracional (a família pode ser, até certo ponto, uma exceção). A vida social compartimenta as idades: as escolas, com suas divisões por nível e série, são instituições especialmente destinadas a crianças, adolescentes e jovens sem promiscuidade etária. Os adultos que aí atuam fazem-no de modo regulado como especialistas, segundo *script* bem delimitado.

O universo do trabalho vem sendo cada vez mais vedado, proibido mesmo, à criança e ao adolescente e acolhendo, cada vez menos, os jovens. O espaço da rua é de monopólio juvenil e adulto, considerado hostil a crianças e adolescentes (e por vezes a idosos). Esse isolamento, especialmente o de crianças, acarreta, a meu ver, sua invisibilidade pública, com consequências nefastas no plano das políticas para a infância.

As famílias urbanas, cada vez menores, residindo em espaços reduzidos, muitas migrantes e recompostas, reduzem também a convivência intergeracional com a parentela extensa.

As maneiras como as sociedades delimitam e caracterizam as etapas da vida não são naturais, desinteressadas ou neutras. O modelo teórico que venho construindo para entender as desigualdades sociais no Brasil pressupõe que as relações de idade, isto é, as formas como a sociedade constrói as etapas da vida, são hierarquizadas, atribuindo ao adulto o topo da hierarquia. Daí a expressão que venho usando desde o final dos anos 1970, e atualmente compartilhada por outros pesquisadores, de que nossa sociedade é adultocêntrica.

No plano simbólico, a idade adulta é considerada o ápice da espécie humana, sua plenitude intelectual, de sabedoria, de autonomia. A idade adulta é o estalão e o parâmetro ao qual são comparadas as demais etapas da vida. No plano macroestrutural da sociedade, o poder econômico, político, cultural e cognitivo também é monopolizado pelos adultos. Assim, venho construindo um modo para interpretar as desigualdades sociais constitutivas da sociedade brasileira que, ao lado das relações de classe, de gênero (que focalizam desigualdades entre homens e mulheres), étnico-raciais, de localização do domicílio (campo ou cidade) e regionais, consideram também as relações de idade, que alguns teóricos tratam sob a denominação de geração.

Parafraseando a historiadora Joan Scott, teórica importante no campo dos estudos sobre gênero, considero que as relações de idade constituem, também, categoria analítica útil para se compreenderem as desigualdades sociais. Um indicador importante no Brasil é que o percentual de indigentes e pobres é mais intenso entre crianças e adolescentes do que entre adultos e idosos. No Brasil, e no Ocidente em geral, o desemprego atinge muito mais os jovens. Se, já no mercado de trabalho, os jovens recebem salários inferiores aos dos adultos e seus postos de trabalho são mais instáveis, as políticas sociais contemporâneas também têm valorizado mais as idades adultas e a velhice que as mais jovens (crianças e adolescentes). Essa é uma (apenas uma) das óticas para se interpretar a restrição orçamentária da educação.

Nem todos os cientistas sociais consideram que as relações de idade são definidoras de eixos estruturantes na sociedade, especialmente porque na vida das pessoas as posições etárias que ocupam são transitórias. Contra-argumentamos que as classes de idade são fixas, em dado momento histórico, independentemente das pessoas que ocupam essas classes. A infância, a adolescência e a juventude, enquanto categorias, permanecem a despeito de por elas passarem diferentes coortes de crianças, adolescentes e jovens.

As concepções sobre as etapas da vida de uma dada sociedade são influenciadas e influenciam a produção de conhecimentos sobre o humano e o social, de forma equivalente às concepções sobre gênero e raça/etnia, por exemplo. Assim, de forma equivalente ao que aconteceu com as mulheres, negros e indígenas, as crianças, os adolescentes e os jovens eram desconsiderados ou naturalizados pelas Ciências Humanas e Sociais, pela Psicologia, Antropologia, Sociologia, História, Ciência Política, Saúde, Economia. Por exemplo, foi só recentemente — década de 1990 — que a Associação Internacional de Sociologia criou uma seção específica Sociologia da Infância. A Associação Nacional de Pós-Graduação em Ciências Sociais (Anpocs) criou apenas em 2009 um grupo de trabalho específico em Sociologia da Infância. Data desta década o que me parece ter sido a primeira reflexão sustentada em livro, no Brasil, sobre a infância na Antropologia brasileira, cuja autora é Clarice Cohn. Estamos assistindo no campo da produção de conhecimento a uma mudança de paradigma: isto é, as grandes teorias estão sendo revistas à luz de uma concepção de infância, adolescência e juventude como atores sociais, agentes do processo de construção da sociedade.

Assim, alguns autores contemporâneos vêm atacando o conceito de socialização como um processo vertical, entendido como "processo de assimilação dos indivíduos aos grupos sociais". Assim entendido, o consenso de socialização abria apenas a perspectiva de confirmação às normas ou produziria o desvio.

Tal concepção foi essencial à manutenção da arquitetura das teorias funcional-estruturalistas assentadas em modelos sociais do equilíbrio, voltadas sobretudo à compreensão da reprodução social. Diferentemente, na nova perspectiva, crianças, adolescentes e jovens também participam de sua socialização e da socialização de adultos, sendo também agentes da reprodução e da transformação da sociedade.

No plano metodológico, tratar crianças, adolescentes e jovens como atores sociais passou a ser entendido de duas formas: a primeira, mais simples, consiste em escutá-los e tratá-los com ética na pesquisa; tratá-los, no campo da ética, como sujeitos, pessoas e não objetos. Isso se traduz, entre outros aspectos, em criar dispositivos de investigação para captar suas vozes, informações e opiniões sobre suas vidas, a sociedade, a escola, os adultos. E quando começamos a adotar mais sistematicamente tais procedimentos, passamos a ter contrapontos fortes a nossos estereótipos, estigmas, preconceitos sobre a capacidade de reflexão e crítica de crianças, adolescentes e jovens.

À medida que as pesquisas vão sendo produzidas, nos espantamos como nossas sociedades escutam pouco crianças, adolescentes e jovens. Compartilho com vocês a metáfora de Suzanne Mollo-Bouvier: "somos adultos surdos que falam a crianças, adolescentes e jovens mudos". Evoquei essa metáfora na revisão de literatura que fiz sobre universidade. No debate internacional e nacional sobre a crise da universidade — tendo lido e relido diversos autores e autoras progressistas —, encontrei muito pouco a voz de jovens — estudantes, funcionários e docentes — referida ou integrada à voz dos adultos que tratam da crise universitária. Não estou me referindo à ausência de espaços institucionais para a representação de estudantes. Tampouco estou afirmando que a universidade não esteja produzindo pesquisa sobre a juventude. A impressão que tive ao rever parte da produção recente sobre a crise da universidade é que essa instituição social está pouco atenta ao fato de que constitui território de convívio intergeracional, que delimita e recorta etapas da vida, que participa da construção da categoria juventude. Por outro lado, pareceu-me também que, com raras exceções no Brasil, ao se tratar da juventude brasileira, deixam-se na penumbra ou dá-se menor relevo aos jovens estudantes e trabalhadores nas universidades. Buscando informações em bases de dados, acadêmicas e não acadêmicas, tive a impressão, a ser confirmada ou não, de que as pesquisas atuais sobre estudantes universitários também privilegiam temas associados ao risco, ao desvio: uso de drogas, doenças sexualmente transmissíveis.

A outra perspectiva mais complexa de tradução da mudança de paradigma acadêmico com respeito às idades refere-se à coautoria de pesquisas entre adultos, crianças, adolescentes e jovens. Aqui a ruptura é nítida entre crianças e adolescentes de um lado e jovens universitários de outro. Apenas mencionarei que algumas poucas experiências vêm sendo desenvolvidas, nas quais — à maneira da pesquisa-participante dos anos 1970-1980, envolvendo camadas populares e movimentos sociais — crianças e adolescentes e jovens participam de todo o processo da pesquisa, de seu planejamento, da coleta, análise e interpretação de dados. De fato, é algo de intensa complexidade, de que não tratarei aqui. Quanto à produção de pesquisa por jovens, especialmente universitários, essa prática é mais corriqueira, não alimenta tensão, na medida em que a iniciação científica, introduzida no Brasil já nos anos 1960, tem sido altamente valorizada. Aproveitem dela!

Na demarcação das etapas da vida antes da idade adulta, notam-se ambiguidades que trazem mais complexidade ao campo. Ambiguidade terminológica quanto às faixas de idade que delimitam as diferentes etapas, ao âmbito dos direitos e dos deveres.

Por exemplo, a Convenção Internacional dos Direitos da Criança define infância como o período que vai desde antes do nascimento até os 18 anos. Temos considerado, no meu grupo de pesquisa, que possivelmente demarcação tão ampla corresponda ao fato de que nas línguas hegemônicas — inglês e francês, por exemplo — não existe distinção entre crianças, *puer* no latim, e filho, *filius*. Tal ambiguidade terminológica e etária pode ser responsável, em parte, pela tensão posta pela Convenção entre direitos à proteção — idade vulnerável e que precisa da proteção de adultos — e direitos à participação, ou os chamados direitos à liberdade: de opinião, de participação política.

A Convenção não adota o termo juventude, que vai ser adotado pela Organização das Nações Unidas (ONU) e conceituado no Fórum Mundial da Juventude em 2001, como as pessoas tendo entre 15 e 24 anos. Os limites etários para a juventude podem ser ambíguos, com diferentes recortes: de 15 a 29 anos!

No Brasil, a Constituição de 1988 não consagra os termos jovens e juventude, estabelecendo direitos a crianças e adolescentes. Tal omissão está impulsionando a tramitação de uma Proposta de Emenda à Constituição (PEC n. 394/2005)[1] para alterar o artigo 227 e incluir o termo jovem no Capítulo VII.

Da mesma forma que a Constituição, o Estatuto da Criança e do Adolescente (ECA) define criança como pessoa de até 12 anos e adolescente daí aos 18 anos. A maioridade legal no Brasil é adquirida em diversas idades, conforme o plano do direito a ser considerado: no trabalho, na autonomia para constituir família, na participação política, no direito de ir e vir, na responsabilidade jurídica.

O recorte juventude, com suas especificidades, adentra a agenda pública e internacional progressivamente com maior lentidão que a agenda da infância. O primeiro documento da ONU data de 1965 — "Fortalecimento entre a juventude dos ideais de paz, respeito mútuo e compreensão entre os povos".[2] Em 1987, foi instituído o Ano Internacional da Juventude. Somente em 1995 a ONU propôs a adoção de uma estratégia internacional para enfrentar os desafios atuais e futuros da juventude.

No Brasil, apesar de um interesse mais sustentado pelo tema se manifestar nos anos 1990, apenas em 2005 foi criada a Secretaria Nacional da Juventude, antecedida por algumas experiências municipais e estaduais. Apesar dos avanços inconstantes na tematização social, acadêmica e política referente à juventude brasileira, circulam ainda representações sociais que concebem a juventude particularmente como idade do risco, do desvio, período de "moratória social", preparação para a vida adulta, "profeta do futuro".

A associação do jovem — como também da criança e do adolescente — à situação de risco, seja como vítima ou como algoz, ganha

---

1. Conforme dados da Câmara dos Deputados, essa proposta foi arquivada em 2011. Disponível em: <www.camara.gov.br/proposicoesWeb/fichadetramitacao?idProposicao=284319>. Acesso em: 29 maio 2015. (N. do E.)

2. Referência à Declaração sobre a Promoção entre a Juventude dos ideais de Paz, Respeito Mútuo e Compreensão entre os Povos. (N. do E.)

grande visibilidade midiática e política, orientando prioridades em políticas públicas e ações institucionais. Infelizmente, essa adesão ao espetáculo — mídia-espetáculo, política-espetáculo — acaba penetrando a própria academia, que muitas vezes incorpora essa mesma concepção de infância, adolescência e juventude. A adesão da universidade à retórica midiática tem, por vezes, acarretado a incorporação acrítica de uma representação de juventude como fase de risco.

Recente pesquisa coordenada pelo Instituto de Pesquisa Econômica Aplicada (Ipea) junto a conselheiros da infância e juventude e conselheiros tutelares mostrou que à pergunta "quais os maiores desrespeitos aos direitos da infância e adolescência", em torno de 70% responderam: "gravidez, droga e álcool"; ou seja, algo muito próximo do "sexo, droga e *rock and roll*", trio que vem sendo associado à juventude desde o pós-guerra — "juventude transviada", como já se denominou — e que também desde há muito as Ciências Humanas e Sociais vêm procurando desconstruir.

Assim, à concepção de risco ou vulnerabilidade intrínseca a essa etapa da vida (devemos proteger a criança porque ela é biologicamente vulnerável), alguns pesquisadores vêm interpondo o conceito de vulnerabilidade estrutural, social: é a condição de subalternidade social, estrutural das etapas anteriores à idade adulta que provoca o risco. Há muitos anos, em 1976, tratei disso e usei como metáfora as grades dos apartamentos nos grandes centros urbanos: a grade protege quem? As crianças que vivem em sociedades que acataram a urbanização como modo de vida, que acolheram a especulação imobiliária, a separação entre local de moradia e local de trabalho. As grades não protegem as crianças e ponto. As grades protegem as crianças que vivem nessas condições e os modos de vida que foram sendo criados. Tais modos de vida criaram a necessidade de grades. Outros modelos de sociedade podem prescindir das grades. Quando respondo simplesmente "as grades protegem as crianças", estou adotando um conceito de vulnerabilidade intrínseco à criança. Quando situo a criança no contexto social e procuro de onde parte, quais são as raízes da "medida de proteção", estou refletindo sobre a vulnerabilidade estrutural, social.

Um último componente das concepções sociais prevalentes diz respeito à dimensão histórica da infância, adolescência e juventude. "Profetas do futuro" é uma metáfora recorrente na Sociologia quando trata da juventude. Cunhei a expressão "contemporaneidade do passado" para caracterizar a representação do presente na qual, nós, adultos, colocamos crianças, adolescentes e jovens. A mudança de paradigma no trato acadêmico e social com a infância/juventude tem procurado recolocar o tempo histórico: crianças/jovens são contemporâneos de seu presente, do presente em que vivem suas infâncias e juventudes e não do presente no qual vivemos nós, gerações de adultos. Evocando o livro de Janusz Korczak — *Quando eu voltar a ser criança* —, quando eu voltar a ser jovem, terei consciência de que sou contemporânea do presente e não contemporânea da juventude da geração de meus pais, de meus professores, dos autores de livros que li quando criança etc.

A última questão para discutir refere-se ao eixo da desigualdade. Como a Sociologia da Juventude/Infância vem destacando com insistência, essa categoria juventude foi construída como uma categoria unitária para o confronto com a idade adulta. Mas ela também é flexionada por fortes desigualdades (há quem privilegie o termo diversidade): desigualdades de renda (ou classe, conforme a teoria), de gênero, de raça, de região, de localização de seu domicílio, de nação. É por isso que alguns autores se referem a infâncias e juventudes no plural.

Referência

KORCZAK, Janusz. *Quando eu voltar a ser criança.* 16. ed. São Paulo: Summus, 1981.

São Paulo, uma cidade hostil aos bebês*

Se o Fundo das Nações Unidas para a Infância (Unicef) instituiu o título "cidade amiga da criança", considero São Paulo uma cidade hostil ao bebê; esta é uma marca da cidade que caracteriza as diversas administrações, seus múltiplos territórios e setores. A criança pequena, o bebê, não é um cidadão, não parece pertencer à nação. Que cada um de nós reflita sobre quantos bebês viram em sua caminhada para chegar até aqui. O espaço público paulistano é hostil ao bebê: os meios de transporte (quem se aventura a andar de ônibus ou metrô com bebê?), as ruas, as calçadas (já tentaram andar de carrinho de bebê em seu bairro?), os parques que dispõem de brinquedos (nem sempre bem conservados) nunca possuem brinquedos adequados aos bebês, diferentemente de várias cidades do mundo que os ostentam. O bebê é reverenciado no espaço da casa. No espaço público, é paparicado pelo setor privado, pelas propagandas de produtos, também por políticos e personalidades. Não há campanha eleitoral na qual candidatos(as), inclusive o atual prefeito, não peguem bebês no colo. Mesmo assim, os bebês continuam discriminados em São Paulo: apenas 38,5% das crianças de até três anos frequentavam creche ou

---

* Oitiva de Fúlvia Rosemberg, em 29 de setembro de 2013, na Audiência Pública do Tribunal de Justiça de São Paulo. Recurso de Apelação n. 0150735-64.2008.8.26.0002, interposta na Ação Civil Pública promovida pela Ação Educativa Assessoria Pesquisa e Informação e outros em face da Municipalidade de São Paulo.

escola em 2010, percentual nitidamente inferior às crianças de quatro e cinco anos (86,3%), de acordo com dados do Censo Demográfico 2010. Ou seja, para a cidade de São Paulo, a criança de até três anos vale menos da metade que a criança de quatro e cinco anos. E menos ainda se consideramos a diferença entre o atendimento público e o privado, quando observamos uma inversão completa: matrículas na creche predominantemente privadas (77,2%), matrículas na pré-escola predominantemente públicas (71,8%) (MEC/Inep, 2011, apud Ação Educativa, 2013).

Ora, desde 1988, a sociedade brasileira, e em decorrência a paulistana, reconhece à criança pequena, ao bebê, o direito à creche. Ocorre então em São Paulo (como no Brasil) uma intensa contradição entre discurso e prática, entre legislação e vida. Destaco, pois, que há uma dívida brasileira e paulistana para com as crianças pequenas, para com os bebês e que ela não decorre apenas da desigual distribuição de rendimentos pelos segmentos sociais, mas também da desigual distribuição dos benefícios das políticas sociais, desigualdades sustentadas por gastos *per capita* nitidamente inferiores para crianças, particularmente para aquelas de zero a três anos.

A importância da creche na vida das pequeninas pode escapar aos adultos que têm autonomia de locomoção, que têm liberdade de ir e vir. Crianças pequenas, bebês, são populações cativas, cuja locomoção depende de adultos. Se não dispuserem de espaços alternativos à casa, viverão seus anos de pequena infância nas condições restritas do domicílio. Isto seria uma das razões para a necessidade de que, especialmente, as creches sejam de boa qualidade. Porém, no Brasil e em São Paulo, considera-se "evidente por si", "inquestionável" que o custo de uma criança na creche seja inferior (muito inferior) ao custo de um aluno na pós-graduação. Algumas pessoas, ao escutarem a frase anterior, poderiam julgá-la insana, tal a naturalização da ideologia adultocêntrica na sociedade brasileira, que considera que programas educacionais para crianças pequenas devem custar "naturalmente" menos que programas para adultos. Trata-se, porém, a meu ver, de construção ideológica bem conhecida: ocorre uma "naturalização" da desigualdade quando uma opção humana, social e histórica é transformada em algo "natural", portanto, inquestionável, porque imutável.

O valor de um bebê é menor para a sociedade paulistana por quê? Por que se investe menos na creche? Por que se considera realista a meta do Plano Nacional de Educação de chegar apenas a 50% da cobertura em creche em 2020 e não se considera que tal meta corresponde a uma discriminação contra os bebês? Não é natural! Não é intrínseco à condição de bebê custar menos, a sua "essência" ou "natureza". Também seu tamanho menor que o de crianças maiores, adolescentes, adultos ou idosos não pode justificar sua posição social. Investe-se menos porque seu tamanho é menor? Também não! A desvalorização do bebê decorre de ideologias de gênero e de idade que valorizam o padrão adulto e masculino associado à produção e à administração da riqueza e não à produção e à administração da vida. Desvaloriza-se esta função — a de educar e cuidar de crianças pequenas — por ser produção e reprodução da vida.

Esta é outra enorme contradição sustentada por discriminações sociais contra a mulher e o bebê. Considera-se, na sociedade brasileira, que educar e cuidar de crianças é uma atividade de responsabilidade exclusiva da mãe, se não desta, de outras mulheres: da avó, da empregada/babá, da "tia" ou professora, porque as mulheres "naturalmente" estão preparadas (por disporem de útero?) para educar e cuidar de crianças. A consequência desta associação é que este aspecto da vida reprodutiva — a educação e o cuidado da jovem geração — não faz parte do projeto nacional, do projeto político da cidade, de um projeto de direitos humanos à cidade. A discriminação social contra o bebê não é uma questão que mobiliza todas as esferas da vida social, os diversos movimentos sociais, as múltiplas profissões. A curta duração em anos desta etapa da vida parece diminuir nossa responsabilidade para com a cidadania plena dos bebês. Mas que não nos enganemos: os poucos meses ou anos de vida de um bebê significam toda sua vida!

A família paulistana, a mulher paulistana, a mãe paulistana como fazem se não dispõem de creche próxima ao local de moradia? Como se locomovem com um bebê no sistema de transporte coletivo de que dispomos? Entrar com um carrinho de bebê em ônibus da periferia para o centro? Carregar uma criança pequena, digamos de um ano, dois anos, no colo do ponto de ônibus/metrô/trem até a creche? Já se aferiu, nos inúmeros planos e projetos urbanísticos, a distância entre as paradas de transporte e a creche? Quem fez, nesta cidade, um projeto de locomoção de bebês? Daí a invisibilidade pública dos bebês, daí nosso desinteresse público, social pelos bebês. Não os vemos, portanto, não existem.

E à desigualdade etária se acrescenta a desigualdade econômica: de um modo geral, os subdistritos paulistanos mais pobres (Iguatemi, Grajaú, Capão Redondo, Jardim Ângela, entre outros) são os que dispõem de taxas de frequência à creche mais baixas, inferiores a 20% — a partir de dados publicados pela Ação Educativa (2013).

Uma boa parte da população brasileira e paulistana já considera a creche tão importante e necessária para o bebê quanto a atenção materna. A lista de espera da creche — com mais de 150 mil notificações em junho de 2013 — constitui uma pequena ponta do *iceberg* da demanda por creche na cidade. Esta insuficiência dificulta o trabalho de mulheres adultas. Vivemos uma época que proclama a igualdade de direitos entre homens e mulheres, mas não gera condições para o trabalho de mães de bebês ou crianças. Notamos uma distância entre o direito do trabalho das mulheres e a política de creches: não se dispõe de qualquer regulamentação no plano dos direitos trabalhistas, no âmbito das políticas municipais para contemplar o período de adaptação de bebês a creches. Trata-se de um dos aspectos mais fortes de nossa dívida para com as crianças pequenas: o descaso público com o período de adaptação à educação infantil. Isto é uma dimensão fundamental da qualidade!

Mantém-se, no Brasil, um estigma contra a creche. As mídias não contribuem para dar visibilidade a este direito de pais, mães e crianças, conforme tem mostrado a análise de pesquisadores do Núcleo de Estudos de Gênero, Raça e Idade (NEGRI) da PUC-SP. Nossos resultados mostram que a creche constitui um tema pouco relevante para a sociedade. A pequena atenção dada à creche como foco de política pública, a omissão de informações sobre esta etapa educacional, bem como a opacidade da descrição sobre a creche, associadas a um *clima de crise permanente*, e o fechamento de seus espaços para visita pública dificultam que a(o) cidadã(o) comum que não tem filhos(as) em idade de frequentar a creche se mobilize. Dificultam a busca de informações sobre como seus candidatos(as), seus partidos irão ampliar e melhorar a rede paulistana pública de creche. Como os políticos nos quais votou se comportam frente à política de creche.

Este monitoramento com transparência é imprescindível neste momento de implementação da nova LDB, que incorporou a emenda constitucional 59, que institui a obrigatoriedade de os pais matricularem seus filhos de quatro e cinco anos, erroneamente entendida como sinônimo de universalização da pré-escola. A obrigatoriedade é de os pais matricularem e zelarem pela frequência à pré-escola, conforme a LDB, de até 60% da carga horária. Qual o planejamento do município para ampliar as vagas em pré-escolas, informar as famílias sobre esta sua obrigação? O que ocorrerá com as famílias que não se curvarem ao dispositivo e ao percentual de frequência? Serão elas punidas conforme o Código Penal por abandono intelectual? Perderão direito ao Bolsa Família? Quem é e como se monitora se a expansão da pré-escola não está provocando os efeitos perversos já observados em outros países, isto é, instituir a obrigatoriedade sem planejamento e não ampliar as verbas? O resultado que se observou na Argentina, entre outros países, é o mesmo: redução do tempo integral, aumento do número de crianças por turma e... diminuição da oferta nas idades anteriores à obrigatoriedade! Ou seja, crianças de zero a três anos!

E voltamos ao ponto de partida. Monitorar a implementação da obrigatoriedade de frequência à pré-escola para que nossa dívida para com os bebês, particularmente os pobres, não aumente ainda mais! Como considerar que a participação de famílias com bebês nos destinos da cidade é cidadã com tantos impedimentos de mobilidade? Com tanta falta de apoio? Precisamos romper esses guetos, esses círculos viciosos e trazer o bebê, sua família e a creche para o centro do debate público, das prioridades nacionais e municipais.

Em outubro de 1983, participei da abertura de uma Comissão de Inquérito da Câmara Municipal de São Paulo sobre as creches. A situação se alterou muito graças à mobilização pública. Iniciativas como esta são imprescindíveis, mas esporádicas e, portanto, insuficientes. Crianças pequenas não dão mídia, não perturbam a ordem pública, não usam *crack*, não invadem propriedades públicas, não destroem propriedades privadas, não assaltam, não fazem passeata, não votam. Mas são cidadãs plenas.

Referências

AÇÃO EDUCATIVA. *Educação e desigualdades na cidade de São Paulo*. São Paulo: Ação Educativa, 2013. (Col. Em Questão, 8.)

INSTITUTO BRASILEIRO DE GEOGRAFIA E ESTATÍSTICA (IBGE). *Atlas do Censo Demográfico 2010*. Rio de Janeiro: IBGE, 2013. Disponível em: <http://censo2010.ibge.gov.br/apps/atlas/>. Acesso em: 29 ago. 2013.

ROSEMBERG, Fúlvia. *Atendimento às crianças de 0 a 6 anos de idade no município de São Paulo*. São Paulo: Fundação Carlos Chagas, 1983. (Mimeo.)

Políticas públicas e qualidade da educação infantil*,**

> "O presente não é um passado em potência, ele é o momento da escolha e da ação" (Beauvoir, 1962, p. 105)

> "O passado é lição para se meditar, não para se reproduzir" (Andrade, 1980, p. 29)

Ambas as epígrafes que abrem este texto são muito próximas; suas diferenças, sutis. Ao refletir sobre o passado e o presente neste artigo, procuro vislumbrar os desafios a enfrentar, os "momentos da escolha e da ação" (Beauvoir, 1962, p. 105). A frase de Mário de Andrade (1980) foi meu guia para estruturar ou compor o artigo: o passado imediato foi a palestra que proferi no III Encontro Estadual do ProInfância — Bahia MEC-UFBA, cuja proposta foi "A educação infantil no estado da Bahia: os desafios estão postos. E o que estamos fazendo?". Conforme o mestre, meditei sobre ela. No texto, esta me-

---

* Texto apresentado na reunião conjunta do grupo de trabalho e comissão de especialistas para a avaliação da educação infantil, realizada na Universidade Federal do Paraná, em 2014.

** A elaboração das tabelas esteve sob responsabilidade de Amélia Artes e a formatação do texto foi realizada por Marcia Caxeta.

ditação se traduziu na transformação de algumas das pranchas ali apresentadas em introdução ("Pontos iniciais para reflexão"). Porém, optei por não reproduzir a fala, mas dela destacar dois tópicos que, a meu ver, dão retaguarda aos desafios neste "momento da escolha e da ação": desigualdades e concepções de educação infantil.

Pontos iniciais para reflexão

Na reflexão sobre a história recente das políticas públicas para a educação infantil brasileira, é necessário, antes de tudo, não perder de vista que, "se há muito o que conquistar, muito já foi conquistado". Destacarei, inicialmente, a preocupação com a qualidade da oferta da educação infantil, recuperando alguns marcos.

O tema da qualidade entrou na mobilização pela educação infantil brasileira há tempos, antes mesmo de o termo "qualidade" ser nomeado ou se transformar em problema, objeto de pesquisa e objetivo de políticas públicas. Lembro nossas críticas, desde os anos 1970, ao "atendimento pobre para pobre".

Em decorrência de características sociais, políticas e culturais do Brasil, nossa trajetória no debate e nas práticas referentes à qualidade na educação infantil difere daquela do hemisfério norte. Por lá, conforme Sheridan (2001), a discussão sobre qualidade configurou-se em torno de quatro grandes temas: qual o melhor ambiente para bebês, a casa ou a creche, debate que se instalou por lá imediatamente após a II Guerra Mundial, em parte em decorrência dos estudos de Bowlby sobre apego; condições estruturais da oferta (espaço, ventilação, razão adulto/criança); processos internos e interações entre crianças e adultos; relação com entorno, contexto, "descentralização, diversidade, iniciativa local", eficiência, temas destacados no debate atual.

No Brasil, por outro lado, nossa preocupação tem focalizado o ordenamento legal e político, as condições mínimas indispensáveis para propor estratégias de avaliação visando atingir padrões de qualidade. Assim, desde 1993, o tema da qualidade aparece nos escritos oficiais do MEC. Exemplo: *Política de educação infantil: proposta* (Brasil, 1993), que retomava três pontos essenciais em termos de implementação de uma política pública de educação infantil democrática e com qualidade. Não podemos esquecer que esse documento de 1993 foi elaborado após a promulgação da Constituição de 1988, quando diversas esferas da administração pública federal estavam se ajustando aos novos tempos. Voltemos aos pontos cruciais daquele documento que pretendia demarcar-se do principal programa federal: o Projeto Casulo da Legião Brasileira de Assistência. O documento, elaborado pela Coedi (Coordenação de Educação Infantil), o primeiro da famosa série das "Carinhas", afirmava, dentre os objetivos da política de educação infantil:

- expandir a oferta de vagas para a criança de zero a seis anos;
- fortalecer, nas instâncias competentes, a concepção de educação infantil definida neste documento;
- promover a melhoria da qualidade do atendimento em creches e pré-escolas. (Brasil, 1993, p. 21)

Nas "Ações prioritárias", o mesmo documento detalhava esses objetivos em sete ações, que nos têm guiado — com exceção da ausência que se pode apontar de uma orientação específica ao respeito/ valorização da diversidade e das práticas inclusivas (tema mais recente) —, mesmo que nem todas tenham sido implementadas:

1. Definição e implementação, com as demais instâncias competentes, de metas e estratégias de expansão e melhoria da qualidade da Educação Infantil.
2. Eficiência e equalização no financiamento.
3. Incentivo à elaboração, implementação e avaliação de propostas pedagógicas e curriculares, especialmente àquelas que visem à da fundação educativa da creche.

ESCRITOS DE FÚLVIA ROSEMBERG

4. Promoção da formação e valorização dos profissionais de educação infantil.
5. Promoção da integração de ações interdisciplinares e intersetoriais de atenção à criança.
6. Criação de um sistema de informações sobre a educação infantil.
7. Incentivo à produção e divulgação de conhecimentos na área de educação infantil. (Brasil, 1993, p. 24-6)

Destacarei uma dessas ações por apresentar novidade neste exato momento: "criação de um sistema de informações sobre a educação infantil". Desde 1995, com a inclusão da creche nos inquéritos e censos demográficos do IBGE (Instituto Brasileiro de Geografia e Estatística), estamos avançando, mesmo não dispondo do sistema de informações de que precisamos para monitorar as políticas de educação infantil. O mais recente avanço foi a notícia do Inep (Instituto Nacional de Estudos e Pesquisas Anísio Teixeira), de março de 2014, de que os microdados do Censo Escolar 2013 já continham informações sobre a idade das crianças ajustadas a sua idade civil, indispensável para adequarmo-nos à conceituação legal de educação infantil, tema discutido adiante.

Da proposta de política de educação infantil de 1993 para cá, o MEC (Ministério da Educação) vem preparando e divulgando uma série de documentos (cujos títulos foram transcritos no Quadro 1) que tratam, direta ou indiretamente, do tema da avaliação e da qualidade da educação infantil.

Além dos documentos, há que se lembrar das mobilizações em torno do tema. A título de exemplo, destaco algumas dessas iniciativas:

- Diagnósticos sobre redes municipais (Rio de Janeiro, Belo Horizonte, Fortaleza, Florianópolis, entre outros).
- "Consulta nacional sobre a qualidade da educação infantil", incluindo a escuta de crianças (Movimento Interfóruns de Educação Infantil do Brasil — MIEIB).
- Realização de pesquisas nacionais e circulação de literatura internacional, seminários, introdução de escalas de avaliação da

Quadro 1
Publicações/documentos do MEC relacionados à qualidade da EI

- Política de educação infantil: proposta
- Integração das instituições de educação infantil aos sistemas de ensino
- Subsídios para o credenciamento e o funcionamento das instituições de educação infantil
- Referencial curricular nacional para a educação infantil
- Critérios para um atendimento em creches que respeite os direitos fundamentais das crianças — indicadores da qualidade na educação infantil
- Orientações sobre convênios entre secretarias municipais de educação e instituições comunitárias confessionais ou filantrópicas sem fins lucrativos
- Programa de formação inicial para professores em exercício na educação infantil — Pro-infantil
- Política nacional de educação infantil: pelo direito das crianças de zero a seis anos
- Parâmetros nacionais de qualidade para a educação infantil
- Parâmetros básicos de infraestrutura para instituições de educação infantil
- Parâmetros nacionais de infraestrutura para instituições de educação infantil
- Relatórios do Projeto de Cooperação Técnica MEC e UFRGS para a construção de orientações curriculares para a educação infantil
- Subsídios para diretrizes curriculares nacionais para a educação básica — diretrizes curriculares nacionais específicas para a educação infantil
- Orientações para oferta de educação infantil por meio de convênio
- Indicadores de qualidade na educação infantil
- Educação infantil: subsídios para construção de uma sistemática de avaliação

qualidade de ambientes que vêm ocorrendo nos últimos anos (por exemplo, o artigo de Campos, Füllgraf e Wiggers, 2006).

- Iniciativas recentes de criação do grupo de trabalho e da comissão de especialista sobre avaliação da educação infantil no MEC.

ESCRITOS DE FÚLVIA ROSEMBERG

Além desses avanços, é necessário destacar que, no Brasil, os enfoques sobre qualidade da educação infantil, atualmente, convergem para conceituações contemporâneas que podem ser consideradas de primeira linha em cenário mundial. Por exemplo, destacando as concepções de criança, educação infantil e qualidade no documento dos *Parâmetros nacionais de qualidade para educação infantil* (Brasil, 2006), não se lhes poderia avançar qualquer objeção. Vejamos:

CONCEITUAÇÃO DE CRIANÇA

A criança é um sujeito social e histórico que está inserido em sua sociedade na qual partilha de uma determinada cultura. É profundamente marcada pelo meio social em que se desenvolve, mas também contribui com ele [...]. A criança, assim, não é uma abstração, mas um ser produtor e produto da história [...]. (Brasil, 2006, p. 13)

Evocando as *Diretrizes curriculares nacionais da educação infantil*, os *Parâmetros* (Brasil, 2006, p. 35) informam sobre os princípios que orientam a educação infantil brasileira, que refletem uma concepção contemporânea e de grande abrangência:

a) Princípios Éticos da Autonomia, da Responsabilidade, da Solidariedade e do Respeito ao Bem Comum;
b) Princípios Políticos dos Direitos e Deveres de Cidadania, do Exercício da Criatividade e do Respeito à Ordem Democrática;
c) Princípios Estéticos da Sensibilidade, da Criatividade, da Ludicidade e da Diversidade de Manifestações Artísticas e Culturas. (Brasil, 2006, p. 35)

Os mesmos atributos podem ser associados à conceituação de qualidade, em consonância com os paradigmas mais contemporâneos e sustentados por autores(as) internacionais de escol:

• a qualidade é um conceito socialmente construído, sujeito a constantes negociações;
• depende do contexto;

- baseia-se em direitos, necessidades, demandas, conhecimentos e possibilidades;
- a definição de critérios de qualidade está constantemente tensionada por essas diferentes perspectivas. (Brasil, 2006, p. 24)

Porém, os próprios *Parâmetros* (Brasil, 2006, p. 23, grifos meus) alertam:

[...] no contexto brasileiro, discutir a qualidade da educação na perspectiva do respeito à diversidade implica necessariamente enfrentar e encontrar caminhos para superar *as desigualdades no acesso a programas de boa qualidade*, que respeitem os direitos básicos das crianças e de suas famílias, seja qual for sua origem ou condição social, sem esquecer que, entre esses direitos básicos, se inclui o direito ao respeito às suas diversas identidades culturais, étnicas e de gênero.

Portanto, o grande desafio para implementar uma educação infantil democrática e de qualidade no Brasil não depende de melhores diretrizes ou normatização mais ampla e abrangente, mas sim enfrentar o descompasso entre esse ideal, contemporâneo e sofisticado, e o real da prática cotidiana, o desafio entre o normatizado pelos documentos e pelas propostas sofisticadas que elaboramos nessas últimas décadas e as condições sociais, políticas, econômicas e culturais que geram uma sociedade e uma educação infantil ainda intensamente discriminatórias: de classe, gênero, raça, região, localização e idade, questão discutida no próximo tópico.

O desafio das desigualdades

As desigualdades sociais, consideradas endêmicas no país, afetam e são afetadas pela educação infantil brasileira, particularmente com referência às crianças menores, a despeito de políticas de redistribuição de renda que vêm sendo implementadas nas últimas décadas, como os Programas Bolsa Família e Brasil Carinhoso.

ESCRITOS DE FÚLVIA ROSEMBERG

Além das categorias discriminatórias comumente destacadas — classe, região, raça, gênero e localização do domicílio (rural e urbano) —, não se pode olvidar da dimensão idade, na medida em que indicadores de pobreza/riqueza apontam um viés etário: o percentual de brasileiros(as) situados(as) nos diferentes níveis de renda atesta uma posição desfavorável das crianças frente ao conjunto da população (Tabela 1).

Tabela 1

Distribuição da população por faixa etária, situação de domicílio e quartis de renda — Brasil, 2010

Situação de domicílio		Quartis de renda				
		1º quartil	2º quartil	3º quartil	4º quartil	Total
	Idade	%	%	%	%	%
Urbano	0 a 3	32,8%	30,4%	21,0%	15,9%	100,0%
	4 a 6	32,8%	30,4%	21,4%	15,4%	100,0%
	7 a 14	31,9%	31,2%	21,5%	15,4%	100,0%
	15 anos e mais	16,2%	22,9%	28,7%	32,2%	100,0%
	Total	20,0%	24,7%	27,0%	28,3%	100,0%
Rural	0 a 3	71,0%	20,2%	6,4%	2,4%	100,0%
	4 a 6	71,2%	20,0%	6,4%	2,4%	100,0%
	7 a 14	69,0%	21,5%	7,1%	2,5%	100,0%
	15 anos e mais	45,0%	27,1%	19,1%	8,9%	100,0%
	Total	52,1%	25,3%	15,6%	7,0%	100,0%
Total	0 a 3	39,6%	28,5%	18,4%	13,5%	100,0%
	4 a 6	40,0%	28,4%	18,6%	13,0%	100,0%
	7 a 14	38,9%	29,3%	18,8%	12,9%	100,0%
	15 anos e mais	20,4%	23,5%	27,3%	28,8%	100,0%
	Total	25,0%	24,8%	25,2%	25,0%	100,0%

Fonte: Microdados do Censo Demográfico 2010 (apud Rosemberg, 2012). Tabela elaborada por Amélia Artes. Variável utilizada: V6531 — rendimento domiciliar per capita em julho de 2010 (em reais).
1º quartil: renda de 0 a R$ 192,31; 2º quartil: renda de R$ 192,33 a R$ 399,94; 3º quartil: renda de R$ 400,00 a R$ 754,89; 4º quartil: renda acima de R$ 755,00.

Como se percebe pela distribuição de renda em quartis, os percentuais de pessoas situadas nos quartis inferiores de renda são mais acentuados entre crianças e adolescentes de até 15 anos de idade do que na população com 15 anos e mais. Porém, esse indicador se vê potencializado quando se percebe que são as crianças de até três anos as menos presentes entre os(as) estudantes brasileiros(as). Isto é, entre as pessoas que frequentavam creche ou escola em 2010, as crianças de até três anos constituíam o grupo minoritário. Assim, considerando-se os 59.565 milhões de estudantes brasileiros em todas as idades, em 2010 (Censo Demográfico 2010, apud Rosemberg; Artes, 2012a, 2012b), as crianças de até três anos completos representavam apenas 4,3% (2.575 milhões), percentual inferior àquele referente a sua frequência na população brasileira, que equivale a 5,7% (Tabela 2).

Tabela 2

Distribuição da população por faixas etárias — Brasil, 2010

Faixas etárias	N	%
0 a 3	10.938.867	5,7
4 a 5	5.801.556	3,0
6	2.891.596	1,5
0 a 6	19.632.019	10,3
População total	190.755.164	100,0

Fonte: Microdados do Censo Demográfico 2010 (apud Rosemberg; Artes, 2012b).

Ao disporem de uma presença reduzida no sistema educacional brasileiro, as crianças pequenas, os bebês, as de até três anos de idade angariam também reduzida visibilidade na educação, o que reforça o reduzido destaque recebido nas diversas esferas sociais. Complementarmente, em decorrência de a creche constituir um dos dispositivos sociais que favorecem a conciliação entre vida familiar e profissional para homens e mulheres, mas particularmente para as mulheres, pode-se considerar que a insuficiência de vagas em creche contribui para a manutenção da pobreza: de um lado, em decorrência de a manutenção da criança ficar exclusivamente sob a alçada da família quando a família da criança pequena não compartilha com a sociedade e o Estado os custos associados aos cuidados (alimentação, higiene, infraestrutura, entre outros); de outro lado, ao não se disponibilizarem vagas suficientes em creche, dificulta-se a atividade laboral de familiares adultos e, por vezes, mesmo a atividade escolar de crianças e adolescentes, particularmente das mulheres.

Com efeito, no Brasil, bem como em vários outros países do mundo, a creche e a pré-escola constituem dispositivos que facilitam a conciliação entre família e trabalho:

> A insuficiência de políticas públicas que facilitem a gestão das demandas conflitivas entre trabalho e cuidados da família, aliada à baixa participação masculina na divisão do trabalho não remunerado, repercute nas oportunidades laborais das mulheres, notadamente das mães com filhos dependentes e reforça desigualdades de gênero no mercado de trabalho [...]. (Sorj, Fontes e Machado, 2007, p. 577)

A análise das taxas de frequência à creche ou à escola entre crianças de até três anos, no Brasil contemporâneo, evidencia uma forte associação com o trabalho materno, associação muito menos intensa quando se focalizam crianças de quatro e seis anos (Tabela 3).

Tabela 3

Taxas de frequência à creche e à pré-escola e participação de mães no mercado de trabalho — Brasil, 2007 e 2008

Taxas	0-3	4 a 6
Frequência**	18,1	79,8
Participação de mães no MT*	41,9	48,3

Fonte: PNAD 1007* e 2008** (apud Evans, Kosec, 2011).

Tal associação sugere três interpretações complementares: a demanda por creche é determinada pelo trabalho materno; a oferta de vagas em creche propicia o trabalho materno; os sentidos atribuídos à educação infantil e as expectativas com relação a suas funções estão associados à idade das crianças com consequências para a frequência à creche e à pré-escola.

Para que o passado e o presente não se convertam na maldição de Sísifo, de um eterno retorno ao ponto de partida, é necessário que, pelo menos, se fique alerta quanto à introdução de "novidades" que desestabilizam modelos formais e completos de educação infantil, particularmente de creche, para reduzir o déficit de vagas referente à população não atendida. Trata-se do risco que tenho enunciado como "assistencialização" da creche, ou seja, do ressurgimento sistemático de soluções milagrosas que dariam conta do déficit de vagas em creche particularmente para a população situada nos níveis inferiores de renda.

Que não construamos ilusão: a despeito de permanecer a irmã pobre da educação básica, a creche constitui uma arena em disputa aberta ou velada, de diferentes forças/atores sociais: das religiões, das tendências teóricas e disciplinares da academia, dos diversos movimentos sociais, das instituições multilaterais, dos profissionais e suas organizações, do mercado, bem como das instâncias políticas e governamentais, complexificadas por interesses internacionais.

Nessas disputas, nem sempre a lealdade opta pelas crianças e suas famílias como foco, podendo ocorrer, mesmo, um uso instrumental das pessoas e dos grupos sociais. Propor que a alfabetização esteja completa aos seis ou aos oito anos de idade não releva apenas idiossincrasias de pessoas, grupos, não se sustenta apenas em conhecimentos ou no "maior interesse da criança": análises políticas também apontam interesses que vão de compromissos político-partidários a corporativos do mercado, entre outros. Tenho denominado, metaforicamente, de "cavalos de Troia" tais situações nas quais a infância, ou a criança, ou a educação infantil é usada como "embalagem" para lealdades externas a elas. Daí a necessidade de estado de alerta constante, de explicitar e exigir explicitação de lealdades e concepções, pois muitas delas estão em disputa pela hegemonia na/da educação infantil.

Para entender as disputas em torno de concepções, é necessário lembrar que o acesso à educação infantil no Brasil, particularmente das crianças de até três anos de idade, discrimina, intensamente, grupos já discriminados pela distribuição desigual das riquezas materiais e simbólicas produzidas pela sociedade brasileira, conforme se observa no Quadro 2.

Quadro 2

Taxas de frequência à creche ou à escola de crianças de zero a seis anos por localização e variáveis selecionadas — Brasil, 2010

Variáveis selecionadas	Urbana				Rural				Total
	Idades				Idades				
	0 a 3	4 e 5	6	Total	0 a 3	4 e 5	6	Total	
Sexo	%								
Homem	26,2	82,9	95,6	53,0	11,9	66,7	91,1	40,7	50,8
Mulher	25,9	83,1	96,0	52,9	12,3	68,6	91,8	41,4	50,8
Cor/raça	%								
Branca	27,8	84,0	96,5	53,1	10,8	65,9	93,4	38,7	51,2
Negra*	24,1	82,0	95,2	52,8	13,0	69,4	91,4	42,8	50,6
Região	%								
Norte	14,5	75,9	92,5	43,8	9,3	54,2	81,3	33,2	40,5
Nordeste	24,5	89,0	96,4	53,7	15,1	80,3	94,7	46,9	51,7
Sudeste	29,6	85,8	96,7	56,0	9,5	60,7	93,6	38,3	54,7
Sul	29,6	72,3	94,7	51,8	9,9	53,0	93,0	36,5	49,6
Centro-Oeste	19,9	75,0	94,7	47,0	5,9	45,3	86,2	30,3	45,0
Renda (quartil)	%								
1º	19,3	77,1	93,4	47,2	11,9	67,5	90,6	40,8	45,1
2º	23,4	81,8	95,9	97,3	11,5	66,8	93,2	40,6	49,8
3º	29,7	86,4	97,3	56,5	14,0	68,9	94,8	43,0	55,6
4º	40,0	93,0	98,5	63,8	18,2	75,0	95,2	47,0	63,2
Total geral	**26,0**	**83,0**	**95,8**	**52,9**	**12,1**	**67,6**	**91,5**	**41,0**	**50,8**

Fonte: Microdados do Censo Demográfico 2010 (apud Rosemberg; Artes, 2012a).

* Conjunto de crianças declaradas pretas e pardas.

O acesso de meninas e meninos à creche e à escola nessas idades não apresenta diferenças (50,8% para cada sexo). Também as diferenças são mínimas quando se comparam as taxas de frequência entre crianças declaradas brancas e negras: 51,2% de taxa de frequência entre brancas e 50,6% entre negras, observando-se que em área rural e para dois grupos etários (0 a 3 e 4 e 5), as taxas de frequência de crianças negras foram superiores às de crianças brancas. Isto se deve ao processo histórico de criação de programas para a então denominada "população carente" e ao fato de a oferta municipal e conveniada frequentemente estabelecer prioridade para crianças provenientes de famílias com níveis inferiores de renda, opção também reforçada por promotores públicos no processo contemporâneo de judicialização da educação infantil.

Porém, as diferenças de acesso à creche e à escola são significativas quando se consideram as regiões (variação na taxa total de zero a seis anos entre 40,5% e 54,7%), a localização do domicílio, mas, sobretudo, quando se comparam os quartis de renda e as idades. Com efeito, a taxa de frequência total à creche ou à escola de crianças cujo rendimento domiciliar *per capita* equivale ao 1º quartil de renda (o mais baixo) é de 45,1% e aquele das crianças situadas no quartil mais rico é de 63,2%, ou seja, 18,1 pontos percentuais de diferença. Porém, nenhuma delas atinge o nível das desigualdades etárias: assim, em área rural a taxa de frequência varia de 12,1% entre as crianças de até três anos a 91,5% entre as de seis anos.

Como argumento para cobrir esse déficit e essas desigualdades revoltantes, periodicamente surgem, então, soluções "milagrosas", as que denomino "cavalos de Troia", no cerne das quais se pode notar, em disputa, a concepção de educação infantil, objeto de discussão do próximo tópico.

Concepções e conceitos de educação infantil, creche e pré-escola

Relembrando: o sistema educacional brasileiro, a partir da Lei de Diretrizes e Bases da Educação Nacional (LDB, 1996/2013), é constituído por dois níveis — educação básica e educação superior. Por sua vez, a educação infantil, ao lado dos ensinos fundamental e médio, constitui uma das etapas da educação básica e comporta, ela mesma, duas subetapas: a creche, destinada a crianças de até três anos (e onze meses), e a pré-escola, a crianças de quatro e cinco anos (e onze meses).

A versão de 2013 da LDB (Lei n. 9.394) instituiu, a partir da Emenda Constitucional n. 59/09, a obrigatoriedade de matrícula na educação básica de crianças e adolescentes entre quatro e dezessete anos (e onze meses). Portanto, famílias com crianças de quatro e cinco anos (e onze meses) devem matriculá-las em pré-escolas, estando sujeitas aos mesmos direitos e obrigações que antes eram exclusivos de crianças na faixa etária de seis a catorze anos no ensino fundamental.

A educação infantil apresenta três particularidades quando confrontada a outras etapas de ensino: a primeira, e sem dúvida marcante, refere-se a sua definição exclusivamente pela idade da criança; a segunda tem a ver com a fluidez da conceituação das etapas que a constituem; a terceira relaciona-se à disputa histórica em torno da concepção de creche. Vejamos, em mais detalhe, cada um desses pontos.

A LDBEN, na seção II "Da educação infantil" do capítulo II "Da educação básica", estabelece:

Art. 30. A educação infantil será oferecida em
I. Creches ou entidades equivalentes, para crianças de até três anos de idade;
II. Pré-escolas, para crianças de quatro e cinco anos de idade. (Brasil, 2013).

Tal conceituação estabelece a comunidade entre creche e pré-escola ao conceituá-las pela idade, e não por seriação, graduação ou outra hierarquia. Tal concepção acarreta uma série de consequências, como o impedimento de avaliação da criança para fins de progressão em anos ou etapas subsequentes, pois o que comanda é a idade civil da criança. Porém, o mais intenso impacto nas políticas educacionais é que a educação infantil constitui um direito à educação da criança associado à idade. Se não dispuser de vagas para frequentar a creche ou a pré-escola nas idades previstas por lei, a sociedade estará cometendo uma injustiça irremediável.

Além disso, do ponto de vista legal, a expressão educação infantil, quando referida ao sistema educacional brasileiro, tem uma conceituação própria e específica, não abrangendo a educação não formal destinada à população de crianças no geral, como aquela sob responsabilidade familiar ou oferecida em domicílio ou instituições não educacionais. Conforme a Resolução n. 5 do Conselho Nacional de Educação, de 17/12/2009 (Brasil, 2009, p. 12):

> 2.1 Educação Infantil:
> Primeira etapa da educação básica, oferecida em creches e pré-escolas, as quais se caracterizam como espaços institucionais não domésticos que constituem estabelecimentos educacionais públicos ou privados que educam e cuidam de crianças de 0 a 5 anos de idade no período diurno, em jornada integral ou parcial, regulados e supervisionados por órgão competente do sistema de ensino e submetidos a controle social.
> É dever do Estado garantir a oferta de Educação Infantil pública, gratuita e de qualidade, sem requisito de seleção.

Se esta primeira distinção é praticamente consensual na gestão educacional, observa-se que a prática, captada via discursos do senso comum e em estatísticas educacionais, pode afastar-se do legal quanto às etapas que compõem a educação infantil (creche, pré-escola) e às idades que acolhe em seu conjunto (zero a cinco anos) ou em suas etapas (creche até três anos e onze meses, pré-escola, entre quatro e cinco anos e onze meses). Por exemplo, a mídia (Santos, 2012) ou a academia (Urra, 2011) podem reservar o termo creche a instituições públicas e que atendem "crianças pobres".

Considerando-se as estatísticas, o *Censo Demográfico 2010* incluiu as classes de alfabetização como "curso" intermediário entre a pré--escola e o ensino fundamental, etapa não prevista na regulamentação da educação básica pela LDB.

Por outro lado, quando se analisa o montante de matrículas em creche e pré-escola pelos dados do *Censo Escolar 2010*, observa-se que crianças que frequentam a creche podem ter mais de três anos e onze meses, na medida em que, historicamente, creche e pré-escola apresentam trajetórias diversas associadas a diferentes segmentos sociais e visando a diferentes objetivos educacionais (Rosemberg, Artes, 2012a, 2012b). Daí o alerta sobre conceituação: pesquisadores, ativistas e gestores não podemos adotar ou fiar na concepção "nativa" de creche quando analisamos, propomos e implementamos políticas públicas, pois ela gera equívocos.

No aspecto do direito à educação associado à idade, a versão de 2013 da LDB mantém, porém, associada à creche (e apenas a ela), a ardilosa expressão "entidades equivalentes", resquício indesejável de outras formas de educação e cuidado para a criança de até três anos de idade, além da creche. Isto pode configurar uma cunha na construção de uma política de educação infantil de qualidade, posto que permite ataques à unicidade da educação infantil, a sua formalidade e a sua completude.

Ao refletirmos sobre a trajetória da educação infantil brasileira nas últimas décadas, observamos investidas para dissociar creche e pré-escola: para a pré-escola, observa-se o fortalecimento crescente de sua institucionalização e formalização, aproximando-a da institucionalização e formalização do ensino fundamental, nos moldes do que se tem denominado em inglês de *schoolification*. Por exemplo, a Emenda Constitucional n. 59/09, que instituiu a obrigatoriedade de matrícula/frequência de crianças de quatro e cinco anos na pré-escola, aproxima essa etapa ao ensino fundamental, aproximação enfatizada pela recente campanha para que o processo de alfabetização esteja completo aos seis anos de idade, mais um dos "cavalos de Troia" da educação infantil.

Por outro lado, quando se volta o olhar para a creche, a tendência não parece ser a mesma, ocorrendo relutância em lhe dar visibilidade, de integrá-la plenamente ao sistema educacional, sendo atacada, periodicamente, por propostas de modelos familiaristas. Assim, a sociedade brasileira continua sendo bombardeada por propostas de educação de "pais" (mães), de creches domiciliares, ou de vale-creche, mais recentemente, em vez da criação de creches completas, de fato integradas ao sistema educacional.

Quais as críticas que se podem aventar a tais programas? Em primeiro lugar, a incompletude, pois falta-lhes sempre um componente, retirando dos(as) usuários(as) o pleno exercício de seus direitos, retirada que incide sobre aqueles segmentos sociais que dispõem de menos recursos. Além disso, a ideologia familiarista que geralmente vinculam e reforçam. Um exemplo é o PIM (Primeira Infância Melhor), criado no estado do Rio Grande do Sul em 2003 e alçado à condição de política pública em 2006 (Klein, Meyer e Borges, 2013, p. 915), que se destina à "educação das famílias da gestação aos 6 anos", usando recursos da educação infantil. Transcrevemos, abaixo, a crítica contundente de Klein, Meyer e Borges (2013, p. 916) a tal experiência gaúcha:

> Ao delimitar fatores de risco e "obrigações" relacionadas à gestação e à maternidade, o PIM produz uma noção de saúde e normalidade, em oposição a patologia e a anormalidade, e tais posicionamentos têm efeitos concretos na vida de indivíduos e grupos. O PIM utiliza estratégias discursivas para discutir temas relacionados ao corpo: violência, uso de drogas, organização familiar, gestação, parto, amamentação, sexualidade, cuidados com a saúde e a educação das crianças, consumo de alimentos, higiene doméstica, cuidados pessoais entre outros [...].
> Dessa forma, o Estado vai desamparando mães já desamparadas e que devem, desde os primeiros meses, se responsabilizar por cada detalhe de sua gravidez e da formação do feto, já "cidadão". Mas onde estão as políticas que amparam as mães, as tias, as avós, as solteiras e as madrinhas que trabalham e que criam crianças de várias pessoas temporariamente, e por meses e anos? Onde estão as políticas que, em vez de ensinar o "como ser" e o "como deve ser", enfrentem os problemas institucionais e sociais que viabilizariam a essas famílias e mulheres possibilidades de superação efetiva de suas dificuldades de trabalho, de alimentação, de moradia e de saúde?

Complementaríamos: onde estão as creches?

Encerramento

Como qualquer campo da política pública, a institucionalização da educação infantil colocou-a também como terreno em disputa pelos diferentes atores sociais, na medida em que congrega dois tipos de sujeitos humanos cobiçados no mundo social. De um lado, as crianças, particularmente os bebês, envoltas pelo discurso (ideologia) de sua "maleabilidade", edulcorado pela metáfora das "janelas de oportunidades", *remake* dos antigos "períodos críticos" dos etólogos: se não se investir nesse período da vida, mesmo que seja com programas incompletos como a educação de pais (mães), as crianças, quando adultas, não serão os cidadãos que se espera. Daí, para alguns, ser "melhor prevenir" o futuro que implementar programas que tratem bem, que cuidem bem da criança pequena, do bebê hoje. De outro lado, a cobiça também recai sobre a mãe, moralizando-a e a seu corpo, desde a gestação. Tempos complexos que requerem cuidados e atenção redobrados frente à diversidade de valores, modelos e expectativas.

Portanto, após a realização da extensa e importante pesquisa de avaliação do ProInfância no estado da Bahia, explicito ao grupo o desafio: manter os avanços, planejar e executar a superação dos problemas observados, principalmente no que diz respeito ao direito à creche dos bebês. Para que a Bahia não seja considerada um estado hostil aos bebês.

Referências

ANDRADE, Mario de. *Poesias completas*. Belo Horizonte: Itatiaia, 1980.

BEAUVOIR, Simone de. *Pour une morale de l'ambiguïté*. Paris: Gallimard, 1962.

BRASIL. Lei n. 9.394, de 20 de dezembro 1996. Estabelece as diretrizes e bases da educação nacional. 8. ed. Brasília: Câmara dos Deputados, Edições Câmara, 2013.

BRASIL. *Emenda constitucional n. 59*, de 11 de novembro de 2009. Brasília, 2009.

_____. Ministério da Educação. Conselho Nacional de Educação. Câmara de Educação Básica (MEC/CNE/CEB). Resolução n. 5, de 17 de dezembro de 2009. Resolução CNE/CEB 5/2009. *Diário Oficial da União*, Brasília, 18 dez. 2009. Seção 1, p. 18.

_____. Ministério da Educação. Secretaria de Educação Básica (MEC/SEB). *Parâmetros nacionais de qualidade para a educação infantil*. Brasília, 2006. v. 1.

_____. Ministério da Educação. *Política de educação infantil*: proposta. Brasília: MEC, SEF, Coedi, 1993.

CAMPOS, Maria M.; FÜLLGRAF Jodete; WIGGERS, Verena. A qualidade da educação infantil brasileira: alguns resultados de pesquisa. *Cadernos de Pesquisa*, São Paulo, v. 36, n. 127, p. 87-128, jan./abr. 2006.

EVANS, David; KOSEC, Katrina. *Educação infantil*: programas para a geração mais importante do Brasil. São Paulo: Banco Mundial, 2011.

KLEIN, Carin; MEYER, Dagmar E.; BORGES, Zulmira. Políticas de inclusão social no Brasil contemporâneo e educação da maternidade. *Cadernos de Pesquisa*, São Paulo, v. 43, n. 150, p. 906-23, 2013.

ROSEMBERG, Fúlvia. Políticas públicas e qualidade da educação infantil. In: ENCONTRO ESTADUAL DO PROINFÂNCIA BAHIA. 3. *Educação infantil no estado da Bahia*: os desafios estão postos! E o que estamos fazendo? MEC/Universidade Federal da Bahia, mar. 2014.

_____; ARTES, Amélia C. O rural e o urbano na oferta de educação para crianças de até 6 anos. In: BARBOSA, Maria Carmen S. et al. (Org.). *Oferta e demanda de educação infantil no campo*. Porto Alegre: Evangraf, 2012a. p. 13-69.

_____. *Análise dos dados quantitativos das condições educacionais de crianças de 0 a 6 anos residentes em área rural*. Pesquisa Nacional: caracterização das práticas educativas com crianças de 0 a 6 anos de idade residentes em área rural. Brasília, 2012b.

SANTOS, Carla P. *Discursos sobre a creche no jornal Folha de S.Paulo on-line*. Dissertação (Mestrado em Psicologia Social) — Pontifícia Universidade Católica de São Paulo, São Paulo, 2012.

SHERIDAN, Sonja. A comparison of external and self-evaluations of quality in early childhood education. *Early Child Development and Care*, v. 164, n. 1, p. 63-78, 2001.

SORJ, Bila; FONTES, Adriana; MACHADO, Danielle C. As políticas e as práticas de conciliação entre família e trabalho no Brasil. In: SEMINÁRIO INTERNACIONAL MERCADO DE TRABALHO E GÊNERO: COMPARAÇÕES BRASIL/FRANÇA. São Paulo: Fundação Carlos Chagas, abr. 2007.

URRA, Flávio. *Concepções de creche em revistas brasileiras de Pediatria*: uma interpretação a partir da ideologia. Dissertação (Mestrado em Psicologia Social) — Pontifícia Universidade Católica de São Paulo, São Paulo, 2011.

Parte 5

FÚLVIA, PESQUISADORA CRÍTICA:
PRODUÇÃO CONSISTENTE DE INDICADORES

O conceito e o modo de calcular as idades: último legado

Rita de Cássia de Freitas Coelho*

Fúlvia Rosemberg sempre se comprometeu, de forma corajosa e competente, com o debate e a formulação da política pública de educação, especialmente em relação às questões étnico-raciais, de gênero e da educação infantil. Tinha ideias construídas a partir de uma formação intelectual sólida e constantes estudos.

O texto apresentado a seguir é resultado de dois documentos produzidos no diálogo com a Secretaria de Educação Básica (SEB) e com o Instituto Nacional de Estudos e Pesquisas Educacionais Anísio Teixeira (Inep), considerando o contexto de tramitação do Plano Nacional de Educação (PNE), e visando propor metodologia de monitoramento da implementação da matrícula obrigatória na pré-escola, a partir dos 04 (quatro) anos de idade.

O trabalho foi desenvolvido analisando-se as discrepâncias entre as conceituações de educação infantil do INEP e do Instituto Brasilei-

---

* Coordenadora Geral de Educação Infantil do Ministério da Educação (MEC).

ro de Geografia e Estatística (IBGE), mediante proposta de estratégias de acompanhamento da expansão, selecionando indicadores e variáveis.

Infelizmente, o estudo ficou inconcluso nas suas recomendações finais que deveriam evidenciar as principais tendências observadas na expansão da educação infantil antes e após a obrigatoriedade de matrículas na pré-escola.

Trata-se de contribuição da mais alta relevância para consolidar uma concepção correta e completa da educação infantil, bem como para subsidiar a construção de indicadores e qualificar o debate de uma das dimensões identitárias da educação infantil mais importante e pouco pesquisada: o conceito de idade e o modo de calcular as idades.

É um texto inédito que permanece nos iluminando. Continuamos dialogando com a Fúlvia, mesmo ausente. Trata-se de uma conversa muito viva que nos fornece uma direção, desafiando-nos de modo irresistível, mesmo sabendo que é difícil vencer seus argumentos.

Análise das discrepâncias entre as conceituações de educação infantil do Inep e do IBGE: sugestões e subsídios para uma maior e mais eficiente divulgação dos dados*

Parte 1. Estudo exploratório sobre o cálculo de idade no censo escolar 2010: subsídios para discussão

Este estudo visa a subsidiar a construção de indicadores para o monitoramento da implementação da obrigatoriedade de frequência/matrícula de crianças de 4 e 5 anos na pré-escola. Seus objetivos específicos visam a compreender:

1) As diferenças que vêm sendo observadas entre os dados coletados, processados e divulgados referentes aos inquéritos do Instituto Brasileiro de Geografia e Estatística (IBGE) sobre frequência à creche e à escola entre crianças de até 5 anos e aqueles processados e divulgados pelo Instituto Nacional de Estudos e Pesquisas Educa-

---

* Este artigo é resultado de um relatório técnico realizado no 2º semestre de 2013 e solicitado pela Coordenação Geral de Educação Infantil (Coedi), pela Diretoria de Currículos e Educação Integral (Dicei) e pela Secretaria de Educação Básica (SEB) para atender ao edital Unesco BRZ/1041 — "Apoio ao desenvolvimento de estratégias de implementação do Plano Nacional de Educação no tocante às políticas públicas de educação básica".

cionais Anísio Teixeira (Inep) no Censo da Educação Básica sobre matrícula na educação infantil da mesma faixa etária.

2) A defasagem entre a conceituação legal de creche e pré-escola, referida exclusivamente à criança de até 3 anos e 11 meses (ou 47 meses) em creche e de 4 anos e 5 anos e 11 meses (ou 71 meses) na pré-escola, sem progressão seriada, e aquela adotada por instituições escolares.

Breve estado da questão

Desde os anos 1980, vários(as) pesquisadores(as) vêm apontando e se preocupando com diferenças entre os dados coletados, processados e divulgados pelos Censos Escolares sob responsabilidade do Inep e pelos inquéritos domiciliares sob responsabilidade do IBGE (Fletcher e Ribeiro, 1988; Gusso, 1982; Rosemberg, 1999; Rosemberg e Artes, 2012, entre outros). Nos estudos referentes ao ensino fundamental, os(as) pesquisadores(as) notaram sub-registro das informações sobre frequência à escola nos inquéritos do IBGE; nos estudos sobre educação infantil, a tendência era oposta.

Considerando o conjunto de informações para a educação básica, o *Resumo técnico — Censo Escolar 2010* (Brasil, s/d.), no gráfico 1.2 ("Comparação entre matrículas da Educação Básica — Censo Escolar *vs* PNAD. Brasil 2007, 2010"), informa a seguinte ordem de diferença entre os dados de ambas as fontes: em 2007, 1,3 milhão; em 2008, 2,4 milhões; e em 2009, 2,1 milhões, diferença relativamente pouco expressiva diante do montante de unidades (variando entre 50,5 e 53,2 milhões de matrículas/alunos na educação básica).[1]

Em estudo anterior (Rosemberg e Artes, 2012), apontamos que as diferenças são mais expressivas na educação infantil quando se

---

1. Para o período de 2002 a 2007, o artigo "O que mudou no Censo Escolar da educação básica" (Inep, 2009) efetuou uma importante análise sobre os percalços enfrentados na implementação da nova metodologia que permitiu a "correção da duplicidade de alunos", novidade que, associada ao questionamento por parte de instituições privadas, acarretou a diminuição do número de matrículas entre 2006 e 2007 (p. 12).

comparam as diferentes etapas da educação básica e na faixa até 3 anos (Quadros 1 e 2). Para interpretar os dados referentes à pré-escola e ao ensino fundamental, não se pode deixar de considerar, entre outras variáveis, a manutenção da classe de alfabetização nas alternativas de "cursos" na coleta e no processamento de dados referentes ao Censo Demográfico 2010.

Quando se comparam os dados por idade, observa-se que, quanto menor a idade da criança, maior a diferença (Quadro 2).

Dentre os estudos recentes sobre educação infantil, destacamos, inicialmente, aquele realizado por Kappel (2008) a partir de solicitação da Coordenação Geral de Educação Infantil (Coedi) e do Ministério da Educação (MEC). Conforme a autora, o estudo visava à "análise da base de dados do Censo Escolar do INEP", sendo o tópico 1.3 destinado à comparação dos "Resultados do INEP x IBGE: análise do sub-registro" (p. 7). O estudo foi realizado logo após a "utilização dos instrumentos eletrônicos em 2007, quando o registro passou a ser aluno por aluno, e não mais de estatísticas agregadas por turma e série" (Kappel, 2008, p. 8). Mesmo reconhecendo a inovação e a necessidade de ajustes em experiências inovadoras, a autora menciona que:

> [...] o não acompanhamento em paralelo vem gerando problemas, pois dados de matrícula por idade, referentes a 2007, de acordo com informações de técnicos do INEP, ainda não podem ser divulgados, uma vez que foram detectadas inúmeras inconsistências entre resultados, provenientes, pincipalmente, do preenchimento do formulário do "Cadastro do aluno". (Kappel, 2008, p. 8)

Kappel (2008) continua sua análise sobre o sub-registro comparando dados das edições 2001 e 2006 da Pesquisa Nacional por Amostra de Domicílios (PNAD) com dados dos Censos Escolares 2001 e 2006. Além de observar um aumento das diferenças quanto ao número de crianças matriculadas/frequentando creche ou escola, conclui que "as pesquisas domiciliares estão *captando* mais informações sobre a realidade do atendimento educacional às crianças do que o Censo Escolar, principalmente no caso daquelas com menos de 4 anos de

Quadro 1

Número de pessoas frequentando/matriculadas em creche ou escola por etapa e modalidade de educação — Brasil, 2010

IBGE (1)		Inep (2)		Diferença (1 – 2)	
Etapa e/ou modalidade	Valores – N	Etapa e/ou modalidade	Valores – N	Valores – N	Variação
Creche	2.221.948	Creche	2.074.579	147.369	**7,1%**
Pré-escola	5.125.568	Pré-escola	4.717.516	408.052	**8,6%**
Total educação infantil	7.347.516	Total educação infantil	6.792.095	555.421	8,2%
Classe de alfabetização	—	—	—	2.834.199	—
Regular EF I	14.759.064	EF I	16.893.490	–2.134.426	**–12,6%**
EF não seriado	142.653	—	—	—	—
Regular EF II	14.031.841	EF II	14.254.717	–222.876	**–1,6%**
Total ensino fundamental	28.933.558	Total ensino fundamental	31.148.207	–2.214.649	–7,1%
Regular EM	8.875.543	EM	8.358.647	516.896	**6,2%**
Total educação básica	47.990.816	Total educação básica	46.298.949	1.691.867	3,6%
		E. profissional	925.353	—	—
EJA	915.955	—	—	—	—
EJA EF	1.815.226	EJA EF	2.883.209	–1.067.983	**–37,0%**
EJA EM	1.723.817	EJA EM	1.389.217	334.600	**24,1%**
		EJA outros	53.161	—	—

Fonte: *Microdados do Censo Escolar 2010; Microdados do Censo Demográfico 2010*. Tabela organizada por Amélia Artes (2013).

Quadro 2

Número de unidades relacionadas a crianças de 0 a 6 anos frequentando/matriculadas em creche ou escola por idade, localização e instituição produtora do dado — Brasil, 2010

Idades	Urbano			Rural			Total		
	IBGE (1)	Inep (2)	Diferença (1 – 2)	IBGE (1)	Inep (2)	Diferença (1 – 2)	IBGE (1)	Inep (2)	Diferença (1 – 2)
0 a 3	2.338.887	1.419.477	919.410	237.059	115.591	121.468	2.575.946	1.535.068	1.040.878
4 e 5	3.912.499	3.280.146	632.353	734.486	645.742	88.744	4.646.985	3.925.888	721.097
6	2.246.436	2.201.915	44.521	499.980	516.814	−16.834	2.746.416	2.718.729	27.687
Total	8.497.822	6.901.538	1.596.284	1.471.525	1.278.147	193.378	9.969.347	8.179.685	1.789.662

Fonte: Microdados Censo Demográfico 2010; Microdados Censo Escolar 2010 (apud Rosemberg e Artes, 2012).

idade" (Kappel, 2008, p. 10, grifo nosso). A seguir, levanta dez "possíveis indicativos do sub-registro" (Quadro 3).

Quadro 3
Possíveis indicativos de sub-registro de matrículas nos
Censos Escolares 2001 e 2006 conforme Kappel (2008)

- Existência de creches e pré-escolas em funcionamento no Brasil e não cadastradas no Inep.

- Problemas na coleta das informações através dos censos escolares, tendo em vista que apenas as instituições cadastradas recebem orientações para o preenchimento dos formulários do Inep.

- Entendimento, por parte de muitas secretarias, de que só é educação infantil se o estabelecimento estiver funcionando dentro do sistema escolar, ou seja, somente as creches e pré-escolas credenciadas devem participar do Censo Escolar (Ex.: em alguns municípios da Região Metropolitana do Rio de Janeiro, foi evidenciado tal entendimento).

- Falta de um maior diálogo das secretarias municipais com as instituições de educação infantil, incorporadas recentemente ao sistema de ensino.

- Falta de uma chamada mais efetiva das esferas públicas federal, estaduais e municipais junto às instituições de educação infantil na ocasião do Censo.

- Pouca mobilização, por parte do Governo Federal, no sentido de valorizar a incorporação das creches que ainda estão na área social, a fim de que possam integrar as políticas públicas de educação (existência de creches ainda vinculadas à secretaria de saúde ou de assistência social e que, portanto, não fazem parte dos cadastros do Inep).

- Necessidade de incorporação das creches comunitárias ao sistema de ensino.

- Falta de regularização do que já existe (instituições de educação infantil).

- Falta de comunicação entre as três esferas de governo.

- Dificuldades diversas que levam o informante a não preencher o questionário do Censo Escolar (inexistência de equipamento, precariedade dos registros das informações do alunado e corpo docente, etc., recursos humanos não capacitados, dentre outras).

Fonte: Kappel (2008, p. 10-1).

Como se percebe, nenhum dos motivos evocados de sub-registro se refere ao cálculo de idade. Isto é, as hipóteses habitualmente levantadas para explicar tais diferenças referiam-se, sobretudo, a procedimentos relacionados à coleta de dados, aventando-se, como eventuais determinações das diferenças, a diversidade tanto na conceituação de creche ou pré-escola, quanto na data de referência das pesquisas, quanto no tipo de informante ou na qualidade da resposta ao questionário. Por exemplo, Rosemberg e Artes (2012) destacaram, principalmente, concepções de creche; Antônio (2013), na dissertação *O que dizem os números sobre crianças matriculadas na creche brasileira* (2007/2011), destaca oito razões que "justificariam" tal diferença, sem mencionar o impacto dos procedimentos para cálculo da idade na diferença observada entre os dados, omissão também detectada no artigo de Campos, Esposito e Gimenes (2013), que retomaram as observações de Rosemberg e Artes (2012).

A hipótese do impacto do cálculo de idade nos números é mencionada no recente estudo realizado pelo Inep, Nota técnica n. 01/2013, cujo assunto indicado é "comparação entre dados do Inep e do IBGE". O estudo assinala que os "principais pontos que devem ser considerados para comparação" são o conceito de idade utilizado; a data de referência do Censo Escolar *vs* a data de referência dos levantamentos domiciliares; o conceito de aluno e de matrícula *vs* as etapas e as modalidades dos levantamentos domiciliares que consideram etapas anteriores à Lei de Diretrizes e Bases (LDB); os informantes (Inep, 2013, p. 3-4). O documento afirma ainda: "A tabela apresentada a seguir mostra alguns resultados que não deixam dúvidas de que o *conceito de idade* precisa ser compatibilizado antes da comparação, sem mencionar os itens já enunciados anteriormente" (Inep, 2013, p. 4, grifo nosso). Esta é, de fato, a primeira menção explícita que localizamos, nos documentos consultados, sobre a necessidade de compatibilizar ou ajustar o conceito de idade das diferentes fontes, recomendação que acatamos como pista fundamental para o presente trabalho.[2]

Neste estudo, adentramos, então, um pouco mais a análise dos procedimentos para processamento dos dados de matrícula de crian-

---

2. Não localizamos, no referido documento, explicitação do procedimento adotado para o ajuste efetuado no cálculo de idade.

ças de até 5 anos no Censo Escolar 2010, visando a captar o impacto do cálculo da idade no número de matrículas por idade. Para tanto, foram analisados o número e a distribuição de matrículas por data de nascimento (mês e ano) das crianças a partir de tabulações especiais dos *Microdados do Censo Escolar 2010*, complementadas por comparação com dados do Censo Demográfico 2010.[3]

Para esse processamento dos *Microdados do Censo Escolar 2010*, não foram usados filtros utilizados pelo Inep no processamento dos dados publicados na *Sinopse estatística de educação básica: 2010*, o que redundou na análise de 8.179.685 matrículas de crianças de até 6 anos.

Procedimentos para delimitar a idade

São três os procedimentos que incidem na delimitação da idade: o tipo de informação coletada, a data de referência para o cálculo da idade e o modo de calcular a idade (Quadro 4).

Quadro 4
Procedimentos adotados para a delimitação da idade por instrumento de coleta — Brasil, 2010

Procedimentos	Censo Escolar 2010	Censo Demográfico 2010
Informação coletada	Dia, mês, ano	Mês, ano
Data de referência	26 de maio 2010 (última quarta-feira)	31 de julho de 2010
Cálculo da idade	Idade que o aluno completa no ano de realização da pesquisa (2010 — ano de nascimento)	Anos completos na data de referência ou meses completos para crianças com menos de 1 ano.

Fonte: Censo Escolar 2010; Censo Demográfico 2010.

---

3. Referente aos dados do Censo Demográfico 2010, foram efetuadas tabulações a partir dos microdados por Amélia Artes, bem como foram usados dados processados e cedidos, gentilmente, por Carlos Roberto Arieira, do IBGE, a quem agradecemos.

Com base em informações transcritas no Quadro 4, nota-se que a principal variação nos procedimentos, e que explica parte importante das diferenças entre os dados divulgados por ambas as fontes para as crianças de 0 a 6 anos (como mostraremos a seguir), decorre das diferenças observadas no cálculo da idade: ambas as fontes coletam informações sobre mês e ano de nascimento; a defasagem entre os meses de referência para cálculo de idade, final de maio e final de julho (portanto, apenas dois meses), não seria suficiente para explicar a diferença de 1.789 milhão de crianças nos dados de ambas as fontes. Porém, o *cálculo* da idade diverge: ao passo que o Censo Demográfico 2010 adota um procedimento que segue a "idade civil" da criança na data de referência, o cálculo da idade adotada pelo Censo Escolar 2010 procede a uma defasagem com relação à "idade civil" da criança na data de referência (Quadro 5).

Nota-se que, pelo cálculo do Censo Escolar 2010, crianças com menos de 1 ano de idade seriam exclusivamente aquelas nascidas em 2010 e que todas as crianças nascidas em 2009 teriam 1 ano (fórmula: ano do censo — ano de nascimento), cálculo adotado também para as demais idades que não constam do Quadro 5. Quando comparada com a "idade civil", a idade calculada pelo Censo Escolar 2010 tende a "envelhecer" as crianças, pois antecipa em seis meses o "aniversário" (mudança de ano) da criança. E isso tem importância na distribuição das matrículas/frequência à creche/escola porque, como mostraremos a seguir, para a cultura brasileira, os meses de idade (até em torno dos 3 anos) contam para colocar ou matricular bebês na creche: a matrícula ou frequência à creche/escola aumenta mês a mês, regularmente até os 3 anos de idade. Após essa idade, o aumento progressivo de matrícula/frequência a cada novo mês de idade da criança parece ser menos relevante. Vale destacar que essa tendência foi observada tanto nos dados do Censo Escolar 2010 quanto nos do Censo Demográfico 2010 (Tabela 1, Gráfico 1).

Como consequência, o "envelhecimento" das crianças, decorrente do procedimento para cálculo de idade do Censo Escolar 2010 — produzido exclusivamente no plano do processamento e que introduz uma defasagem frente às "idades civis" —, acarreta uma diferença

Quadro 5
"Idade civil" da criança na data do Censo Escolar (maio 2010) e idade calculada pelo Censo Escolar

Anos e meses de nascimento	"Idade civil"	Idade pelo cálculo do Censo Escolar 2010
2009		
1 janeiro	1 ano	1 ano
2	1 ano	1 ano
3	1 ano	1 ano
4	1 ano	1 ano
5 maio	1 ano	1 ano
6	1 ano	1 ano
7	11 meses	1 ano
8	10 meses	1 ano
9	9 meses	1 ano
10	8 meses	1 ano
11	7 meses	1 ano
12 dezembro	6 meses	1 ano
2010		
1 janeiro	5 meses	5 meses
2	4 meses	4 meses
3	3 meses	3 meses
4	2 meses	2 meses
5 maio	1 mês	1 mês

ESCRITOS DE FÚLVIA ROSEMBERG

Tabela 1
Número de crianças matriculadas/frequentando creche ou escola por "idade civil" (ano, mês), segundo a fonte de dados — Brasil 2010

Ano, mês*	Inep	IBGE	Ano, mês*	Inep	IBGE	Ano, mês*	Inep	IBGE
0,1	186	3.077	2,1	42.804	43.229	4,0	141.042	133.344
0,2	453	3.248	2,2	44.820	44.432	4,1	154.572	134.630
0,3	916	4.182	2,3	49.803	49.763	4,2	156.587	151.754
0,4	1.810	5.202	2,4	47.775	52.337	4,3	176.744	160.946
0,5	3.503	7.341	2,5	50.121	57.519	4,4	155.509	159.767
0,6	5.158	7.862	2,6	51.542	53.097	4,5	164.334	171.410
0,7	6.646	9.651	2,7	50.903	56.869	4,6	166.683	152.110
0,8	9.030	13.043	2,8	55.904	63.651	4,7	164.893	157.054
0,9	12.077	13.884	2,9	59.828	64.705	4,8	176.259	173.356
0,10	12.693	14.731	2,10	64.672	69.772	4,9	184.382	167.015
0,11	14.420	18.826	2,11	72.583	75.164	4,10	187.454	183.635
1,0	15.579	17.832	3,0	77.113	77.936	4,11	190.379	187.649
1,1	17.291	18.809	3,1	86.952	91.194	5,0	200.363	194.545
1,2	19.784	19.030	3,2	89.348	85.959	5,1	220.487	195.837
1,3	22.577	20.347	3,3	103.494	97.830	5,2	211.427	199.050
1,4	21.255	21.796	3,4	93.508	98.873	5,3	226.112	229.935
1,5	23.499	24.985	3,5	100.181	112.851	5,4	194.169	208.009
1,6	23.873	23.758	3,6	98.767	99.433	5,5	201.554	219.281
1,7	23.331	26.819	3,7	98.279	106.011	5,6	199.959	187.579
1,8	26.903	34.333	3,8	106.864	112.721	5,7	196.654	191.704
1,9	29.665	32.449	3,9	112.911	114.657	5,8	205.113	192.486
1,10	31.681	36.301	3,10	115.782	125.631	5,9	214.554	193.217
1,11	34.768	39.516	3,11	120.335	128.912	5,10	216.003	200.257
2,0	36.619	43.213	—	—	—	5,11	219.887	209.302

Fonte: *Microdados do Censo Escolar 2010* processados por Amélia Artes e dados do Censo Demográfico 2010 processados por Carlos Roberto Arieira (DPE/IBGE, 30/9/2012).

* A simbologia adotada para representar a idade consistiu em usar o primeiro algarismo para ano de vida e o segundo, após a vírgula, para indicar o(s) mês(es).

Gráfico 1
Número de crianças matriculadas/frequentando creche ou escola por "idade civil" (ano, mês) na data de referência, segundo a fonte dos dados — Brasil 2010

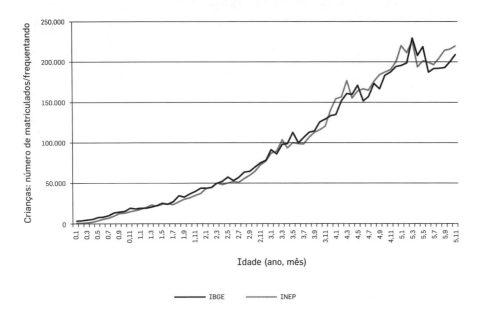

Fonte: Microdados do Censo Escolar 2010 processados por Amélia Artes e dados do Censo Demográfico processados por Carlos Roberto Arieira (DPE/IBGE, 30/9/2012). Elaboração do gráfico: Rosemberg e Artes (out. 2013).

no número de crianças matriculadas na creche ou na escola, porque cada mês de vida conta para o início da escolarização das crianças pequenas. Nossa constatação é que o procedimento atual de cálculo de idade do Censo Escolar 2010 reduz o número de matrículas de crianças nas idades menores por "envelhecê-las".[4]

A Tabela 2, sem ajuste do cálculo de idade, a distribuição do número e do percentual de matrículas do Censo Escolar 2010, para

---

4. A média de idade de crianças matriculadas em creche ou escola com idade de até 6 anos variou entre 4,66 anos quando calculada pelo modo habitual e 4,14 anos, pelo cálculo ajustado.

Tabela 2
Distribuição do número e percentual de crianças matriculadas por ano e mês de nascimento pelo cálculo de idade do Censo Escolar 2010 — Brasil 2010

Mês de nascimento	Ano de nascimento													
	2010 (menos de 1 ano)		2009 (1 ano)		2008 (2 anos)		2007 (3 anos)		2006 (4 anos)		2005 (5 anos)		2004 (6 anos)	
	N	%	N	%	N	%	N	%	N	%	N	%	N	%
1 janeiro	3.503	51,0%	23.499	13,1%	50.121	11,3%	100.181	11,1%	164.334	10,3%	201.554	8,7%	245.073	9,0%
2	1.810	26,4%	21.255	11,8%	47.775	10,8%	93.508	10,3%	155.509	9,7%	194.169	8,4%	235.890	8,7%
3	916	13,3%	22.577	12,5%	49.803	11,3%	103.494	11,4%	176.744	11,0%	226.112	9,7%	260.924	9,6%
4	453	6,6%	19.784	11,0%	44.820	10,1%	89.348	9,9%	156.587	9,8%	211.427	9,1%	247.985	9,1%
5 maio	186	2,7%	17.291	9,6%	42.804	9,7%	86.952	9,6%	154.572	9,7%	220.487	9,5%	246.049	9,1%
6	—	0,0%	15.579	8,7%	36.619	8,3%	77.113	8,5%	141.042	8,8%	200.363	8,6%	230.338	8,5%
7	—	0,0%	14.420	8,0%	34.768	7,9%	72.583	8,0%	120.335	7,5%	190.379	8,2%	219.887	8,1%
8	—	0,0%	12.693	7,1%	31.681	7,2%	64.672	7,1%	115.782	7,2%	187.454	8,1%	216.003	7,9%
9	—	0,0%	12.077	6,7%	29.665	6,7%	59.828	6,6%	112.911	7,0%	184.382	7,9%	214.554	7,9%
10	—	0,0%	9.030	5,0%	26.903	6,1%	55.904	6,2%	106.864	6,7%	176.259	7,6%	205.113	7,5%
11	—	0,0%	6.646	3,7%	23.331	5,3%	50.903	5,6%	98.279	6,1%	164.893	7,1%	196.954	7,2%
12 dezembro	—	0,0%	5.158	2,9%	23.873	5,4%	51.542	5,7%	98.767	6,2%	166.683	7,2%	199.959	7,4%
Total	6.868	100,0%	180.009	100,0%	442.163	100,0%	906.028	100,0%	1.601.726	100,0%	2.324.162	100,0%	2.718.729	100,0%

Fonte: Microdados do Censo Escolar 2010 e Microdados do Censo Demográfico 2010. Elaboração: Rosemberg e Artes (out. 2013).

cada mês e ano de nascimento da criança, permite apreender nitidamente a particularidade da tendência à diminuição do número e percentual de matrículas mês a mês após o mês de referência do Censo Escolar 2010 (maio), a cada ano civil.

Acatando, então, a recomendação da Nota Técnica n. 01/2013 (Inep, 2013), ajustamos o cálculo de idade do Censo Escolar 2010 para efeito de comparações. O ajuste do cálculo de idade consistiu em redistribuir os dados de matrícula conforme uma nova organização dos agrupamentos de idade, de modo a adequá-los à "idade civil" da criança na data de referência (Quadro 6).

Quadro 6
Informações seletas sobre cálculo de idade habitual
e ajustado referente ao Censo Escolar 2010 — Brasil*

Idades	Cálculo habitual (1)		Cálculo ajustado (2)		Diferença (2–1)
	Procedimento	Matrículas	Procedimento	Matrículas	
Menos de 1 ano	Crianças nascidas entre janeiro e maio 2010 (2010-2010 = 0)	6.868	Crianças nascidas entre maio 2010 e junho 2009	82.471	75.603
1 ano	Crianças nascidas em 2009 (2010-2009 = 1)	180.009	Crianças nascidas entre maio 2009 e junho 2008	311.246	131.237
2 anos	Crianças nascidas em 2008 (2010-2008 = 2)	442.163	Crianças nascidas entre maio 2008 e junho 2007	667.868	225.705
3 anos	Crianças nascidas em 2007 (2010-2007 = 3)	906.028	Crianças nascidas entre maio 2007 e junho 2006	1.267.463	361.435
4 anos	Crianças nascidas em 2006 (2010-2006 = 4)	1.601.726	Crianças nascidas entre maio 2006 e junho 2005	2.078.159	476.433
5 anos	Crianças nascidas em 2005 (2010-2005 = 5)	2.324.162	Crianças nascidas entre maio 2005 e junho 2004	2.536.557	212.395
	Total	**5.460.956**	**Total**	**6.943.764**	**1.482.808**

* Para reorganizar as idades e facilitar os procedimentos, o cálculo ajustado baseou-se no mês e ano de nascimento, excluindo-se, portanto, o dia.

Neste momento de nossa análise, não efetuamos o ajuste para as idades que não correspondem à educação infantil. De acordo com a lógica do ajuste efetuado, dever-se-ão observar uma tendência à diminuição do número de matrículas em idades posteriores e uma alteração da distribuição das idades por etapa da educação básica. A partir desse ajuste, efetuamos comparações entre os dados do Censo Escolar 2010 e do Censo Demográfico 2010, objeto do próximo tópico.

Comparações

Ao alterarmos o cálculo de idade do Censo Escolar 2010, ajustando-o ao da "idade civil" da criança, observamos simultaneamente o aumento do número de matrículas nas idades iniciais de crianças tendo até 3 anos — de 1.535.068 para 2.329.048; maior proximidade entre os dados do Censo Escolar 2010 e do Censo Demográfico 2010 (Tabela 3).

Com efeito, a proximidade entre os dados de ambas as fontes passa a ser notável: quando adotamos o método habitual de cálculo do Censo Escolar 2010, observamos uma diferença de 1.789.665 unidades na faixa etária de 0 a 6 *anos*; ao ajustarmos o cálculo para a "idade civil", a diferença cai para 88.090 unidades (Tabela 3), resultado obtido mantendo-se a data de referência de cada instituição coletora de dados.

Conclusões

- A disponibilidade de dados coletados por dia, mês e ano de nascimento no Censo Escolar permite ajustes no cálculo de idade do(a) aluno(a) matriculado(a) na educação básica.

Tabela 3

Comparação entre o número de crianças matriculadas em creche/escola pelo cálculo habitual do Censo Escolar 2010 (1) e cálculo pela "idade civil" (2) do número de crianças frequentando creche ou escola conforme Censo Demográfico 2010, por idades — Brasil 2010

Idades	Censo Escolar 2010		Censo Demográfico 2010 (3)*	Diferença 1 – 3	Diferença 2 – 3
	Cálculo habitual (1)	Cálculo pela "idade civil" (2)*			
Menos de 1 ano	6.868	82.471	122.682	–115.814	–40.211
De 1 ano a menos de 2 anos	180.009	311.246	352.716	–172.707	–41.470
De 2 anos a menos de 3 anos	442.163	667.868	736.072	–293.909	–68.204
De 3 anos a menos de 4 anos	906.028	1.267.463	1.364.479	–458.451	–97.016
Total 0 a 3 anos	1.535.068	2.329.048	2.575.949	–1.040.881	–246.901
De 4 anos a menos de 5 anos	1.601.726	2.078.159	2.085.264	–483.538	–7.105
De 5 anos a menos de 6 anos	2.324.162	2.536.557	2.561.720	–237.558	–25.163
Total 4 e 5 anos	3.925.888	4.614.716	4.646.984	–721.096	–32.268
Total 0 a 5 anos	5.460.956	6.943.764	3.040.933	–1.761.977	–279.169
De 6 anos a menos de 7 anos	2.718.729	2.937.496	2.746.417	–27.688	191.079
Total	**8.179.685**	**9.881.260**	**9.969.350**	**–1.789.665**	**–88.090**

Fonte: Microdados do Censo Escolar 2010 processados por Amélia Artes e Microdados do Censo Demográfico 2010 processados por Carlos Roberto Arieira (DPE/IBGE, 30/9/2012). Elaboração: Rosemberg e Artes (out. 2013).

* O corte para delimitar a idade em anos de vida ocorreu em consonância com o mês de referência de cada instituição.

- O cálculo de idade adotado pelo Censo Escolar 2010 (ano do censo — ano de nascimento) "envelhece" as crianças com relação a sua "idade civil" na data de referência.

- Ao se ajustar o cálculo de idade do Censo Escolar 2010 à "idade civil" da criança em maio de 2010, aumenta-se o número de matrículas em idades menores, e as diferenças entre os dados ali coletados e aqueles coletados pelo Censo Demográfico 2010 diminuem sensivelmente.

Parte 2. Proposta de instrumento de acompanhamento da expansão da oferta da Educação Infantil, urbana e rural com base nos dados do Inep e do IBGE

Esta parte tem por objetivo sugerir indicadores, bases de dados e períodos considerados adequados para o acompanhamento da expansão da oferta da educação infantil a partir da normatização de dois dispositivos legais: a meta 1 do Plano Nacional de Educação (2011-2020); a cláusula referente à implementação da obrigatoriedade de matrícula na pré-escola às crianças de 4 e 5 anos de idade instituída pela LDB, atualizada em 2013 conforme a Emenda Constitucional n. 59/09, entre outras.

A necessidade desse acompanhamento decorre da eventual atuação de movimentos antagônicos na implementação desses dispositivos:

- Tendências positivas, no sentido de reconhecimento social e político da importância da educação infantil para o desenvolvimento humano, social e econômico.

- Tendências deletérias observadas em cenário latino-americano quando da implementação da obrigatoriedade da pré-escola, particularmente na Argentina, na Colômbia e no México.

- Ações do governo federal, especialmente do Ministério da Educação, visando ampliar a oferta e melhorar a qualidade para ambas as etapas da educação infantil (creche e pré-escola), a partir de novas ações e programas e da atualização e implementação de diretrizes legais anteriormente estipuladas (como as Diretrizes Nacionais Curriculares para a Educação Infantil) e a criação e implementação de novas ações e programas (como o ProInfância, o Brasil Carinhoso, o Programa Nacional Biblioteca da Escola-Educação Infantil — PNBE EI, o Saúde na Escola EI).

Para responder ao objetivo, este documento foi organizado em duas seções. Na primeira, com base em uma breve síntese da literatura sobre a questão, levantam-se as principais macrotendências que vêm sendo assinaladas na oferta da educação infantil brasileira, bem como pontos observados e aventados referentes ao impacto na educação infantil da implementação da obrigatoriedade do ensino pré--escolar. Na segunda, efetua-se uma ponderação sobre possibilidades e limites das bases de dados que coletam informações educacionais — Censo Demográfico, PNAD, Censos Escolar — para sustentar a elaboração dos indicadores de acompanhamento.

A elaboração deste documento se apoiou em uma revisão da versão atual da LDB (2013) e em quatro textos preparados pela consultora para as seguintes instituições: Associação Nacional de Pesquisa em Educação (ANPEd), *Educação pré-escolar obrigatória* (Rosemberg, 2009), particularmente o capítulo 2, "Obrigatoriedade da educação pré-escolar em cenário internacional"; MEC/SEB/Coedi, *Estudo exploratório sobre cálculo de idade: subsídios para discussão* (Rosemberg, 2013a), elaborado como Parte 1 dos documentos previstos no Termo de Referência n. 10/4/2013 (Unesco/MEC/SEB, 2013) e *Subsídios para o aprimoramento da conceituação de creche e pré-escola nos inquéritos domiciliares do IBGE* (Rosemberg, 2013b), elaborado como Parte 2 dos documentos previstos no mesmo termo de referência (n. 10/04/2013); e no Relatório 2 volume 1 da Pesquisa Nacional sobre educação infantil no campo, *Análise dos dados quantitativos das condições educacionais de crianças de 0 a 6 anos de idade residentes em área rural* (MEC/Secadi/SEB/Coedi, 2012).

Tendências da oferta da educação infantil brasileira

Dois aspectos serão aqui abordados: o padrão da oferta da educação infantil brasileira nos últimos dez anos e os impactos reais ou eventuais decorrentes da implementação da obrigatoriedade do ensino pré-escolar para crianças de 4 e 5 anos na educação infantil.

Padrão de oferta da educação infantil brasileira

Pesquisas e dados referentes ao período de 1995 a 2012 quanto ao padrão da oferta da educação infantil brasileira permitem construir um quadro das macrotendências em oito pontos, sintetizados a seguir.

a) Disponibilidade de dados de boa qualidade (subutilizados), a despeito de aspectos a serem melhorados quanto à precisão conceitual (Censos Demográficos e PNADs) e procedimentos para cálculo de idade (Censos Escolares).

b) Expansão na última década, mas que não permitiu atingir o estipulado pelo Plano Nacional de Educação (PNE 2001-2011), tendo-se atingido, em 2012, taxas de frequência à creche ou à escola de 21,5% para crianças de até 3 anos e de 84,3% para criança entre 4 e 5 anos (Gráfico 1).

c) Um expressivo número de crianças entre 0 e 5 anos fora da creche ou da escola, correspondendo a 8,3 milhões de crianças de até 3 anos e 1,1 milhão de crianças de 4 e 5 anos em 2010 (Censo Demográfico 2010), o que significaria integrar ao sistema educacional, até 2020 (conforme PNE), pelo menos 4.181.459 tendo até 3 anos e, até 2016 (LDB), 1.154.570 crianças tendo entre 4 e 5 anos.

d) Desigualdades no acesso à educação infantil conforme variáveis socioeconômicas, étnico-raciais, regionais e de localização domiciliar (Quadro 1).

Gráfico 1
Taxas de frequência à creche ou escola segundo faixas etárias — Brasil, 1992-2012

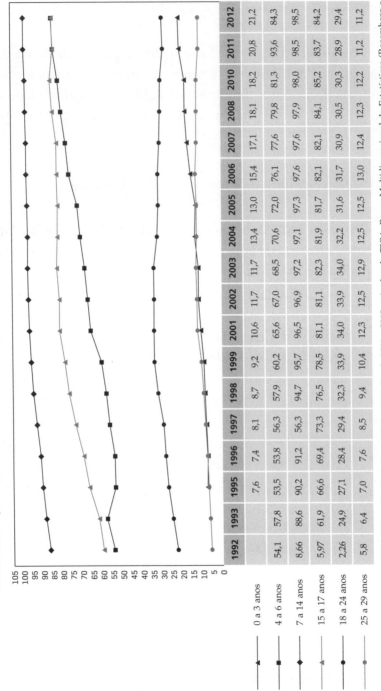

	1992	1993	1995	1996	1997	1998	1999	2001	2002	2003	2004	2005	2006	2007	2008	2010	2011	2012
0 a 3 anos	54,1	57,8	53,5	53,8	56,3	57,9	60,2	65,6	67,0	68,5	70,6	72,0	76,1	77,6	79,8	81,3	93,6	84,3
4 a 6 anos	8,66	88,6	90,2	91,2	56,3	94,7	95,7	96,5	96,9	97,2	97,1	97,3	97,6	97,6	97,9	98,0	98,5	98,5
7 a 14 anos	5,97	61,9	66,6	69,4	73,3	76,5	78,5	81,1	81,1	82,3	81,9	81,7	82,1	82,1	84,1	85,2	83,7	84,2
15 a 17 anos	2,26	24,9	27,1	28,4	29,4	32,3	33,9	34,0	33,9	34,0	32,2	31,6	31,7	30,9	30,5	30,3	28,9	29,4
18 a 24 anos					8,1	8,7	9,2	10,6	11,7	11,7	13,4	13,0	15,4	17,1	18,1	18,2	20,8	21,2
25 a 29 anos	5,8	6,4	7,0	7,6	8,5	9,4	10,4	12,3	12,5	12,9	12,5	12,5	13,0	12,4	12,3	12,2	11,2	11,2

Fonte: Microdados da Pnad (IBGE). Elaboração: Disoc/Ipea 1992 a 2009. Pnads 2011 e 2012 retirados do TICA. Banco Multidimensional de Estatísticas (Rosemberg e Artes, 2012).

Quadro 1
Taxas de frequência à creche ou à escola de crianças de 0 a 6 anos por localização e variáveis selecionadas — Brasil, 2010

Variáveis selecionadas	Urbana		Rural	
	Idades		Idades	
	0 a 3	4 e 5	0 a 3	4 e 5
Sexo				
Homem	26,2	82,9	11,9	66,7
Mulher	25,9	83,1	12,3	68,6
Cor/raça				
Branca	27,8	84,0	10,8	65,9
Negra*	24,1	82,0	13,0	69,4
Região				
Norte	14,5	75,9	9,3	54,2
Nordeste	24,5	89,0	15,1	80,3
Sudeste	29,6	85,8	9,5	60,7
Sul	29,6	72,3	9,9	53,0
Centro-Oeste	19,9	75,0	5,9	45,3
Renda (quartil)				
1º	19,3	77,1	11,9	67,5
2º	23,4	81,8	11,5	66,8
3º	29,7	86,4	14,0	68,9
4º	40,0	93,0	18,2	75,0
Total geral	**26,0**	**83,0**	**12,1**	**67,6**

Fonte: Microdados do Censo Demográfico 2010 (apud Rosemberg e Artes, 2012).
* Conjunto de crianças declaradas pretas e pardas.

e) Melhoria lenta e desigual da qualidade da oferta, com inadequações persistentes quanto a padrões desejáveis de infraestrutura e equipamentos e que mantém desigualdades equivalentes àquelas observadas nas taxas de frequência (Quadro 2).

Quadro 2
Informações seletas sobre indicadores de qualidade em estabelecimentos com oferta de educação infantil — Brasil, 2010 (%)*

Item: a escola dispõe de	Urbana	Rural	Diferenciada rural***	Total
Regulamentação	83,5	64,3	51,9	74,9
Água RP**	94,5	25,8	16,0	63,4
Energia elétrica RP**	99,9	80,8	70,8	91,2
Berçário	22,4	0,8	0,1	12,6
Parque infantil	58,6	5,8	2,4	34,7
Sanitário adequado à EI	45,7	3,9	2,0	
Biblioteca	36,0	9,1	7,8	23,8
Cozinha	90,2	85,6	74,0	88,1

Fonte: Microdados do Censo Escolar 2010 (apud Rosemberg e Artes, 2012).
* Percentual de estabelecimentos que informaram dispor do item.
** RP: rede pública.
*** Escolas situadas em comunidades remanescentes de quilombo, territórios indígenas e assentamentos da reforma agrária.

f) Percentual significativo de auxiliares de educação infantil na etapa creche (40,8%) em detrimento de professores (Tabela 1).

Tabela 1
Tipos de funções docentes por etapa da educação infantil — Brasil 2010

	Creche		Pré-escola	
	N	%	N	%
Professor	169.279	59,2	331.864	88,3
Auxiliar	116.514	40,8	43.783	11,7
Total	285.793	100,0	375.647	100,0

Fonte: Microdados do Censo Escolar 2010 (apud Rosemberg e Artes, 2012).

ESCRITOS DE FÚLVIA ROSEMBERG

g) Aumento progressivo da escolaridade dos(as) docentes, mas que aponta a necessidade de progressão e superação de desequilíbrios regionais e quanto à localização da escola (Tabela 2).

Tabela 2

Funções docentes em educação infantil por níveis de escolaridade selecionados,* grandes regiões e localização — Brasil, 2010 (%)

Regiões	Urbano		Rural		Total	
	Normal magistério	Superior	Normal magistério	Superior	Normal magistério	Superior
Norte	42,6	39,2	62,3	14,5	48,2	32,1
Nordeste	47,0	30,6	63,4	20,5	52,3	27,3
Sudeste	27,4	51,8	37,6	48,8	27,7	51,7
Sul	28,2	46,4	21,3	58,6	27,9	47,1
Centro-Oeste	19,1	51,7	19,2	52,2	19,1	51,7
Brasil	31,3	46,2	56,1	26,5	34,3	43,8

Fonte: *Microdados do Censo Escolar 2010* (apud Rosemberg, Artes, 2012).

* Foram selecionados apenas dois níveis de escolaridade para facilitar a comparação e que respondem pela escolaridade de mais de 70% das funções docentes em cada região.

h) Duração da jornada com intensa variação regional e rural/urbana: aproximadamente dois terços das turmas situadas nas regiões Norte e Nordeste eram atendidas em jornada em tempo parcial, isto é, até 4 horas diárias (Tabela 3).

Tabela 3
Distribuição percentual de turmas de educação infantil por duração da jornada* — Brasil, 2010

Variáveis	Total			Total
	Até 4 h	4 h e 1 min a 8 h	8 h e 1 min a 10 h	
Norte	75,4	20,1	3,8	100
Nordeste	74,4	19,8	5,3	100
Sudeste	37,2	29,9	24,5	100
Sul	38,0	14,5	13,1	100
Centro-Oeste	44,8	31,1	14,1	100
Total	52,0	24,1	15,0	100

Fonte: *Microdados do Censo Escolar 2010* (Tabelas 2.1; 2.2 anexo turmas Inep), apud Rosemberg e Artes (2012).
* Foi eliminada da tabela a categoria duração acima de 10 horas em decorrência do reduzido número.

Prevê-se que tais componentes, destacados para 2010 e outros mais, tenderão a ser flexionados pela implementação gradual das metas do PNE para o período, bem como pela implementação gradativa da extensão da obrigatoriedade do ensino, particularmente, neste caso, para crianças de 4 e 5 anos. Por essa razão, será apresentada, no próximo tópico, uma breve síntese sobre impactos associados ou decorrentes da introdução da obrigatoriedade de matrícula na pré-escola, conforme a literatura vem apontado.

Impactos observados e aventados da obrigatoriedade da pré-escola na educação infantil

A despeito da reduzida bibliografia disponível, foi possível localizar algumas pesquisas que, direta ou indiretamente, captaram ou sugeriram impactos da implementação da legislação que institui a obrigatoriedade de frequência à pré-escola na América Latina no geral e no Brasil em particular.

No Quadro 3 foram transcritas informações disponíveis em 2006 sobre o número de países latino-americanos que haviam implementado a obrigatoriedade de frequência à pré-escola, de acordo com documento da Unesco (2006), lembrando que tais informações, além de não atualizadas, muitas vezes podem suscitar questionamentos quanto à qualidade da informação.

Quadro 3

Informações seletas sobre obrigatoriedade da pré-escola na América Latina

Região	Ano de adoção da lei	Idade em que se inicia a obrigatoriedade da educação	Número de anos de educação pré--primária obrigatória
América Latina e Caribe			
Argentina	1993	5	1
Colômbia	1994	5	1
Costa Rica	1997	4 ou 5	1 ou 2
República Dominicana	1996	5	1
El Salvador	1990	4 a 6	—
México	2002	5*	1
Panamá	1995	4	1
Peru	2004	3	3
Uruguai**	(1998)	5	1
Venezuela	1999	4	2

Fonte: Unesco (2006, p. 130, tabela 6.8) apud Rosemberg (2009, p. 14).

* O México instituiu a obrigatoriedade de modo escalonado.

** Na tabela da Unesco (2006) não aparece a data de sanção da lei no Uruguai. Conforme Didonet (2013, p. 125), ela data de 1998.

Informações mais atualizadas sobre os países do Mercosul (Didonet, 2013, p. 35) assinalam que o Uruguai, em 2009, instituiu a obrigatoriedade de frequência à pré-escola a partir dos 4 anos; que na Argentina "a obrigatoriedade entrou na lei geral de educação em 2006" e que no Paraguai a educação escolar "é obrigatória aos 5 anos, como 'pré-escolar', mas já não integra a educação infantil".

Foi possível localizar alguns estudos que analisaram características (inclusive o impacto) da implementação da obrigatoriedade da educação pré-escolar na América Latina, cujos resultados foram sintetizados no Quadro 4.

Quadro 4
Características da implementação da obrigatoriedade de matrícula na pré-escola — América Latina

- A legislação data dos anos 1990, com retomada contemporânea.

- A legislação se refere, habitualmente, à obrigatoriedade na idade imediatamente anterior ao ingresso no ensino fundamental, com um ano de duração.

- Aparentemente (porque nem sempre explícito), a legislação se refere à obrigatoriedade de matrícula/ frequência e não de oferta.

- Convivência, no mesmo país, de obrigatoriedade de matrícula/ frequência na pré-escola e modelos "não formais", especialmente para crianças pequeninas.

- Expansão da taxa de frequência na idade/etapa após introdução da obrigatoriedade, porém a universalização da cobertura para a idade obrigatória não parece ter sido atingida em nenhum dos países que adotou tal prescrição.

- A expansão da taxa de cobertura para a idade obrigatória varia de país para país.

- A expansão da cobertura ocorre também em alguns países, com o aporte do setor privado, cuja participação pode variar muito de país para país.

- A expansão da cobertura na idade obrigatória pode se associar à redução da expansão em idades/etapas anteriores da educação infantil.

- A obrigatoriedade não elimina iniquidades regionais, rural-urbanas, de renda domiciliar *per capita* e de pertença étnico-racial no acesso à educação pré-escolar e na qualidade da oferta.

- A obrigatoriedade e a extensão da cobertura decorrente podem fazer abaixar indicadores de qualidade.

- Observaram "primarização" da pré-escola, aumento das taxas de evasão na pré-escola, dificuldade para propiciar formação docente.

- Não foram localizados dados precisos sobre o impacto da obrigatoriedade na cobertura da faixa etária equivalente à da creche.

- Não foram localizadas informações sobre mecanismos legais para forçar os pais ao cumprimento da obrigatoriedade.

- Foram localizadas informações sobre impactos na família (cancelamento, ou não, de programas do tipo Bolsa Família, por exemplo, para pais que não respeitem a obrigatoriedade).

- Mais atenção (inclusive recursos sem dados) do setor público à idade obrigatória e menor atenção (inclusive recursos) a idades anteriores (Didonet, 2013, p. 105).

Fontes secundárias: Batiuk e Itzcovitch (2005), Choi (2004), Diker (2001), Martinez e Myers (2008), Umayahara (2005), Unesco (2006). Fonte primária: base de dados *Google*. Informações atualizadas em fevereiro de 2014 com base em Rosemberg (2009).

No Brasil, o projeto de pesquisa sob responsabilidade de Maria Luiza Rodrigues Flores (2012), da Universidade Federal do Rio Grande do Sul (UFRGS), sobre o monitoramento das políticas públicas para a educação infantil no Rio Grande do Sul e a implementação da Emenda Constitucional n. 59/09, bem como o acompanhamento efetuado pelo Tribunal de Contas do Estado (TCE, 2013), assinalam as mesmas preocupações e tendências quanto à redução de vagas para crianças de até 3 anos e para o atendimento em tempo integral.

Por outro lado, uma pesquisa realizada junto a 30 especialistas brasileiros por ocasião da votação da EC n. 59/09 (Rosemberg, 2009) mostrou, dentre as respostas de uma maioria que era contrária à instituição da obrigatoriedade do ensino pré-escolar, uma preocupação com os seguintes fatores: a "cisão" entre creche e pré-escola quanto a recursos, extensão e qualidade da oferta; o aumento do número de crianças por turma; a redução do atendimento em tempo integral; a estagnação ou redução do nível de formação de docentes; a "primarização" da pré-escola;[5] o ingresso precoce em etapas de ensino posteriores às previstas por lei para a idade.

A sistematização dessas observações conduziu à elaboração de uma matriz (Quadro 5), na qual foram reunidos eventuais ou efetivos pontos de impacto decorrentes da implementação da obrigatoriedade da educação pré-escolar e que constituem o ponto de partida para a proposta de instrumentos para o acompanhamento.

---

5. "Primarização" consiste na aproximação, em português, ao termo *schoolification*, indicando a adoção, na educação infantil, de práticas pedagógicas mais usuais a partir do ensino fundamental.

Quadro 5
Matriz de impactos observados ou aventados pela literatura na implementação da legislação de obrigatoriedade de matrícula na pré-escola

Etapas		
Categorias da oferta	Anterior à obrigatoriedade	Correspondendo à obrigatoriedade
Acesso	Redução/manutenção • Setor público vs setor privado	Ampliação • Setor público vs setor privado
Equidade	Ampliação/manutenção de desigualdade • Etária • Regional • Econômica • Étnico-racial • Localização • Trabalho materno	Ampliação/manutenção de desigualdade • Etária • Regional • Econômica • Étnico-racial • Localização
Qualidade	Redução/manutenção • Tipo de docência • Qualificação docente • Número de crianças por turma e por docente • Infraestrutura do estabelecimento • Equipamento • Material pedagógico • Duração da jornada	Redução/manutenção • Qualificação docente • Número de crianças por turma e por docente • Estrutura física • Infraestrutura do estabelecimento • Equipamento • Material pedagógico • Duração da jornada

Fonte: Rosemberg (2009, 2012).

Para que esta matriz genérica possa originar indicadores de acompanhamento, é necessário analisar as disponibilidades e os limites das fontes de dados para sustentar tal objetivo, questão tratada a seguir.

Disponibilidades e limites das fontes de dados

Uma análise dos componentes transcritos no Quadro 5 poderia sugerir que tanto os dados coletados nas pesquisas domiciliares do

ESCRITOS DE FÚLVIA ROSEMBERG

IBGE quanto aqueles coletados pelos censos escolares sob responsabilidade do Inep permitiriam construir indicadores que dessem conta do acompanhamento da implementação do ensino pré-escolar obrigatório aos 4 e 5 anos. Porém, como já apontado, ambos os instrumentos podem apresentar limitações quando se consideram as prescrições legais e as particularidades da educação infantil frente a outras etapas da educação básica. Portanto, visando apoiar a escolha judiciosa de indicadores para o acompanhamento, efetuamos uma releitura da LDB versão 2013, procurando captar nuances conceituais que poderiam interferir na delimitação de indicadores e, consequentemente, das fontes de dados.

Educação infantil e obrigatoriedade de ensino na LDB[6]

As principais diretrizes localizadas na LDB (versão 2013), e que podem ter impacto na escolha e na definição de indicadores para acompanhamento, foram sistematizadas abaixo:

- Idade e etapa de ensino constituem critérios fundamentais para conceituar e estabelecer limites do ensino obrigatório (título III, art. 4°, inciso I) e suas decorrências (art. 5°, incisos I, II, III, § 2° e 6°).

- Idade constitui critério fundamental para conceituar creche e pré-escola (art. 30, incisos I e II).

- A LDB admite "formas alternativas de acesso aos diferentes níveis de ensino" para garantir o cumprimento da obrigatoriedade de ensino (art. 5°, inciso III, § 5°).

- A LDB acolhe princípios comuns para creche e pré-escola (art. 4°, inciso II, art. 31, incisos I, II, III e V), ao lado de princípios

---

6. Analisamos os componentes da LDB (2013, atualizada entre outras, pela Lei n. 12.796, de 4 de abril de 2013) que incorporaram o dispositivo da obrigatoriedade de ensino na educação básica e os específicos referentes à educação infantil.

diferentes (art. 4°, inciso I; art. 5°, incisos I, II, III, § 2°, 5°, 6°; art. 30, inciso I, art. 31, inciso IV). Dentre esses, destaca-se o inciso I do art. 30, que manteve, exclusivamente para creche, a formulação: ["A educação infantil será oferecida em:] I — creches, *ou entidades equivalentes*, para crianças de até três anos de idade".

Tais diretrizes da LDB, além de sustentarem a oportunidade de monitorar a implementação da obrigatoriedade do ensino pré-escolar, na medida em que abrem oportunidades legais para a diferenciação hierárquica entre pré-escola e creche, impõem caminhos para a operacionalização dos indicadores. Dentre eles destacam-se a idade como componente conceitual chave, tanto para a definição de ensino obrigatório quanto da pré-escola obrigatória e da creche não obrigatória; a etapa que compõe a obrigatoriedade, em nosso caso, seria apenas a pré-escola. Portanto, tais imposições legais encaminham para uma conceituação estrita (ou rigorosa) que associa idade e etapa, ao mesmo tempo que instiga uma extensão da análise empírica para além dos limites etários legais, monitorando a observância ou não da lei. Ou seja, é necessário verificar se a escolaridade de crianças de 4 e 5 anos está ocorrendo, ou não, na pré-escola e se a pré-escola está sendo usada, exclusivamente, para a escolaridade de crianças de 4 e 5 anos de idade.

Período e fontes

Tendo em mente as prescrições legais, para decidir sobre períodos e fontes, é necessário voltar, preliminarmente, à proposição de que indicadores de monitoramento analisem as tendências anteriores e posteriores à implementação do dispositivo da obrigatoriedade da educação pré-escolar. Considerando que a Emenda Constitucional n. 59/09 foi aprovada ao final de 2009, que a atualização da LDB

ESCRITOS DE FÚLVIA ROSEMBERG

— a qual prevê 2016 como ano para completar a implementação[7] — foi sancionada em 2013 e que o PNE, por sua vez, prevê uma vigência até 2020, o período a ser delimitado deve estabelecer, no mínimo, como limite inferior 2008, 2016 como ano intermediário e 2020 como limite superior. Para a tarefa atual, o limite inferior continua sendo 2008 e o limite superior 2012, ano anterior à chancela presidencial da LDB. Portanto, a sugestão é prever um acompanhamento de três períodos: 2009 a 2012; 2012 a 2016; 2016 a 2020, entendendo não a data de realização do estudo, mas o período coberto pelo acompanhamento.[8]

Analisando os dois instrumentos disponíveis para coleta e processamento de estatísticas educacionais, as pesquisas domiciliares do IBGE (censos demográficos e Pnads) e os censos escolares sob responsabilidade do MEC/SEB/Inep, serão destacadas, a seguir, particularidades que devem ser consideradas na escolha das fontes.

Focalizando os instrumentos do IBGE e considerando as décadas de 2000 e de 2010, disporíamos dos Censos Demográficos 2000 e 2010 e das Pnads de 2001 a 2013 (com exceção do ano 2010, que acolheu o Censo Demográfico). Selecionar os Censos Demográficos 2000 e 2010 como fontes para construção dos indicadores teria uma série de vantagens, como o nível de desagregação do dado, que permitiria a análise em nível municipal e a possibilidade de inúmeros cruzamentos entre as variáveis. Além disso, permitiria a construção do indicador taxa de frequência à creche ou à pré-escola (incluindo ou não outras etapas de ensino) por idade da criança. Porém, os censos demográficos apresentam problemas para serem usados como única fonte: não incluem variáveis relacionadas aos estabelecimentos (apenas se a pessoa frequenta creche ou pré-escola pública ou privada), tampouco adotam a turma e os docentes como unidade de análise.

---

7. Há quem considere que 2016 será seu início.

8. O próximo produto sob responsabilidade desta consultora se refere à realização de uma primeira análise que corresponderá ao primeiro período aqui considerado.

Além disso, o recorte temporal decenal impede a projeção de um acompanhamento do período intermediário para a implementação da obrigatoriedade da pré-escola (2016). Contudo, o maior problema para a adoção dos censos demográficos como única fonte decorre do fato de ter sido incluída, no Censo Demográfico 2010, a categoria "classe de alfabetização" entre as alternativas de curso, categoria ausente do Censo Demográfico 2000. Portanto, é impossível efetuar uma análise de tendências que adotem rigor conceitual quanto à educação infantil conforme a LDB.

As Pnads apresentam alguns atributos equivalentes aos dos censos demográficos, com o acréscimo da limitação de o nível máximo de desagregação ser o estado e de constituir uma pesquisa por amostragem. Assim, compartilham limitações equivalentes às dos censos demográficos quanto às unidades disponíveis. No entanto, a periodicidade de sua realização foi anual até 2012, sendo contínua a partir de 2013. Se não nos é possível prever eventuais mudanças nas Pnads nos próximos anos, sabemos que, entre 2001 e 2012 (com exceção de 2010, ano do Censo Demográfico), dispomos de informações sobre frequência à creche e à escola nas Pnads, cobrindo, portanto, o período que nos interessa.

Vale ressaltar que as edições da Pnad de 2001 a 2006 não incluíram, entre as alternativas de curso, as classes de alfabetização, o que ocorreu nas realizadas entre 2007 e 2012, impedindo, desse modo, um período longo de captação das tendências da oferta, conduzindo para a opção de 2008 como primeiro ano a ser considerado como o anterior à aprovação da Emenda Constitucional n. 59/09.

Quando a análise se volta para os dados do Censo Escolar, a mudança introduzida em 2007 na coleta de dados (o Educacenso) e o ajuste na informação sobre as matrículas, conforme anunciado no artigo "O que mudou no Censo Escolar da educação básica" (Inep, 2009), não deixam dúvida de que a análise deve se processar com base no Censo Escolar de 2008, o que converge com a análise da Pnad.

ESCRITOS DE FÚLVIA ROSEMBERG

Nos censos escolares, os limites quanto às informações disponíveis decorrem de não se dispor de dados sobre condição socioeconômica do aluno, da situação laboral da mãe e do excessivo número de não resposta na declaração de cor-raça (em torno de 25% na educação infantil no Censo da Educação Básica 2010). Outro limite decorre da inadequação metodológica de se construir taxa de matrícula relacionando o número de matrículas (disponível no Censo Escolar) ao número de crianças na faixa etária (disponível nas pesquisas do IBGE) se se mantiverem os procedimentos vigentes de cálculo de idade.

Para enfrentar tais óbices, três alternativas podem ser vislumbradas:

a) Usar como indicador a comparação dos índices de crescimento da população de crianças de 0 a 3 anos e de 4 e 5 anos no período de tempo estabelecido e os índices de crescimento da matrícula nessas faixas de idade em creche, pré-escola e escola (idades ajustadas conforme descrito anteriormente).

b) Construir taxas de matrícula por idade (0 a 3 e 4 e 5) em creche, pré-escola, escola relacionando dados do Censo Escolar ajustados por idade, conforme informado anteriormente, aos de população com base nas Pnads realizadas nos anos considerados.

c) Compor três conjuntos de indicadores: taxas de frequência à creche ou à escola com base nos dados das Pnads de crianças de 0 a 3 anos e 4 e 5 anos; número e crescimento de matrículas de crianças de 0 a 3 anos e 4 e 5 anos em creche, pré-escola e ensino fundamental, com base nos dados do Censo Escolar; indicadores de qualidade (estabelecimentos, turma, docentes) com base nos dados do Censo Escolar.[9] Para esta alternativa, é indispensável efetuar também o ajuste do cálculo da idade das crianças.

Parece-nos que esta última sugestão é a mais adequada metodologicamente e a que melhor se ajusta aos dispositivos legais, lembran-

---

9. Sugerimos uma discussão metodológica quanto aos óbices a esta segunda possibilidade de ajustar a delimitação das idades conforme sugestão da Parte 1 do documento acima referido.

do sempre das imprecisões referentes às denominações creche, pré-escola e, sobretudo, classe de alfabetização e da necessidade de ajustar o cálculo da idade das crianças.

Permanece, pois, este aspecto a ser discutido e resolvido: o da adequação idade-etapa. Conforme análise anterior, a Constituição e a LDB são estritas ao estabelecerem a relação entre idade e etapa de ensino: a obrigatoriedade é para que crianças de 4 e 5 anos estejam na pré-escola. Porém, conforme estudo anterior (Rosemberg e Artes, 2012), tanto a partir dos dados dos censos demográficos e das Pnads quanto a partir dos dados dos censos escolares, várias crianças de 0 a 3 anos frequentam, além da creche, o que os informantes denominaram de pré-escola; e crianças de 4 e 5 anos, além da pré-escola, podem frequentar a creche ou "classe de alfabetização" ou ensino fundamental.

Tendo em vista a diversidade de conceituações de creche e pré-escola, a ausência de diferenciações legais entre ambas até a Emenda Constitucional n. 59/09, além da faixa etária, sugerimos (porque não vemos outra saída) incluir no estudo uma meta-análise dos dados; calcular taxas de frequência à "creche e à escola" nas Pnads; usar na análise dados dos censos escolares como variáveis independentes as idades (0 a 3 e 4 e 5) e não as etapas (creche e pré-escola), particularmente no que diz respeito ao monitoramento do número de matrículas. Isso remete, outra vez, à recomendação quanto à necessidade de efetuar um ajuste no cálculo de idade à "idade civil".

Referências

ANTÔNIO, Cíntia M. de A. *O que dizem os números sobre as crianças matriculadas nas creches brasileiras* (2007/2011). Dissertação (Mestrado Profissional em Educação) — Universidade de Brasília, Brasília, 2013.

BRASIL. Lei n. 12.796, de 4 de abril de 2013. Disponível em: <www2.camara.leg.br/legin/fed/lei/2013/lei-12796-4-abril-2013-775628-publicacaooriginal-139375-pl.html>. Acesso em: 15 jan. 2014.

BRASIL. Ministério da Educação. *Condições educacionais de crianças de 0 a 6 anos residindo em área rural a partir de dados secundários*: Relatório 2. Brasília: MEC/Coedi/UFRGS, 2012.

_____. *Emenda Constitucional n. 59*, de 11 de novembro de 2009. Disponível em: <www.planalto.gov.br/ccivil_03/constituicao/Emendas/Emc/emc59.htm>. Acesso em: 15 jan. 2014.

BRASIL. Conselho Nacional de Educação. Câmara de Educação Básica. *Resolução CNE/CEB n. 5*, de 17 de dezembro de 2009. Fixa as Diretrizes Curriculares Nacionais para a Educação Infantil. Disponível em: <http://portal.mec.gov.br/index.php?option=com_docman&task=doc_download&gid=2298&Itemid>. Acesso em: 30 out. 2013.

_____. *Diretrizes Curriculares Nacionais para a Educação de Jovens e Adultos*. Parecer 11 de 2000. Brasília: MEC, 2000.

CAMPOS, Maria M.; ESPOSITO, Yara; GIMENES, Nelson. Acesso e qualidade na educação infantil. In: TODOS PELA EDUCAÇÃO. *De olho nas metas 2012*. São Paulo, 2013. p. 66-81.

DIDONET, Vital. *Educação infantil nos países do Mercosul*: análise comparativa da legislação. Brasília: Unesco/MEC, 2013.

FLETCHER, Philip R.; RIBEIRO, Sérgio C. A educação na estatística nacional. In: SAWYER, Diana Oya (Org.). *Pnads em foco*: anos 80. Belo Horizonte: Abep, 1988.

FLORES, Maria Luiza R. *Monitoramento de políticas públicas para a educação infantil no Rio Grande do Sul*: estudo sobre a implementação da Emenda Constitucional 59/09 — obrigatoriedade de matrícula na pré-escola. Porto Alegre: Faculdade de Educação, UFRGS, abr. 2012. (Projeto de Pesquisa.)

IBGE. *Banco multidimensional de estatísticas*. Disponível em: <https://www.bme.ibge.gov.br/app/adhoc/index.jsp>. Acesso em: 31 out. 2013.

_____. *Pesquisa sobre padrões de vida 1996-1997*: manual do entrevistador. Rio de Janeiro: IBGE, 2012.

_____. *Censo 2010*. Disponível em: <http://censo2010.ibge.gov.br>. Acesso em: 10 jan. 2012.

IBGE. *Censo Demográfico 2010*. Resultados preliminares da amostra: notas metodológicas. Rio de Janeiro: IBGE, 2010. p. 20-1.

_____. *Censo Demográfico 2000:* características gerais da população: resultados das amostras. Notas metodológicas. Rio de Janeiro: IBGE, 2000. p. 30-1.

_____. *Sinopse estatística de educação básica:* 2010. Rio de Janeiro: IBGE, 2010. Disponível em <http://portal.inep.gov.br/basica-censo-escolar-sinopse-sinopse>.

IBGE. *Síntese dos indicadores*. Disponível em: <www.ibge.gov.br/home/estatistica/populacao/condicaodevida/indicadoresminimos/sinteseindicsociais2010/SIS_2010.pdf>. Acesso em: 31 out. 2013.

_____. *Pesquisa Nacional por Amostra de Domicílios — PNAD 1993*. Rio de Janeiro: IBGE, 1993.

_____. *Glossário*. Disponível em: <http://www.ibge.gov.br/home/estatistica/populacao/trabalhoerendimento/glossario_PNAD.pdf>. Acesso em: 29 out. 2013.

GUSSO, Divonzir Arthur. *Escolarização e déficit escolar*: os fatos e as versões. [S/l.]: Iplan, dez. 1982. (Mimeo.)

KAPPEL, Maria Dolores B. Sistema de informações na educação infantil. In: SIMPÓSIO NACIONAL DE EDUCAÇÃO INFANTIL, 1., *Anais...*, 1994, Brasília. Brasília: MEC/SEF, 1994. p. 74-7.

ROSEMBERG, Fúlvia. *Parte 1. Estudo exploratório sobre cálculo de idade no Censo Escolar 2010*: subsídios para discussão. São Paulo, 2013a. (Mimeo.)

_____. *Parte 2. Subsídios para aprimoramento da conceituação de creche e pré-escola nos inquéritos domiciliares do IBGE*. São Paulo, 2013b. (Mimeo.)

_____. *A educação pré-escolar obrigatória*: versão preliminar. Texto preparado como trabalho encomendado pelo Grupo de Trabalho Educação de Crianças de 0 a 6 anos da ANPEd. In: REUNIÃO ANUAL DA ANPED, 32., Caxambu, 2009.

_____. Expansão da educação infantil e processos de exclusão. *Cadernos de Pesquisa*, São Paulo, n. 107, p. 7-40, jul. 1999a.

ROSEMBERG, Fúlvia. O estado dos dados para avaliar políticas de educação infantil. *Estudos em Avaliação Educacional*, São Paulo, n. 20, p. 5-57, jul./dez. 1999b.

_____; ARTES, Amélia. O rural e o urbano na oferta de educação para crianças de até 6 anos. In: BARBOSA, Maria Carmen S. et al. (Orgs.). *Oferta e demanda de educação infantil no campo.* Porto Alegre: Evangraf, 2012. p. 13-69.

TRIBUNAL DE CONTAS DO ESTADO. *Radiografia da educação infantil no Rio Grande do Sul.* Porto Alegre, 2013. (Mimeo.)

UNESCO. *Projeto 914BRZ1041.* Edital n. 12/2013 (republicação). Brasília, 2013.

Sobre as organizadoras

Amélia Artes é psicóloga e pedagoga, com mestrado e doutorado em Educação pela Universidade de São Paulo. Pesquisadora da Fundação Carlos Chagas desde 2012 trabalhou com Fúlvia em diferentes projetos nas áreas de educação infantil ao ensino superior. Com Sandra Unbehaum trabalha na continuidade dos projetos desenvolvidos por Fúlvia na FCC. Suas pesquisas e publicações privilegiam as análises de bases de dados consolidados para caracterização do acesso à escolarização nas temáticas de gênero e relações raciais com vistas à garantia de uma educação de qualidade para todos. É Docente da Faculdade de Educação da Universidade de São Paulo.

Sandra Unbehaum é, desde 1995, pesquisadora do Grupo Gênero, Direitos Humanos, Raça/Etnia, coordenado por Fúlvia Rosemberg entre 2012-2014, no Departamento de Pesquisas Educacionais, da FCC. Fez mestrado em Sociologia pela Universidade de São Paulo e doutorado em Educação: Currículo pela Pontifícia Universidade Católica de São Paulo. Tem publicações sobre políticas educacionais e gênero, educação em sexualidade e diversidade sexual, direitos humanos na pós--graduação, seus principais temas de pesquisa e ativismo. Desde 2009 coordena o Departamento de Pesquisas Educacionais.

Fúlvia
em retratos

➤ Menina, estudante do colégio Dante Alighieri

➤ Quando morava na Europa, anos de 60/70

➤ Novembro de 1987, no Worldwide Education of Women Conference, com Jacqueline Pitanguy

➤ Nos anos 1990

➤ No começo dos anos 2000

➤ Seleção do Programa Bolsa (IFP), Maria Luisa e Marcia, Brasília, 2002

➤ Reunião da Comissão de Seleção do Programa Bolsa (IFP), São Paulo, 2002

➤ Seleção do Programa Bolsa (IFP), Maria Malta, Luis Antônio, Regina e Adalberto, São Paulo, 2003

➤ Divulgação do Programa Bolsa (IFP), São Gabriel da Cachoeira, Amazonas, 2006

➤ Lançamento do livro "Educação" da Coletânea Série Justiça e Desenvolvimento IFP/FCC, Jair Santana, São Paulo, 2007

▶ Divulgação do Programa Bolsa (IFP), 2007

➤ Evento do Programa Bolsa (IFP), Maria Luisa e Marcia e Leandro, São Paulo, 2008

➤ Evento do Programa Bolsa (IFP), Maria Malta, São Paulo, 2008

➤ Com a filha Júlia, março de 2009

➤ Fúlvia, 2009

➤ Com o filho André e o neto Jorge, 2009

➤ Sala do Programa Bolsa (IFP), São Paulo, 2009

➤ Com a neta Antônia, 2010

➤ Reunião do projeto Equidade na pós-graduação, Rio de Janeiro, 2010

➤ Com o neto Jorge, 2011

➤ Março de 2013

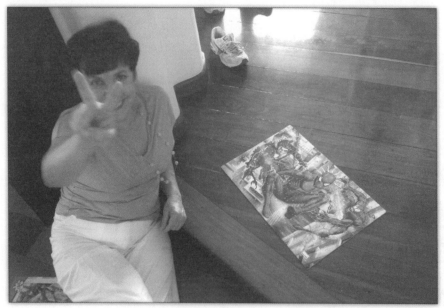

➤ Quebra-cabeça montado com os netos, 2013

➤ Jantar de final de ano com o grupo do NEGRI, casa de Fúlvia, 2013

➤ Desenho explicando as sessões de radioterapia para os netos, agosto de 2014

➤ Antônia com os avós Sergio e Fúlvia, agosto de 2014